Publications de « L'ACTION POPULAIRE »

1911

Françaises

F. PAILLART

Imprimeur-Editeur — ABBEVILLE

—

Rédaction-Administration de L'ACTION POPULAIRE

48, rue de Venise, REIMS

Tous droits réservés

PUBLICATIONS DE L'ACTION POPULAIRE

Rédaction et Administration

48, rue de Venise, REIMS

Tracts-Brochures

PÉRIODIQUES

Paraissant le 1ᵉʳ, le 10 et le 20 de chaque mois

Un exemplaire : **0 fr. 25**, *franco.*

Abonnement annuel pour 1906

(Du Nᵒ 97 à 152)

7 fr. 50. (Etranger : **8 fr. 50** .

Pour s'abonner, envoyer un *mandat* ou un *bon de poste* :

A. M. H.-J. LEROY. Directeur de l'*Action Populaire*, 48, rue de Venise, Reims.

Ou a M. LECOFFRE, 90, rue Bonaparte, Paris.

Conditions spéciales pour la Propagande

En vente dans les principales Librairies.

Traduction italienne. — Editeur : LUIGI BUFFETTI, Trévise.

Traduction espagnole. — Editeurs : COSO, Pilar, 86, Saragosse. et ACCIÓN SOCIAL CATOLICA, Calle de Fuenclara, 2 Saragosse.

Voir à la fin du volume LA LISTE COMPLÈTE des Tracts parus jusqu'à fin avril 1906.

FRANÇAISES

Françaises

PARIS
V. LECOFFRE, Éditeur
90, RUE BONAPARTE, 90

ABBEVILLE
F. PAILLART
IMPRIMEUR-ÉDITEUR

RÉDACTION-ADMINISTRATION DE L'ACTION POPULAIRE
48, RUE DE VENISE, REIMS

Tous droits réservés

SOMMAIRE :

Le livre que l'Action Populaire *présente au public sous ce titre :* Françaises *appartient à une collection. C'est dire qu'il prend sa place particulière dans un travail d'ensemble. Pour le bien juger, il importe donc de savoir ce que font les autres écrits et ce qu'il vient faire auprès d'eux ;* l'Action Populaire *le dira da... cette courte introduction.*

Par les autres écrits, l'Action Populaire *entend les brochures ou tracts périodiques dont la publication se poursuit après avoir dépassé la centaine —* le Guide Social *de 1904, de 1905, de 1906, —* Prêtres de France *et après* Françaises *qui paraît aujourd'hui, divers livres en préparation.*

Ces œuvres, différentes par leur genre, leur allure, leur méthode, leur format, se ressemblent par l'idée qui les inspire ; elles sont toutes, soit directement, soit indirectement, au service de l'association familiale ou professionnelle, des institutions qui la préparent ou la complètent.

Prenez l'un quelconque de nos tracts. *Vous rencontrerez, presque à coup sûr — il y a des exceptions, mais elles sont très rares et tendent à disparaître — ou bien une* étude *théologique, philosophique, économique, juridique ou même artistique et littéraire sur l'association,*

Ou bien, une enquête *poursuivie, à travers professions*

et métiers, afin d'établir la nécessité de cette association et combien elle manque aux travailleurs auxquels le lien syndical ne donne ni force ni cohésion,

Ou — et plus souvent — une monographie d'une de ces œuvres sainement conçue et conduite : telle, une caisse rurale, une école d'enseignement ménager ou professionnel, un syndicat urbain ou rural, une caisse de crédit, une mutualité, une maison du peuple, une coopérative sous l'une de ses triples formes — crédit, production, consommation, — une société de jardins ouvriers.

Prenez au hasard un Guide Social. Je ne sais évidemment ce que vous lirez dans la page ouverte sous vos yeux, mais je sais qu'elle attirera votre attention, ou sur les enseignements émanés du Saint-Siège dans l'ordre économique, ou sur les travaux du parlement et l'élaboration des lois sociales, ou sur l'histoire des grèves ou celle des écoles, ou sur l'analyse des écrits concernant le mouvement des esprits et des œuvres, sur les formes diverses de la vie coopérative.

Après les tracts et les Guides, les livres viennent ou plutôt ils sont venus. Pourquoi ? disaient ceux qui n'ont lu ni les tracts ni les Guides et qui se disposent, le plus aisément du monde, à ne pas lire nos livres. Déjà l'Action Populaire a répondu : Parce qu'un livre a plus de poids qu'une brochure, parce qu'une idée, la même au fond, apparaît diverse sous des vêtements divers, parce que la même parole, dite dix fois par des bouches étrangères, donne dix fois un son nouveau, parce que l'Action Populaire a renoncé, depuis longtemps, à dire beaucoup de choses, pour s'en tenir à une seule.

C'est ainsi qu'elle annonçait le plus récent de ses livres : Prêtres de France.

Elle écrivait :

« Entre les brochures que nous avons publiées, la faveur du public a souvent distingué celles où de modestes prêtres exposent les œuvres sociales qu'ils ont fondées, soit à la ville, soit aux champs. On a aimé ces monographies d'une allure simple, d'un sens profond que les Mazelin, *les* Cetty, *les* François, *les* Péters, *les* Quillet, *les* Valéry, *les* Brouillet, *ont écrites avec l'incomparable accent de la vérité, en historiens de choses qu'ils ont faites. Alors la pensée est venue, non pas de réunir quelques tracts déjà parus, mais de composer tout un livre de récits analogues et nouveaux pour donner à la même idée une plus grande force de pénétration. Et ce livre* Prêtres de France *s'est formé lentement, d'apports successifs, chacun disant ce qu'il faisait dans son milieu, avec les éléments qu'il avait sous la main. On répondait parfois à l'auteur d'un trait isolé : « Vous avez réussi chez vous, vous ne réussirez pas chez nous. » L'éternelle objection perd de sa valeur en face d'hommes qui, pris dans leur ensemble, ont connu tous les obstacles, mais que les obstacles n'ont pas arrêtés. »*

Le livre Françaises *doit son origine à une inspiration du même genre.*

Comme les écrits qui l'ont précédé, comme les écrits qui le suivront, il indique un effort, un retour vers l'association, un moyen de rendre les faibles moins faibles et meilleurs aussi, en les groupant, en les défendant contre les périls de l'âme et du corps. Cependant il tient des mains qui l'ont composé des qualités très spéciales.

Moins robuste dans la pensée, moins ferme peut-être

dans la conception des œuvres, il émeut davantage parce qu'il est plus ému.

L'homme voit l'iniquité et il la dénonce ; la femme devine la souffrance et elle la guérit. La plume lorsqu'elle est masculine, va naturellement vers plus de justice ; lorsqu'elle est féminine, vers plus de bonté et de charité.

La vie publique attire les hommes, elle fixe leur regard à l'atelier ainsi qu'au forum : ils parleront volontiers législation, écoles, presse, grèves, règlements internationaux ; la vie intime retient les femmes : elles s'entretiendront plus volontiers du foyer, du ménage, de l'éducation, des œuvres de la piété et de la charité. Elles demanderont moins aux lois et plus aux.mœurs ; elles ont raison, leur puissance, plus forte que la force, est faite de douceur et de persuasion.

Ces remarques font pressentir le caractère de ces pages. Elles forment un livre d'éducation familiale et sociale. C'est pourquoi l'enseignement ménager, les conférences, les enquêtes, la science du foyer, les cercles d'études — si un tel mot convient à leur modestie — tiennent ici une large place, de beaucoup la première.

C'est un livre qui enfante le dévouement, mais le dévouement éclairé, intelligent qui suscite d'autres dévouements. Elles sont curieuses et suggestives ces monographies qui montrent combien on peut donner, même quand on ne donne pas son argent.

C'est un livre de compassion, de pitié qui jette un jour douloureux sur des misères navrantes et pourtant insoupçonnées de tant d'ouvrières, de dames et demoiselles de magasin qui vêtent leur pauvreté des couleurs de la richesse.

C'est un livre de prière, puisqu'il sollicite le concours

de ces femmes chrétiennes qui feraient tant de bien si, par exemple, écoutant les conseils de la *Ligue des Acheteurs*, par le seul fait de leur union, elles arrêtaient le travail du dimanche et prévenaient le surmenage des ateliers.

C'est un livre d'enseignement intégral, puisqu'il joint l'exemple à la leçon, en disant ce que des femmes de grand cœur et de sens pratique ont fait pour organiser la profession des ouvrières, féminiser le syndicat, réjouir le foyer, propager la mutualité familiale ou maternelle, combattre la mortalité, épouvantable, dans certains quartiers, chez les tout petits.

M. Max Turmann, l'auteur distingué d'un livre que celui-ci voudrait prolonger en lui ressemblant — si du moins un tel désir n'était pas trop ambitieux — a intitulé son travail : Initiatives Féminines *(1)*. C'est bien cela, Initium, *Initiatives*. On a l'impression d'un commencement, du premier noviciat des œuvres sociales, de quelques essais généreux et souvent heureux, mais encore isolés et presque toujours inconnus.

Pourquoi cela ?

Pourquoi tant de jeunes filles, de femmes chrétiennes, au cœur généreux, à la main libérale, qui ont de la piété, qui ont du loisir, se montrent-elles indifférentes et mêmes défiantes à l'égard de l'œuvre sociale, si digne cependant d'occuper leur esprit et leur cœur ?

C'est que, quelle que soit la cause de leur ignorance, isolées du monde, d'une partie du monde où elles vivent, plus éloignées quelquefois du marmiton qu'elles côtoient dans la rue, du facteur qui leur apporte leur courrier,

(1) Max Turmann, *Initiatives Féminines.* Paris, Victor Lecoffre, rue Bonaparte, 90, prix 3 fr. 50.

que du petit Chinois dont, du moins par les Annales de la Sainte-Enfance, elles ont appris le triste sort, — elles ne savent pas.

Non, elles ne savent pas deux choses :

Elles ne savent pas combien il y a de misères autour d'elles : misères du logis, misères de la nourriture, misères du travail, misères du salaire, des courses, de la veillée, de la maladie, de la maternité.

Elles ne savent pas combien il leur serait facile d'y remédier sans, cependant, grossir outre mesure le budget de leurs aumônes. La société moderne a moins besoin d'or et d'argent que de vérité, que de justice, que d'ordre puisé à ses sources les plus hautes, l'Evangile et l'Eglise. Il n'est point téméraire de solliciter le concours de femmes chrétiennes pour rétablir, pour aider au rétablissement de cet ordre.

Elles le feront par leurs lectures et par leurs études, par cet art de la conversation dont elles portent chez nous le sceptre incontesté.

Elles le feront par des réunions intimes où elles s'exhorteront à connaître et à remplir leur devoir social.

Elles le feront par une connaissance plus approfondie de la condition faite aux ouvriers, et plus encore aux ouvrières, aux employées, aux apprenties.

Elles le feront en n'oubliant pas le droit que tout acheteur exerce sur tout vendeur, ne serait-ce que pour l'obliger au respect du jour dominical.

Elles le feront par un appel incessant à l'opinion publique, sous sa forme la plus tangible, la mentalité commune qui se forme à leur foyer.

Elles le feront, si leur temps est plus libre, si leurs forces sont plus grandes, par la fondation de syndicats, de caisses, de mutualités, soit qu'elles agissent elles-mêmes, soit que leurs époux ou leurs fils ne fassent que ce qu'ils auront appris d'elles, à leur patiente et insinuante école.

On dira peut-être : Ce livre ne se ressemble pas, toutes les pages n'ont pas la même valeur.

Mais personne n'en doute et l'Action Populaire est la première à le reconnaître. Ce livre, si beau sous plusieurs aspects, ce livre, signé souvent de noms illustrés par une gloire antique ou par une gloire nouvelle, ce livre est imparfait. Nous avouons même avec une franchise, peut-être excessive, que plusieurs de ces pages sont à reprendre et nous espérons qu'elles seront reprises. Aujourd'hui elles ne sont que semeuses d'idées, plus riches du bien qu'elles désirent que du bien qu'elles racontent ; il leur suffit parfois qu'une pensée encore obscure et imprécise soit bonne et utile pour la signaler ou qu'une œuvre. dans la timidité de ses commencements, réponde à un besoin, pour la recommander. L'accroissement viendra de la lumière et de l'expérience.

Et la fortune de ce livre serait grande si chacun de ses lecteurs, s'inspirant des exemples qu'il reçoit ici, faisait mieux pour le relèvement du pays ; les humbles et les vaillantes chrétiennes n'ont consenti à l'écrire, non sans remporter parfois sur leur modestie et leur amour du silence une victoire difficile, que pour susciter des disciples capables de les surpasser.

A. P.

Reims, 1er Mars 1900.

EN PRÉPARATION

Jeunes gens de France.

FRANÇAISES

Mademoiselle GAHÉRY

L'UNION FAMILIALE

Deux fois déjà l'histoire de l'*Union familiale* a été racontée (1) ; on veut l'entendre encore et cette fois de la bouche même de celle qui a fondé l'œuvre et en est aujourd'hui la directrice ; soit, exécutons-nous. Aussi bien, ce que nous avons essayé, nous désirons le voir tenté par d'autres ; si la lecture de ces pages devait avoir pour unique résultat d'éveiller dans une seule âme le désir de mieux connaître nos populations ouvrières, et de les aimer, suivant l'expression de M. Piou, « comme elles veulent être aimées », nous n'aurions pas perdu notre temps en les écrivant.

Avez-vous quelquefois parcouru du haut en bas la rue de Charonne, du faubourg Saint-Antoine à Bagnolet? Cette rue donne son nom à notre quartier, le quartier ouvrier par excellence, où les ateliers touchent les ateliers, où se

(1) *Le Musée social*, février 1904. Supplément aux annales. *En plein faubourg*, tract n° 53 de « l'Action populaire » par M. Maurice Beaufreton.

1

presse très dense tout un peuple de travailleurs, où la voie publique n'est pas encombrée d'élégantes voitures mais de pesants camions, où sur les trottoirs des légions d'enfants gênent la circulation des piétons. Pour peu que vous répétiez quelquefois pareille excursion vous ne tarderez pas à sentir que l'étude de ce milieu ouvrier doit être d'un intérêt saisissant ; mais en même temps vous vous rendrez compte que ce milieu vous est fermé : l'ouvrier supporte difficilement d'être observé ; assez familier avec ses pairs il évite, d'instinct, le contact de quiconque n'est pas, suivant l'expression consacrée, de son bord.

Et pourtant ceux et celles qui ont à cœur le mieux-être social savent bien que les travailleurs ont un droit tout spécial à ce mieux-être qui, d'ailleurs, ne saurait être réalisé sans leur collaboration.

Comment donc communiquer avec eux ? Comment rompre la glace ? Comment établir des relations qui rendent possible un travail social dont eux-mêmes devraient être les principaux artisans ? car « personne ne peut sauver l'ouvrier de la misère que l'ouvrier lui-même », a dit très exactement Jules Simon, et cela est vrai de la misère intellectuelle et morale non moins que de la misère matérielle.

Nous constations un abîme entre les ouvriers et nous ; comment le combler ? ou comment construire un pont qui permit de le franchir ?·

Tout ce que nous avait appris notre expérience des œuvres d'assistance nous faisait mieux toucher la difficulté mais ne nous en donnait nullement la solution. L'aumône nous ouvrait parfois le cœur de l'assisté, — nous disons parfois, car il arrive, hélas ! que l'aumône fait des hypocrites — mais dans les masses laborieuses, l'élément le plus intéressant, celui sur qui peuvent se fonder les meilleures espérances de relèvement social, comprend précisément les ouvriers qui ne sont pas des pauvres. Ceux-ci n'ayant pas besoin de l'aumône sont d'accès plus difficile ; ils forment comme une classe extrêmement isolée, une sorte de caste sans communication avec les autres milieux sociaux ; n'étant pas pauvres ils ne voient ni la dame de charité, ni le confrère de Saint-Vincent-de-Paul ; allant très peu ou n'allant pas du tout à l'église ils n'ont pas de relations avec le prêtre : quant au bourgeois ils le tiennent le plus souvent pour leur ennemi puisqu'il est leur patron.

Loin de nous, certes, la pensée de médire de l'aumône, elle n'est que trop nécessaire, et bénies soient les mains qui la dispensent largement ! Mais ne fait-elle pas trop oublier le reste de la besogne sociale, besogne obligatoire pour chacun selon ses moyens ? Il faut secourir les malheureux, c'est évident ; mais il serait puéril de s'imaginer qu'en les secourant on contribue à la régénération sociale dans une mesure assez grande pour qu'on puisse se désintéresser du reste. Si l'on veut une réforme, il ne faut pas seulement soulager la misère, il faut encore et surtout l'empêcher de naître, il faut donc atteindre ces masses qui ne manquent pas du nécessaire au point de vue matériel, du moins de ce strict nécessaire qui les soustrait à l'influence de l'aumône, mais qui ont un pressant besoin de vie intellectuelle et de vie morale. En un mot prévenir le mal vaut mieux que d'avoir à le guérir. C'est là un des principes favoris de l'Union familiale, elle s'est toujours efforcée de le mettre en pratique.

L'ouvrier est fier, son pain vaillamment gagné au jour

le jour lui en donne le droit autant qu'au riche ses rentes. Donc pour s'approcher de lui, pour entrer avec lui dans cette communion d'âme hors de laquelle rien ne peut être fait pour son éducation morale, il fallait commencer par vivre de sa vie, et cela sous ses regards, dans le quartier même où l'on voulait agir.

Cette constatation s'imposait à nous avec une irrésistible évidence, et il fallait, certes, qu'il en fût ainsi pour nous déterminer à briser radicalement avec ce que tout nous faisait considérer comme la méthode classique. Au lieu de dire faisons des libéralités pour attirer à nous ceux sur qui nous voulons agir, nous disions : Ne pas faire d'aumône ; n'aller chercher personne ; ainsi nous ne froisserons pas ; puis laisser voir comment nous vivons et à quoi nous pouvons être utiles, alors on viendra à nous comme à des amis. Il n'y aura pas d'arrière-pensée.

Et voilà très simplement comment l'idée de la *résidence* dans les quartiers ouvriers nous est venue, comment elle s'est imposée à notre esprit et à notre cœur avec tous les caractères d'une inéluctable nécessité.

Nous avons laissé dire que les *settlements* d'Angleterre nous l'avaient suggérée ; nous-mêmes, n'ayant pratiqué d'une façon suivie la résidence qu'après nos voyages dans la Grande-Bretagne et en Amérique, nous avons quelquefois justifié notre manière de faire par l'exemple de ces deux pays. Mais l'idée première, et d'ailleurs absolument nette de la *Résidence*, s'était présentée à nous dès l'instant où nous avions fait cette remarque : Pour opérer un vrai mouvement de régénération sociale, il faut agir auprès des ouvriers qui ne sont pas des pauvres.

Il nous apparaissait également comme évident que nous devions commencer notre œuvre par les enfants; il y avait là une clientèle accessible et, si plus tard nous devions avoir accès auprès des familles, c'était aux enfants que nous le devrions.

L'historique de l'Union familiale est déjà connu ; répétons-le cependant puisqu'on le redemande (1).

« En 1891 la Directrice fut appelée, par des circonstances en apparence fortuites, à s'occuper d'enfants du quartier Saint-Ambroise (XIe arrondissement). Pendant près de trois ans encore elle chercha les moyens pratiques d'atteindre son but ; enfin, au mois de mars 1894, la circulaire suivante, copiée à la main, fut envoyée aux familles des enfants :

« Les parents des petites filles de six à dix ans qui fré-
« quentent les écoles communales de Saint-Ambroise sont
« invités à les envoyer tous les jeudis de l'année Impasse
« Saint-Ambroise, de 2 heures à 4 heures.

« Des Dames se trouvent là pour les amuser et leur
« apprendre à coudre afin de répondre au désir exprimé
« par plusieurs familles. »

« Dès l'origine c'était donc bien l'esprit qui ne devait jamais cesser d'animer l'Union familiale : faire œuvre de bien sans bruit ; être utile sans airs protecteurs ; la circulaire avait été remise très discrètement, aucune réclame n'avait été faite.

« Le 29 mars, quand on ouvrit, 22 petites filles attendaient à la porte ; au mois de mai on en comptait 37 ; deux ans plus tard, en 1896, elles étaient 150 et voici que cette même année elles se mirent à amener l'inévitable petit frère, cette poupée de la fillette pauvre. Huit gar-

____

(1) Les extraits qui vont suivre sont tirés d'une brochure de l'Action populaire (n° 53) : *En plein faubourg,* par M. Beaufreton.

çonnets se présentèrent le 11 mars 1896 ; non seulement on ne fit rien pour eux, mais on se mit en devoir de leur persuader de ne pas revenir ; quelques-uns suivirent le conseil ; d'autres tinrent bon. En dépit des efforts des Dames, il en vint toujours 4, 5, 6 ; ils ne disparaîtront plus jamais.

« Dès les premiers jours s'affirme un caractère que l'œuvre naissante accusera sans cesse davantage : celui de loyale auxiliaire de l'école communale.

« C'est au 24 octobre 1894, en effet, que se place la première visite faite à une directrice d'école municipale ; accueillies d'abord avec quelque étonnement, les Dames ne tardèrent pas à conquérir de ce côté de réelles et profondes sympathies ; aujourd'hui, ce sont les livrets scolaires qu'on charge Mademoiselle Gahéry et ses auxiliaires de remettre elles-mêmes, afin qu'elles appuient de leur influence les avis de l'institutrice ; ce sont les sanctions que tel maître s'offre de donner à l'attitude prise pour l'écolier à l'Union familiale.

« Impasse Saint-Ambroise, comme aujourd'hui rue de de Charonne, tout en lisant à haute voix, on s'occupait à de menus travaux ; on commença par confectionner des mouchoirs ; les canevas eurent aussi beaucoup de succès, c'était à qui apprendrait à marquer.

« On ne devait pas travailler longtemps, car le Petit Ouvroir — c'est ainsi qu'on l'appelait — avait le tort de trop bien réussir. Ceux qui l'avaient vu naître et lui avaient donné asile n'avaient prévu qu'un groupe insignifiant de fillettes jouant autour des Dames ; quand on vit que le groupe faisait boule de neige et que la boule de neige devenait avalanche, on lui signifia d'aller s'accroître ailleurs.

« Ainsi donc, au mois de juin 1896, Mademoiselle Gahéry dut annoncer l'exode à ses jeunes amies ; on se sépara les larmes dans les yeux en se disant au revoir dès qu'on aurait trouvé un nouveau local. »

Mais l'année précédente la Directrice avait fait en Angleterre la visite des *settlements* les plus importants, et elle y avait trouvé « traduite en actes sa propre pensée ; tant il est vrai que les idées n'ont pas de patrie. »

« Elle raconta ce qu'elle avait vu à la marquise Costa de Beauregard, qui s'y intéressa tant et si bien que le 25 septembre 1896, alors que précisément le Petit Ouvroir venait de voir se fermer devant lui l'impasse Saint-Ambroise, M. Costa de Beauregard, mettant en lumière tout l'intérêt des documents rassemblés par Mademoiselle Gahéry, fit paraître dans le *Correspondant* une remarquable étude sur la Charité Sociale en Angleterre. L'éminent Académicien y signalait non seulement ce qu'avaient fait nos voisins d'outre-Manche, mais aussi ce qu'avait tenté de réaliser le Petit Ouvroir, à qui, disait-il, il ne manquait plus « qu'un peu d'aide pour s'épanouir ».

« Depuis trois jours, en effet, grâce à son intervention, l'œuvre fondée par Mademoiselle Gahéry avait pu trouver un gîte dans une haute maison à l'aspect de caserne, toute pleine du bruit saccadé des machines, 36, rue du Chemin-Vert.

« L'installation était moins que luxueuse. Imaginez un immense grenier sous les toits d'une fabrique de conserves, avec deux petites chambres et une cuisine à l'avenant. De grosses toiles partageaient le *hall* en trois compartiments desservis par un long couloir fait de planches. C'était tout, mais, pour que l'œuvre devienne un *settlement*, il n'en fallait pas davantage.

« Il n'en fallait pas non plus davantage pour que s'emplisse d'enfants l'escalier raide et noir qui conduisait au grenier. Dès les premiers jours 78 fillettes se présentèrent, heureuses de retrouver les Dames dont elles étaient séparées.

« Les parents allaient bientôt apprendre, eux aussi, à monter au *settlement*. Rue du Chemin-Vert, en effet, — et rien n'est changé sur ce point rue de Charonne — l'exactitude, la tenue, le travail, la réponse aux questions, donnaient droit pour les enfants à des tickets servant de menue monnaie pour acheter, de temps en temps, vêtements, bas, tricots, chapeaux, savons, papier, plumes, crayons, marqués en chiffres connus. Au jour fixé, les mères étaient invitées à venir guider le choix de leurs enfants, car, une fois achetés, les objets n'étaient plus échangés; et c'est ainsi qu'à la fin de 1896 elles firent leur entrée à l'œuvre alors dénommée communément l'Œuvre de Popincourt ou l'Œuvre Sociale.

« Quelques jours plus tard, le 15 janvier 1897, la famille entière se trouvait pour la première fois réunie rue du Chemin-Vert. On chanta le *Noël* d'Adam ; au Guignol, Polichinelle rossa d'importance son commissaire; M. Lerolle qui présidait, donna définitivement aux garçons droit de cité dans la place : « Enfoncez les portes, leur dit-il, si l'on ne veut pas vous ouvrir ! »

« Dieu sait s'ils tinrent parole, les chers écoliers ! Ils affluaient si nombreux qu'on dut réserver pour eux seuls la matinée du dimanche, ne gardant plus pour les filles que les soirées du dimanche et du jeudi. Pour les occuper on inventa la charpie pour les plus grands, tandis que les plus jeunes enfilaient des perles ; plus tard on leur donna à tresser des pailles dont maintenant encore ils font de jolis paniers. On ouvrit également des cours d'anglais et d'allemand.

« Tout cela devait être bien vite interrompu. Survint l'incendie du Bazar de la Charité. Comment la pensée des dangers que l'on courait ne serait-elle pas devenue obsédante pour tous ? Juste au-dessous du grenier, dans la fabrique de conserves, s'entassaient les caisses d'emballage et les bonbonnes d'huile, tandis que les ouvriers soudaient leurs boîtes à des lampes toujours allumées ; on ne disposait de fenêtres que sur une cour vitrée et, pour se sauver dans une panique, aucune autre issue ne s'offrait que l'escalier en échelle de meunier. A partir de ce jour, à chaque instant, les enfants affolés se levaient en criant : Ça sent le brûlé !... Le 13 mai, le Conseil décida de fermer jusqu'au jour où une installation nouvelle offrirait toute la sécurité désirable.

« Cette installation put être réalisée quatre mois plus tard, en septembre 1897. M. Etienne Lamy avait plaidé la cause de l'Œuvre de Popincourt devant l'élite de la colonie américaine ; M. René Bazin l'avait fait connaître dans le *Figaro* ; grâce à l'entente des bonnes volontés, on s'installa 72, rue de la Folie-Regnault, dans une grande et belle usine occupée maintenant par une fabrique de fourneaux.

« L'heure du succès semblait avoir sonné pour le *settlement* de Popincourt, quand il eut le malheur de devenir l'œuvre à la mode.

« On écrivait tous les jours, et l'on finissait par croire que le *settlement* était d'importation anglaise, au même titre que le foot-ball ou le tennis.

« La directrice de l'Œuvre Sociale assistait impuissante à cette évolution qu'elle déplorait, mais qui ne s'en accentuait pas moins chaque jour davantage, si rapide que le 20 décembre 1898... on déclara sa mission terminée.

« Mademoiselle Gahéry, qui n'avait autorisé personne à faire cette étrange déclaration, se retira et tous les collaborateurs de la première heure la suivirent dans sa retraite. Peut être y seraient-ils encore si les bruits qu'on fit courir n'avaient déterminé l'un d'eux à louer, rue Emile-Lepeu, à quelques pas du *settlement* abandonné, une boutique où le 1er et le 2 janvier 1899, jeunes gens et jeunes filles vinrent supplier Mademoiselle Gahéry de poursuivre la tâche interrompue. La cause était difficile à gagner, car la fondatrice de l'Œuvre de Popincourt semblait déterminée à quitter les lieux témoins de ses efforts ; elle fut probablement bien plaidée, car le 8 février 1899 on prenait possession d'un nouveau local, 170 *bis*, rue de Charonne, et l'œuvre de Mademoiselle Gahéry devenait l'*Union Sociale* de Charonne.

« Sous cette nouvelle dénomination, elle ne tarda pas à retrouver sa vitalité des temps héroïques : moins d'un an après son installation, plus de 300 enfants, garçons et filles, la fréquentaient régulièrement et son action s'étendait à près de 200 familles... En 1900, elle obtint à l'Exposition Universelle une médaille d'argent. Une seule épreuve avait jusqu'alors manqué à sa directrice : celle d'être expulsée par la police ; elle ne devait pas lui être épargnée.

« Ne se jugeant pas en état d'assurer par elle-même la responsabilité financière de son entreprise, Mademoiselle Gahéry, malgré l'expérience de la rue de la Folie-Regnault, avait cru nécessaire de s'adjoindre un Comité directeur, qui dut se composer de toutes les personnes qui avaient donné leur concours à la reconstitution de l'œuvre. Les conceptions qu'elles apportaient étaient très éloignées de celles de la fondatrice ; à mesure que les unes et les autres devaient se faire jour, l'avenir allait se montrer gros de conflits sans issue. On finit si bien par le sentir qu'au bout de deux ans on avoua qu'on vivait dans l'équivoque, décoré du nom d'accord tacite. Il y avait si peu accord qu'en juin 1902, la fondatrice crut devoir proposer au comité de chercher, de concert avec elle, le moyen d'assurer le bon fonctionnement de l'Union Sociale. Celui-ci, ne voyant dans la décision, en face laquelle il se trouvait, qu'une simple démission de directrice, se mit à chercher de divers côtés un personnel nouveau en même temps qu'il intimait à Mademoiselle Gahéry l'ordre de « laisser la place libre » pour le 20 octobre.

« La fondatrice de l'Union Sociale n'apercevant pas les moyens de continuer son œuvre, songeait, une fois de plus, à s'éloigner quand, à la fin d'août, deux jeunes gens vinrent frapper à la porte du *settlement*. Tous deux s'occupaient d'un groupe d'écoliers, qu'ils avaient constitué dans un autre quartier de Paris et, ce jour-là, empêchés par le mauvais temps, de sortir avec leurs pupilles, ils étaient venus interviewer Mademoiselle Gahéry, espérant trouver à glaner dans les principes dont elle s'inspirait. Quelques jours plus tard, le plus âgé lui offrait de venir s'installer dans le quartier pour se consacrer plus complètement à l'œuvre entreprise. Entre temps, une résidente nouvelle apportait son concours à Mademoiselle Gahéry. Celle-ci prit alors la résolution de ne pas céder à l'orage.

« Dans le passage Etienne-Delaunay, tout en face de l'Union Sociale, des ateliers allaient se trouver libres, par suite du prochain départ de l'ébéniste qui les occupait. Leur locataire ne devait, à la vérité, les évacuer que pour le terme de janvier, mais il se proposait de déménager bien avant cette époque. On loua donc l'immeuble pour six mois, dans la seule intention d'amener le Comité à se montrer plus conciliant, et l'on se mit en devoir d'engager des négociations qu'on allait poursuivre jusqu'au dernier moment, sans qu'on perdit jamais l'espérance de les voir aboutir.

« Le 20 octobre, la remplaçante annoncée par le Comité ne se présenta pas ; une semaine encore se passa sans trop d'encombre ; chaque jour voyait la fondatrice de l'Union Sociale s'obstiner davantage dans son espoir de la paix.

« Hélas ! le 27 octobre elle reçut citation à comparaître le lendemain à l'audience des référés du tribunal de la Seine, où le locataire de l'immeuble devait solliciter l'autorisation de l'expulser de suite. Le 28 octobre, M. Monier, juge des référés, ordonna l'expulsion.

« Même quand cette décision lui fut signifiée, Mademoiselle Gahéry ne perdit pas espoir et la première semaine de novembre se passa tout entière en pourparlers avec le Comité, dans lequel un parti se montrait d'ailleurs favorable à la conciliation. La majorité, toutefois, ne voulait voir dans l'attitude de la directrice, qu'une manœuvre en vue de gagner du temps, et ses prétentions augmentaient à mesure que de l'autre côté on semblait céder davantage. Dans ces conditions aucune négociation n'était plus possible. On attendit les événements.

« L'ébéniste du passage Etienne-Delaunay avait déménagé ses meubles personnels ; mais les locaux demeuraient encombrés de matériaux entre lesquels on ne pouvait circuler. A tout hasard on fraya entre les buffets, les chaises et les planches un étroit passage conduisant à un hangar ; on gratta tant bien que mal les murs des deux étages, où le crayon des ouvriers avait tracé de jo' 'ales figures. Mademoiselle Gahéry installa son lit sous un second hangar vitré et les trois autres résidentes du *settlement*, fidèles à la directrice, campèrent sur des lits pliants, dans une boutique donnant sur la rue de Charonne. Quand l'huissier se présenta à l'Union Sociale, le mardi 11 novembre, accompagné du commissaire de police, pour procéder à l'expulsion, il n'y avait ni dames ni enfants.

« Les familles de ceux-ci n'avaient pas été averties de ce qui s'était passé. Le jeudi on décida d'attendre les écoliers des deux côtés de la rue de Charonne et de les guider vers le nouveau local, à seule fin de leur dire qu'on continuerait à s'occuper de ceux qui le désireraient. L'affaire n'alla pas sans peine, car le Comité ne l'entendait pas ainsi ; néanmoins, sur 228 familles, il n'y eut que 12 défections.

« La perpétuité de l'œuvre créée par Mademoiselle Gahéry se trouvait donc assurée, mais à quel prix ! Le premier jeudi où les enfants prirent possession du local actuel, de larges ouvertures béantes étaient veuves de leurs fenêtres à chaque étage, et il gelait à pierre fendre ! il n'y avait pas de bancs pour s'asseoir ! pas de gaz pour s'éclairer ! Dans la boutique ouvrant sur la rue de Charonne, les lits pliants des résidentes s'étageaient le long du mur ; un peu plus loin on faisait la cuisine et le couvert était dressé ; au milieu, les enfants prenaient leurs ébats. Il fallut plusieurs mois pour que chacune des vaillantes jeunes filles qui vivaient au *settlement* ait la jouissance d'une chambre ou seulement d'un coin qui soit bien à elle, où elle puisse s'isoler un peu. Seule la directrice s'offrait ce luxe sous le hangar vitré dont elle a fait depuis son bureau, mais à chaque instant on venait la déranger pour la remercier, l'encourager, lui apporter des fleurs, de menus objets ; chacun s'ingéniait à être agréable et parfois cette attention se traduisit d'une manière inattendue, témoin cette femme qui certain jour apporta sous son bras une bouteille de rhum, pour que les dames se soutiennent un peu ! Comme les sièges manquaient dans le hangar de la directrice, on s'asseyait sur le lit quand on était trop nombreux ; il s'y tint jusqu'à des séances de cercle d'études, au milieu des malles, des tables, des armoires, des étagères, des livres, de la vaisselle, du désordre le plus pittoresque et le plus invraisemblable que l'on pût rêver.

« Aujourd'hui, ces temps semblent bien éloignés : la boutique, devenue la salle Jeanne-d'Arc, voit toujours les jeux des petites filles, mais ne sert plus aux dames que de cuisine et de salle à manger (1) ; on y a même risqué des réceptions, le mot impossible n'étant pas de mise au *settlement*. Dans toutes les salles des reproductions de tableaux des grands maîtres, de claires affiches d'Hugo d'Alési remplacent avantageusement les bonshommes tracés par le crayon burlesque des ouvriers. Il n'est pas jusqu'aux écoliers qui n'aient apporté leur contribution à l'organisation nouvelle. Dès les premiers jours, des enfants de dix ans offraient leurs jouets pour amuser les plus petits ; sur son lit de mort un garçon de quatorze ans

____

(1) La salle Jeanne-d'Arc n'est plus occupée maintenant que par les enfants de la garderie.

légua ses prix à ses camarades. L'effort de ses familles avait sauvé l'œuvre en péril ; quel nom pouvait-elle prendre désormais, sinon celui d'*Union Familiale.* »

Décrivons maintenant d'une façon sommaire les aspects variés du travail réalisé par l'association.

Voici d'abord la garderie frœbelienne. « On entre très jeune à l'Union Familiale : l'âge des plus petits de ses membres oscille entre trente mois et trois ans. L'œuvre constate en effet tous les jours, contrairement à ce que sont tentés de penser les législateurs ou les sociologues de cabinet, que les écoles maternelles et les garderies municipales, trop peu nombreuses, sont insuffisantes pour le nombre des enfants qu'on y présente et qui attendaient presque toujours de longs mois avant que la porte ne s'ouvre en leur faveur.

« L'Union Familiale s'efforce de préparer les tout petits de sa garderie à recevoir plus tard avec fruit l'enseignement primaire, en leur donnant tous les soins que réclame leur développement physique, intellectuel et moral. C'est pourquoi elle a inauguré ce système Frœbel, bien connu au-delà des frontières, le plus propre à développer l'activité spontanée et libre de l'enfant. »

La maîtresse ne se préoccupe pas d'amener rapidement les enfants à savoir lire ; elle vise à les rendre capables d'attention, et cela sans les fatiguer, les mêmes notions étant répétées sous les formes les plus variées.

Quand les enfants de la garderie frœbelienne entrent à l'école primaire ils ne savent pas grand'chose des matières qu'ils viennent y apprendre, quelques-uns de leurs compagnons formés par d'autres méthodes paraissent plus avancés qu'eux et pourtant au bout de bien peu de temps, ce sont les frœbeliens qui se trouvent les premiers

de leur classe. Pourquoi ? tout simplement parce qu'on ne
s'est pas efforcé de leur enseigner ce qu'ils n'étaient pas
en état d'apprendre, mais de former leur intelligence et
de la développer pour qu'ils fussent capables d'apprendre
quand le moment serait venu.

« L'Union Familiale est l'auxiliaire de l'école publique.
Admis dans les écoles primaires au jour de leurs six ans,
garçonnets et fillettes quittent la garderie, mais le soir
ils peuvent revenir à l'Union Familiale pour y faire leurs
devoirs, à moins que l'école à laquelle ils appartiennent
ne se charge de ce soin. L'une des plus constantes préoccupations de l'Association est, en effet, de ne jamais faire
double emploi avec l'école, afin d'éviter l'ombre même d'une
concurrence avec celle-ci. C'est pourquoi, alors qu'elle est
ouverte tous les jeudis et dimanches de l'année, il n'en
est de même durant les vacances qu'au temps où la classe
de garde ne fonctionne pas. Ajoutons que cet effacement
volontaire n'empêche pas le nombre des présences des
garçons et des filles de s'élever à plus de 25,000 par an.
Ce chiffre semblera d'autant plus éloquent que l'Union
Familiale divise ses enfants, selon leur âge, leurs capa-
cités et les conditions de leur admission, en catégories
reconnaissables à la couleur de leurs brassards : il y a les
bleus, les jaunes, les verts, les rouges, les blancs, que
sais-je encore ?... et chaque catégorie, forme pour ainsi
dire, une petite famille dans la grande, ayant toujours à
sa tête les mêmes collaborateurs, qui exercent ainsi sur
chacun de leurs jeunes amis cette influence individuelle,
seule profonde et seule durable, sans laquelle il n'est
point de véritable éducation.

« Les sectionnements adoptés par l'Union Familiale
permettent de laisser l'initiative la plus grande aux

enfants qui la fréquentent. Ils viennent, dit son Bulletin, « apprendre d'elle comment on devient libre et comment « on garde cette liberté (1). » Les groupements spontanément surgis parmi les écoliers suffisent à attester que ce ne sont pas là de vaines paroles.

. « Chaque groupe a sa caisse autonome, alimentée par des cotisations que perçoit un trésorier élu au scrutin secret ; il n'est pas jusqu'au musée qui n'ait son conservateur.

« On court encore aux urnes toutes les fois qu'un intérêt collectif semble indiquer l'opportunité de cette mesure. Un matin, dans une catégorie de garçons de onze à treize ans, privée de son collaborateur habituel, un vent d'indiscipline a soufflé si fort qu'une punition générale a été infligée. On nomme cinq délégués, qui se présentent, l'après-midi, chapeau bas, dans le cabinet de la Directrice. On explique les faits ; les plus coupables se désignent eux-mêmes et on obtient une réduction de pénalité.

« Tels sont les résultats, à tout âge, de la libre initiative. A Charonne, son rôle ne se borne pas à faire diminuer une punition ; il vise parfois l'amusement direct des écoliers. Dernièrement, deux ou trois garçons de dix à douze ans ont monté un Guignol dont ils composent eux-mêmes les pièces, écoutées en grand silence par tous leurs camarades plus jeunes. La représentation finie, on fait la quête dans un béret. L'Union Familiale a défendu d'y jeter des sous, mais l'impresario se contente de bonbons, de bois doux, de vieux boutons même, et n'exclut que le sable et les cailloux. »

(1) *Bulletin de l'Union Familiale*, mars 1903, p. 3.

« Les mêmes tendances se manifestent dans l'*Œuvre du Grand-Air* bien connue déjà des lecteurs de l'Action populaire, grâce à la pittoresque description qu'en a donnée M. Max Turmann. Nous ne pouvons, cependant, sous peine d'être incomplet, passer sous silence son origine et son action (1) :

« C'était au mois d'août de l'année 1900. La fondatrice de l'Union Familiale vint s'établir en Savoie avec un groupe de jeunes filles, dans un chalet qu'elle avait loué. Le matin, chacune allait aux provisions, cherchant qui le lait, qui les œufs, etc., et tandis que les unes apprêtaient le repas commun, les autres se répartissaient les diverses tâches nécessitées pour la tenue de la maison. Entre temps on lisait, on cousait, et assises en groupe sur la terrasse du logis, on attendait les clients. Un écriteau planté au bord de la route indiquait, en effet, qu'on vendait du café, du thé, du chocolat au profit de l'*Œuvre du Grand-Air*, et les excursionnistes attirés dans les environs par le voisinage du Mont Blanc se trouvèrent ainsi collaborer à l'entretien de la colonie, tant et si bien que les plus gros frais furent couverts par les bénéfices que produisit la vente des consommations. Le dimanche on organisait des excursions avec les jeunes filles du pays ; est-il besoin de dire combien est restée profonde chez les Parisiennes comme chez les Savoyardes, l'impression des promenades entreprises ensemble, les unes révélant à leurs compagnes les splendeurs des horizons alpestres, les autres les initiant en retour, à la fenaison dans les pâturages, aux multiples travaux de la moisson.

(1) Max Turmann : *En plein air. Colonies de Vacances et colonies syndicales* (n° 39).

« Depuis cette première expérience l'*Œuvre du Grand-Air* n'a cessé de procurer, moyennant 7 francs par semaine, de nombreux séjours à la campagne aux enfants et aux jeunes filles de l'Union Familiale. »

L'*Œuvre du Grand-Air*, telle que nous la concevons, ne se contente pas de procurer de l'air et du soleil ; elle se propose, en outre, d'utiliser le séjour à la campagne pour compléter l'éducation et l'instruction des jeunes Parisiens et Parisiennes en leur fournissant les connaissances pratiques les plus utiles : Enseignement ménager pour les jeunes filles, et pour les jeunes gens apprentissage des divers travaux manuels qu'un ouvrier peut exécuter dans son ménage. En ce qui concerne les jeunes gens nous avons tenté cette année une expérience sur trois de nos enfants de douze à treize ans : la lettre suivante, écrite par l'un d'eux, montre qu'ils ne se plaignent pas de ce régime :

« X*** (Somme), le 6 septembre 1905.

« MADEMOISELLE,

« Nous n'avons plus que six jours à rester, et nous sommes contents de ce mois de vacances dans lequel nous avons respiré le bon air de la campagne et appris des choses qui nous ont fait bien plaisir. Nous avons appris de la menuiserie, du jardinage, du reliage, et nous avons travaillé tous les trois au tour.

« Nous allons rentrer à Paris contents, et nous répèterons de vive voix le récit de notre voyage, et nous pourrons fonder un cours de menuiserie, pas un cours de menuiserie seulement, mais où l'on apprendra à faire du filet, du travail avec du fil de fer et du papier.

« Plus rien à vous dire pour le moment, Mademoiselle, mes camarades se joignent à moi pour vous donner le bonjour.

« L. S. »

Mais voici une institution qui est (chaque jour nous confirme davantage dans cette opinion), un moyen d'action sociale des plus efficaces :

« L'école pratique de science ménagère et d'action sociale, a écrit M. Max Turmann, est une école ménagère dans la plus large acception du mot. On ne saurait mieux dire pour peu que l'on soit convaincu que l'enseignement ménager n'a pas un simple but utilitaire, intéressant à la fois l'hygiène et l'économie, mais aussi qu'il joue un rôle moral d'une importance considérable. Mieux encore, en effet, que des recettes de cuisine ou de nettoyage, il donne des habitudes d'ordre, de réflexion, d'organisation précieuses s'il en fût pour celles qu'on appelle ou qu'on appellera l *ménagères.* C'est lui qui fait les foyers puisque c'est lui qui forme l'épouse dont les soins éclairés assurent à l'homme d'aujourd'hui le repos et le bonheur ; la mère, sur les genoux de qui s'élèvera l'homme de demain. Comment l'Union Familiale ne s'en serait-elle pas occupée, elle qui se propose de reconstituer la famille, de rendre la mère aux occupations de son intérieur ! Dès 1900, les cours d'enseignement ménager apparaissent dans l'œuvre de Mademoiselle Gahéry.

« Le jeudi, les élèves des écoles communales bénéficient des leçons de cuisine, lavage, repassage, raccommodage, nettoyage où la théorie se mêle de la manière la plus heureuse à la pratique. Ces leçons constituent, pour ainsi dire, la première initiation à un enseignement plus méthodique et plus approfondi que donne une école ménagère récemment ouverte aux jeunes fille munies de leur certificat d'études.

« Pour les fillettes qui désirent plus tard embrasser une profession on peut dire que le séjour de l'école ménagère constitue le meilleur des apprentissages. Il y a bien, dit le *Bulletin de l'Union Familiale*, des couturières, des modistes, ou des brodeuses qui possèdent plus profondément ce que l'on appelle la technique du métier, mais comme elles n'ont jamais regardé que par un bout de la lorgnette, elles ne voient pas facilement la place exacte qui peut être affectée dans la vie à la partie qu'elles ont cultivée.

« Voilà le danger des spécialistes ; inconsciemment ils se laissent entraîner du côté qu'ils possèdent, par goût ou par culture, et ils obligent tout le monde à subir leurs errements. Et ne venez pas dire que cela n'enlève rien à leur valeur artistique.

« Il n'y a d'art véritable que là où il y a harmonie, c'est-à-dire ordre. Mieux donc que l'apprentissage ordinaire, l'enseignement ménager forme des artistes ; ajoutons qu'il offre l'immense avantage de rendre possibles les changements de situation. Que devient par exemple une brodeuse si habile qu'elle soit le jour où la broderie ne va plus ? Si elle ne sait faire autre chose, elle est condamnée à mourir de faim. L'enseignement ménager, par ce fait qu'il apprend, dans ce qu'ils ont d'essentiel, les divers métiers féminins, permet aux chômeurs de passer à un autre moins encombré. Avec lui on se débrouille toujours, comme le chat qu'on lance du quatrième étage et qui retombe invariablement sur ses pattes ; sans lui, on n'a aucune sécurité.

« Gardons-nous, toutefois, de croire que l'Union familiale dirige les élèves de son école vers l'exercice de tel ou tel métier; entre toutes les professions, elle préconise celle de *ménagère*, dont le bénéfice ne se traduit pas, sans doute, par une augmentation de gain brut, mais dans une diminution des dépenses, ce qui n'importe pas moins en fin de compte. « Quand la femme sait s'y prendre et « organiser ses dépenses, c'est comme si le salaire du « père augmentait », dit une certaine Madame Dupont dans un de ces dialogues populaires qu'on trouve parfois dans le *Bulletin de l'Union familiale*. Le rôle de la femme n'est pas, en effet, de gagner l'argent; sa mission propre est de le faire durer.

« C'est bien parce qu'elles comprennent ainsi leur tâche que les mères de famille viennent suivre à l'Union familiale les cours de cuisine populaire. « Je n'ai jamais « eu de difficultés dans mon ménage que sur un point, « confessait dernièrement une femme, mon mari trouve « toujours que je dépense trop. » L'enseignement ménager, en lui permettant de résoudre le problème dont le chef de famille exige la solution, devient l'essentiel facteur de la paix du foyer; ce n'est pas le moindre éloge qu'on en puisse faire.

« Au sommet de cette organisation, il convient de placer les cours normaux pour la formation de maîtresses d'enseignement ménager. Ces cours, dont la durée est fixée jusqu'à une année, comprennent l'économie domestique, l'hygiène et le soin des malades, la diététique, la pédagogie générale et ménagère, l'économie sociale, la cuisine théorique et pratique, le nettoyage, le lavage et le repassage, la couture et le raccommodage; ils comportent l'internat ou l'externat au choix des élèves. Les conditions dans lesquelles fonctionne l'internat sont si économiques, qu'un garçon facétieux écrivit un jour sur la porte, en caractères multicolores : *Pension à 3 fr. 50 par mois.* Le mot ne manquait pas d'une réelle saveur, car la préoccupation constante de l'*Ecole pratique de science ménagère et d'étude sociale* est de donner un enseignement qui soit réellement populaire, c'est-à-dire qui tienne compte avant tout des limites très étroites dans lesquelles se meut le budget d'un ménage ouvrier, qui n'emploie que les denrées et les ustensiles qu'on rencontre communément aux plus modestes foyers. Pour prouver la possibilité de sa réalisation, elle n'hésite pas à vivre son programme, et les mères de famille ou les jeunes élèves de l'école ménagère, qui préparent les repas des résidentes, peuvent vérifier que chacune d'elles ne dépense pas plus d'un franc par jour pour sa nourriture (1). Faut-il s'étonner que, dans le quartier, l'Union familiale ait la réputation d'une demeure où l'économie n'est pas un mot qu'on prêche, mais une vertu qu'on pratique.

« Se rattachant par bien des liens à l'Enseignement ménager se place le *Cercle d'éducation familiale*, ouvert en mai 1904. L'Union familiale devait, un jour venu, se préoccuper de continuer son action éducatrice au sein même des familles qui la composent, afin d'éviter que ses effets ne soient inconsciemment annihilés par l'inexpérience de certains parents. A quoi lui servirait-il d'enseigner aux enfants à ne jamais mentir, si, rentrés

(1) Voir pour les *menus* le Bulletin mensuel de l'Union familiale. (Les *résidentes*, pour prouver que l'usage des boissons fermentées n'est pas nécessaire à la santé, n'hésitent pas à ne boire que de l'eau... et ne s'en portent pas plus mal pour cela.)

au foyer, ils entendent maman raconter que son petit doigt lui a dit ceci ou cela ; à ne point se mettre en colère si le père ne connaît d'autre moyen de détendre ses nerfs que de distribuer des gifles ! Quand plusieurs chevaux sont attelés à un même char, il importe qu'ils soient guidés dans la même direction sous peine de s'épuiser en efforts stériles, et nul doute qu'un seul produise plus de travail utile que quatre coursiers tirant en sens différents. Mais si l'attelage marche au pas, au même but, l'union de tous décuple la force de chacun. Parents et éducateurs bénévoles, nous sommes plusieurs à la fois qui collaborons à cette tâche immense qu'est la formation de l'intelligence, de la volonté, du cœur de l'enfant. Si nous ne nous entendons pas, nous risquons de marcher en sens contraire, et par suite de neutraliser nos efforts réciproques. Causons ensemble, communiquons-nous nos observations, nos réflexions de chaque jour ; arrêtons, pour le plus grand bien de nos fils et de nos filles, une ligne de conduite que nous suivrons unanimement ; ne leur faisons entendre qu'un même diapason harmonique au lieu des sons fatalement discordants de cloches assemblées au hasard ; nous aurons fait œuvre bonne et féconde. Ajoutons qu'un résumé des causeries du cercle paraît chaque mois dans le *Bulletin de l'Union familiale*, de sorte que ses membres se trouvent avoir en main un véritable manuel d'éducation à leur usage. Le cercle est doté d'une bibliothèque dont les livres, emportés au foyer, y retiennent le travailleur. La constitution de ce cercle s'est trouvée préparée de longue haleine par la présence à l'Union familiale d'un groupe d'études et d'action sociale : *le Semeur*.

« Le « Semeur » est né en 1901, au moment où les

aînés des jeunes gens de l'Union familiale venaient d'atteindre leurs seize ans. Accoutumés, par leur assiduité aux nombreux cours organisés en leur faveur, à ne pas laisser leur intelligence inactive, leur attention devait se trouver éveillée par les multiples problèmes soulevés par l'organisation et la rétribution du travail, par les questions philosophiques et religieuses agitées au bureau ou à l'atelier autant que dans les colonnes du journal. Ils commencèrent par constituer un petit groupe qui se réunit tous les huit jours. En 1903, le groupe se dédoubla, les questions philosophiques et religieuses se séparant des questions économiques. Quelques mois plus tard le groupe économique risqua des assises plus solennelles, destinées tantôt à communiquer à ses amis les résultats de ses études, tantôt à leur faire entendre la parole autorisée d'un sociologue. On peut dire qu'à partir de ce moment le cercle était virtuellement fondé.

« *Le Semeur* croit plus à l'efficacité des actes qu'à celle des discours ; c'est pourquoi la propagande de ses membres se fait principalement par leur influence dans leurs milieux réciproques : « Qu'ils s'attachent à vivre
« vraiment la vie du « Semeur », écrit l'un d'eux, qu'ils
« suivent davantage ses travaux, qu'ils en fassent vrai-
« ment quelque chose d'eux-mêmes, qu'ils s'inspirent
« surtout, partout et toujours, de son large esprit ; qu'ils
« se montrent les plus dévoués des mutualistes et des
« coopérateurs ; qu'ils défendent hautement les associa-
« tions syndicales contre la politique qui les gangrène ;
« que sur toutes les questions ils soient les mieux infor-
« més, les plus obligeants pour tous les services à rendre ;
« qu'ils n'attaquent jamais leurs adversaires qu'en les con-
« fondant par l'exemple, combattant leur haine par l'uni-

« versel amour; ils auront bien mérité du Semeur (1) ».

Former des hommes et des femmes énergiques, entreprenants, qui sachent *se tirer d'affaire*, tel est le but que nous poursuivons. Qu'on ne s'étonne pas que pour l'atteindre nous favorisions autant que possible chez nos enfants et nos jeunes gens l'esprit d'initiative. D'autres l'ont dit avant nous : L'éducateur ne doit pas être un tuteur permanent : il suggère, il guide, il corrige; son idéal c'est de se rendre inutile. Il serait facile de retrouver ce principe à la base de toute notre conduite, et nous pourrions montrer comment la méthode Frœbel appliquée à notre garderie vise justement à mettre en éveil dès le plus jeune âge les qualités de l'enfant, comment, pour les aînés, la collaboration aux différents services est un moyen de développer la conscience autant que la réflexion et l'ingéniosité. Dès maintenant, les différents services de l'Union familiale peuvent être en grande partie assurés par le concours dévoué des enfants et des jeunes gens formés de très bonne heure à la collaboration. Pour les filles, cette formation commence à l'aide du *cours des petites mères;* cette innovation sur laquelle nous appelons l'attention, s'applique à des fillettes de dix ans, qui obtiennent comme une faveur d'avoir à s'occuper le jeudi d'un groupe de trois ou quatre enfants. Sous la direction de la maîtresse, elles apprennent à leur parler, à leur commander, à les amuser, à leur faire exécuter les exercices usités dans le système Frœbel. En même temps que la plus goûtée des récompenses, cet utile apprentissage est la meilleure préparation au rôle de sœur aînée comme à celui de future mère de famille.

(1) *Bulletin de l'Union familiale,* février 1904, p. 1 et 2.

Les deux exemples par lesquels nous terminons montreront comment nos méthodes développent l'esprit d'initiative.

La Société des jardins de Paris et Banlieue mettait, l'été dernier, à notre disposition un terrain de 6,000 mètres situé dans notre voisinage, au coin de la rue de la Folie-Regnault et de la rue Gerbier. En acceptant, l'Union familiale projetait avant tout l'organisation de jardins pour ses jeunes habitués. L'idée enthousiasma les intéressés qui résolurent de l'exploiter eux-mêmes. Une société s'est fondée, comprenant actuellement une quinzaine de membres dont les plus jeunes ont dix ans. Les suffrages désignèrent un président, un jeune homme de vingt ans, un trésorier et un secrétaire, âgés de seize et quinze ans, voire même un secrétaire-adjoint plus jeune encore. Vanité juvénile ! me direz-vous. L'avenir fournira la réponse.

Sans vouloir le présager, nous croyons cependant pouvoir rendre aux sociétaires cette justice que, s'ils revendiquent hautement leur autonomie, ils ont tout fait jusqu'ici pour la mériter. Et ce n'est pas une sinécure. L'autorité ferme et douce du président doit maintenir la bonne harmonie et prévenir les querelles de mitoyenneté. Faut-il modérer des rêves ambitieux ou réclamer une cotisation retardataire, il y a la vigilance d'un ministre des finances soucieux d'équilibrer un budget et de produire une comptabilité régulière. Et la plume infatigable du secrétaire correspond, sollicite, remercie, enregistre les annales de la Société. Et l'activité des jardiniers, la passerons-nous sous silence ? Songez que pour arriver à trouver un peu de terre, il faut creuser à 60 ou 80 centimètres un sol où les blocs de pierre voisinent avec les tuiles, les carreaux, les ardoises, les briques, et tous les vestiges d'habitations disparues ; que ces fouilles ont duré deux mois et qu'il faudra attendre l'année prochaine pour récolter. La persévérance des travailleurs, n'est-il pas vrai, est mise à de sérieuses épreuves ?

Plus délicate, mais non moins méritoire, est la tâche des sociétaires du « Trousseau ». L'œuvre du Trousseau est connue. Nous nous reprocherions cependant de ne pas rendre le tribut de notre admiration à Madame Béguin qui en a conçu l'idée et en a réalisé la première application, il y a six ans, à l'école communale de la rue Riblette. La fondation de l'Œuvre du Trousseau à l'Union familiale s'imposait. N'était-ce pas le prolongement tout indiqué de notre école ménagère, le complément pratique nécessaire de l'élément théorique représenté par nos cours de couture ?

En adhérant à l'œuvre à l'âge de neuf ans, les membres ont à payer une cotisation mensuelle de 50 centimes ; mais rien n'empêche d'y entrer plus tôt si l'enfant commence à savoir coudre, ou plus tard, mais dans ce cas la cotisation mensuelle à payer est naturellement plus forte, puisque à partir de dix-huit ans la sociétaire peut retirer son trousseau et que le prix de l'étoffe doit être alors payé. L'ouvrage à faire est distribué de mois en mois. Les premiers objets confectionnés sont les plus simples et les moins coûteux : les torchons ; on finit par les plus difficiles et les plus onéreux : les chemises et les draps. Sur les planches de l'armoire, où les trousseaux restent en dépôt, les piles de linge montent chaque année encourageant le zèle des travailleuses. Est-il besoin d'ajouter que, lorsque viendra le moment du mariage, la jeune fille apportera dans sa corbeille beaucoup plus et bien mieux que les soixante-treize pièces de lingerie qui composent le trousseau. Elles apporteront des années de persévérance, le goût du travail manuel, l'habitude de l'économie, de l'exactitude, les meilleures garanties, en un mot, de la prospérité du ménage. Et, pour en revenir au point de vue qui nous occupe, toute la comptabilité de l'œuvre est tenue par les *intéressées*. Les secrétaires contrôlent l'exactitude des sociétaires et marquent les notes ; les trésorières de l'argent recueillent les cotisations ; les trésorières de linge distribuent l'ouvrage et le reçoivent quand il est confectionné.

Il faut remarquer qu'au point de vue pécuniaire la Société des Jardins et l'œuvre du Trousseau se suffisent à elles-mêmes. L'argent versé par les jeunes filles pendant la durée de leur sociétariat représente exactement le coût de la matière première. Les cotisations hebdomadaires de 0 fr. 05 par 5 mètres payées par les jardiniers doivent également couvrir les frais généraux de l'entreprise correspondant à la partie de terrain concédée à la Société des Jardiniers.

Cela ne veut pas dire que ces deux initiatives ne doivent pas être encouragées.

Les statuts de l'œuvre-mère du Trousseau prévoient le concours de membres auxiliaires. Et, de fait, des traditions se sont établies, qui ont permis d'attribuer aux jeunes filles les plus méritantes des récompenses, sous forme d'objets utiles à leur ménage futur.

Quant aux jardiniers il faut reconnaître que le chiffre de leurs cotisations, déjà lourd pour leurs bourses modestes, est bien léger pour parer à toutes les dépenses de premier établissement : il a fallu acheter des outils. Il faut obtenir une concession d'eau. Il faut s'enclore et ce n'est pas une petite affaire. Situé à deux pas de la Roquette, le terrain, inutilisé depuis plusieurs années, était devenu l'asile favori de tous les mauvais drôles du quartier. Les jeunes travailleurs ont déjà eu à souffrir de leurs vexations et de leurs maraudes. Lutte inégale et émouvante. Bienvenus seraient les subsides qui permettraient d'entretenir et de consolider la clôture du terrain.

Tout ce qui vient d'être raconté n'était possible que par la *Résidence ;* mais il faut bien remarquer comment la question des relations avec les familles ouvrières change d'aspect une fois la *Résidence* établie :

Jusque-là, le milieu qu'on rêvait d'atteindre restait inaccessible ; la prise de contact avec lui était impossible... Maintenant que le pont est établi, non seulement les résidentes ont conquis droit de cité parmi ceux dont ils se sont faits les voisins, mais la *Résidence* est devenue un endroit où des collaborateurs intermittents peuvent fournir un travail fructueux ; les familles ouvrières savent que les amis des résidents sont des personnes de confiance avec qui on peut traiter comme avec les résidents eux-mêmes. Et, ainsi, n'eût-on qu'une demi-journée par semaine à donner, n'eût-on que quelques heures à passer à la *Résidence*, on peut dans cet espace de temps restreint faire œuvre utile. Un autre avantage de la *Résidence* est encore de permettre l'étude sur place des phénomènes sociaux, de leurs causes et de leurs conséquences ; elle constitue donc un véritable « observatoire social » mis à la disposition de ceux que ces recherches intéressent.

Oserons-nous, en terminant, dire nos espérances ?

Pourquoi pas, puisque les sympathies qu'a rencontrées l'Union familiale nous mettent sur le chemin de les voir réalisées.

« Sans qu'il soit besoin de démonstration préalable, lit-on dans le *Bulletin de l'Union familiale,* chacun sait qu'on ne fait bien que ce qu'on a été enseigné à bien faire. L'idée de s'improviser forgeron ou menuisier, lingère ou modiste ne vient à personne. Ce n'est qu'en travaillant qu'on devient capable de travailler comme il faut. »

Il y a pourtant un genre de travail qui semble échapper à cette règle, un travail qu'on peut entreprendre, dirait-on, sans étude ou, tout au moins, sans pratique préalable : c'est le travail social.

Il faut faire des œuvres, dit-on... et combien souvent hélas! ces œuvres, après avoir coûté bien cher, ne croulent-elles pas lamentablement... Oui, le travail social à faire est immense ! Il réclame d'urgence le concours de toutes les bonnes volontés, mais encore faut-il, pour s'y livrer utilement, en avoir étudié les principes et la technique.

Le mot de science sociale ne fait plus rire maintenant ; il est passé dans l'usage courant parce qu'il désigne quelque chose qui est, ou tout au moins qui tous les jours devient.

Pour faire des œuvres sociales, il faut des connaissances théoriques ; il faut aussi de la pratique et cette seconde condition soulève plus de difficultés que la première. On ne veut pas s'astreindre à une initiative sérieuse par le contact des réalités. On trouve trop lent ce procédé qui, pourtant, est le seul vraiment efficace. On préfère improviser au hasard ; au lieu de faire des expériences on fait des écoles, et on s'obstine à trouver étrange de ne pas réussir. Franchement, n'est-ce pas le contraire qui devrait étonner, si le contraire se produisait ?

Pourquoi ne pas admettre qu'un bon cours d'enseignement social réclame, comme complément, le travail expérimental dans un laboratoire *ad hoc ?* C'est ce laboratoire que nous nous efforçons de constituer à l'Union familiale où nous n'adoptons aucune pratique dont nous ne puissions rendre raison. Nous ne nous donnons pas comme possédant la solution de tous les problèmes sociaux ni même de la seule question ouvrière : mais ce que nos expériences nous ont appris, nous sommes désireux de le faire connaître aux autres. On est déjà venu étudier auprès de nous en travaillant avec nous : on viendra encore davantage (1). Nous livrerons nos méthodes, on les prendra pour les appliquer ailleurs, on les perfectionnera ; on fera mieux que nous et nous en serons ravis, car ce n'est pas de nous qu'il s'agit mais de la grande œuvre de relèvement social dont nous sommes que les plus humbles artisans. Propager ces méthodes est d'ailleurs le but que se propose le Bulletin mensuel de l'Union familiale : nous nous efforçons en outre d'y signaler les sources auxquelles nous nous renseignons soit en France soit à l'étranger. Nous croyons qu'ainsi comprise cette publication a sa raison d'être et sa réelle opportunité.

M. GAHÉRY,
Directrice générale de l'*Union familiale*,
172, rue de Charonne, PARIS (XIe).

18 novembre 1903.

(1) Pour faciliter l'assistance à ces cours, l'Union familiale se charge d'assurer aux conditions les plus modiques, au siège même de l'œuvre, la nourriture et le logement des personnes étrangères qui désireraient les suivre : nous demandons seulement qu'on se fasse inscrire à l'avance, le nombre des places étant très limité.

Madame Jean BRUNHES

La Ligue Sociale d'Acheteurs

> « Qui prendrait une de ces jupes pour la presser et la tordre en verrait sortir le sang de créatures humaines... Ne vois-tu pas que l'habit que tu portes sur les épaules est taché de sang. » (*Saint Bernardin de Sienne.*)

Si les femmes savaient que la jaquette de drap achetée par elles 30 ou 35 francs dans tel grand magasin a rapporté à l'ouvrière qui l'a cousue tout entière 0 fr. 95...

Si les femmes savaient que ces blouses de soie dont elles se parent ont condamné l'ouvrière à un labeur quotidien de quinze à seize heures et que pour ces quinze à seize heures elle a seulement gagné 1 fr. 30...

Si les femmes savaient qu'un merveilleux volant de Valenciennes a rapporté à l'ouvrière belge travaillant douze heures par jour le salaire misérable de 0 fr. 85...

Si les femmes savaient que ces petits jouets que l'on suspend à l'arbre de Noël, poupées aux cheveux blonds, voitures attelées, sifflets de bois, ouistitis en chenille, chiens frisés ou lapins blancs ont rapporté à toute une famille ouvrière travaillant dans un taudis de Belleville ou dans une masure de la Forêt Noire un salaire de 1 à 3 francs...

Si les femmes savaient à quel danger elles s'exposent, elles et leurs enfants, en achetant ces vêtements qui sortent d'habitations contaminées, ces jouets fabriqués par de pauvres ouvriers tuberculeux, à côté de berceaux envahis peut-être par les microbes de la scarlatine ou de la diphtérie...

Si les femmes savaient que pour faire cuire ces délicieux gâteaux du jour de Noël ou de la fête des Rois, des enfants de treize à quinze ans ont été condamnés à travailler quarante-huit heures de suite avec une seule interruption de trois heures...

Si les femmes connaissaient tous les modes de l'exploitation industrielle de la femme et de l'enfant... Si les femmes savaient tout cela, et surtout si les femmes chrétiennes le savaient, ne se dresseraient-elles pas indignées contre de pareils abus ? ne se révolteraient-elles pas ? ne prendraient-elles pas en mains la cause si juste des femmes, leurs sœurs, et la défense de tous les enfants opprimés ?

Mais comment le savoir? diront-elles. Tout cela est trop loin de nous : avant d'acheter un jouet ou avant d'acheter une blouse, nous ne pouvons aller visiter la demeure lointaine du fabricant de jouets, ni rechercher les diverses ouvrières dont les unes ont rassemblé les morceaux et les autres cousu les agrafes du corsage acheté par nous. Et d'ailleurs qu'importera notre effort individuel en face l'égoïsme cruel de la masse des acheteurs? isolées, que pouvons-nous vis-à-vis du commerçant avide de gain et de la clientèle avide de bon marché ?

Individuellement vous ne pouvez rien, leur répondrons-nous. Par le groupement de vos efforts individuels, par l'organisation méthodique de vos actions isolées, *vous pouvez tout !* « Le consommateur est roi dans l'ordre économique », a dit le célèbre économiste, Charles Gide ;

mais il a dû, hélas ! ajouter : « C'est un roi fainéant. Il ne répond même pas à la définition du roi constitutionnel qui règne *mais ne gouverne pas* ; lui, ne gouverne ni ne règne. Eh ! bien, nous voulons rendre à ce roi sans couronne l'intelligence de ses droits, la conscience de ses devoirs, avec les moyens propres à exercer les uns et à remplir les autres. »

Œuvre d'éducation sociale, œuvre de solidarité en vue d'une action immédiate, d'une action qui est à la portée de tous, telle sera l'œuvre qui enseignera à l'acheteuse sa responsabilité vis-à-vis de ceux qui travaillent pour elle et sa puissance économique sur le marché du monde.

Nous ne vous disons pas : Achetez davantage, faites quelque chose de nouveau. Nous vous disons : Vous achetez c'est un fait. Vous achetez tous les jours. Surveillez et organisez vos achats. Par vos achats quotidiens vous n'obtenez rien jusqu'à ce jour que la satisfaction de vos besoins économiques et de vos caprices. Mettez cette activité d'acheteurs au service de votre esprit de justice sociale.

Vous tous et vous toutes qui déplorez que l'employé n'ait pas un jour de repos après une semaine de fatigue, vous toutes qui déplorez aussi que l'ouvrière couturière use son corps et brûle ses yeux pour finir durant la nuit la parure d'une cliente trop pressée, dites-vous bien que le sort de l'employé de commerce et le sort de l'ouvrière sont entre vos mains : c'est parce que vous persistez à faire certains achats le dimanche — fleurs et gâteaux par exemple — que tout un personnel d'employés et d'ouvriers est retenu au magasin ; c'est parce que vous avez exigé une robe dans un trop bref délai que l'ouvrière a été contrainte, par votre imprévoyance, par votre cruauté, à sacrifier son sommeil et à épuiser ses forces. Le mot de cruauté n'est pas trop fort quand on songe que des jeunes filles — souvent des enfants de seize ans — sont obligées de fournir un travail supplémentaire de trois ou quatre heures sans avoir dîné et qu'elles ont ensuite à regagner un logis lointain, exposées à cette heure tardive à tous les dangers de la rue. Une ouvrière parisienne de vingt ans m'écrivait ces mots : « Je sais que vous avez fondé une ligue sociale d'acheteurs ; mais il faudrait bien que cette ligue passe entre les mains de toute notre clientèle parce que vraiment je me demande souvent pour qui les clientes nous prennent : elles doivent se figurer que nous sommes de fer. Ainsi, vendredi, nous sommes restées pour une Américaine jusqu'à minuit. Cela me faisait rentrer à une heure chez nous. Maman était dans un état, ne sachant que penser de me voir rentrer à des heures pareilles. »

Et elle terminait sa lettre par ces lignes douloureuses : « Je suis aujourd'hui bien fatiguée ; je voudrais qué la nuit dure vingt-quatre heures. »

Après avoir été — comme nous toutes — semeuses involontaires mais « effectives » de ces iniquités sociales, nous nous permettons de vous dire : Devenez créatrices et protectrices d'une meilleure organisation sociale. Groupez-vous comme acheteuses et imposez au monde du travail non plus vos caprices mais vos exigences précises de justice et de fraternité chrétienne.

Ce qu'ont fait les Femmes d'Amérique.

L'exemple nous en a été donné il y a seize ans par les femmes américaines. En 1890, à la suite d'une enquête faite par la Working Women's Society sur la condition des vendeuses dans les magasins au détail, un groupe de femmes de New-York prirent conscience des abus scandaleux auxquels étaient assujetties des créatures humaines. Et surtout elles se rendirent compte que les acheteuses avaient dans ces faits une grande part de responsabilité.

En vertu de cette responsabilité devenue consciente et pour réagir contre ces faits, les femmes de New-York organisèrent la première Ligue de Consommateurs. Celle-ci avait un double but :

a) Travailler à l'éducation sociale des acheteurs, en leur faisant comprendre la portée de leurs actes quotidiens et la conséquence de chacun de leurs achats ;

b) Donner à ses membres les moyens de rendre léurs actes conformes à leurs principes, en leur indiquant quels fournisseurs respectaient intégralement les lois de protection ouvrière et traitaient leurs employés selon les règles de la justice.

Ces règles de justice, telles qu'elles furent dès l'origine, (en 1891), élaborées par la Ligue de New-York en faveur des employés de commerce, se trouvent résumées dans un programme idéal dont voici les points principaux :

Une bonne maison de commerce est celle où les employés ont :

1º Un salaire équitable ;

2º Dix heures de travail avec trois quarts d'heure pour le repas de midi, une demi-journée de vacances outre le dimanche durant deux mois d'été et où toutes les heures supplémentaires sont payées.

3º De bonnes conditions d'hygiène, des sièges à leur disposition et surtout la permission d'en user.

Après avoir découvert les maisons qui réalisaient les

conditions requises, la Ligue les inscrivit sur une Liste Blanche qu'elle répandit à profusion. Pris par leur intérêt, incités à obtenir le bénéfice de cette réclame gratuite et d'une aussi haute portée, les plus grands magasins de New-York demandèrent à être enquêtés par la Ligue et celle-ci, en 1904, pouvait inscrire 46 maisons de commerce sur sa Liste Blanche.

Répandues aujourd'hui dans toute l'Amérique du Nord, les Ligues de Consommateurs au nombre de 60 exercent une influence puissante sur le monde du commerce et de l'industrie. Du magasin elles ont passé à l'usine. Après s'être enquises des heures de travail et des conditions d'hygiène de la boutique où l'on vend la marchandise, elles se sont logiquement préoccupées des conditions d'hygiène et des conditions de travail de l'atelier où la marchandise est confectionnée.

Pour les fabriques elles ont édicté quatre règles dont l'observation donne le droit, non seulement de figurer sur une Liste Blanche, mais de posséder une marque spéciale ou *label* délivrée par la Fédération des Ligues et qui devra être apposée sur les objets confectionnés dans de bonnes conditions sociales. Et ces règles sont les suivantes :

1º Observation des lois sur la protection des travailleurs ;

2º Interdiction du travail des enfants âgés de moins de seize ans.

3º Maximum de dix heures de travail par jour.

4º Obligation de se soumettre au contrôle de la Ligue.

On ne pouvait songer à englober toutes les usines. Les Ligues de Consommateurs limitèrent leur effort à celles qui occupaient le plus vaste personnel féminin, c'est-à-

dire aux fabriques de vêtements de dessous pour femmes
et enfants.

Dès l'année 1899, cinq manufactures signèrent un contrat avec la Fédération des Ligues ou Ligue nationale.
A la fin de l'année 1903 nous trouvons cinquante-trois
manufactures sur la Liste Blanche des fabriques et nous
pouvons dire aujourd'hui avec Madame Nathan, présidente de la Ligue de New-York, « que les manufactures
usant du label et les articles portant le label des Ligues
de Consommateurs se rencontrent aux Etats-Unis depuis
l'Atlantique jusqu'aux côtes du Pacifique, depuis l'Etat
du Maine jusqu'à celui de Géorgie. »

Ce qu'ont fait les Femmes françaises.

L'exemple des Américaines a inspiré à un groupe de
femmes françaises le désir et la volonté de fonder
une Ligue d'Acheteurs. En décembre 1902 la Ligue
Sociale d'Acheteurs de Paris fut régulièrement constituée
sous la présidence de Madame E. Klobb, femme du vail-
lant colonel tué au Soudan, avec la baronne Georges
Brincard et Madame Ludovic de Contenson comme
vice-présidentes et Madame Jean Brunhes comme secrétaire générale.

Dirigée par des femmes, la ligue s'adresse surtout aux
femmes, car ce sont les femmes qui achètent. Elle s'attache à leur enseigner la morale de l'achat et à leur faire
sentir leur responsabilité sociale vis-à-vis de ceux qui
fabriquent et qui vendent. Parmi ces ouvriers et ouvrières
dont le sort est entre nos mains, elle a choisi celles qui
sont les plus proches de nous et qui subissent immédiate-

ment le contre-coup de nos cruautés et de nos caprices, les ouvrières de l'aiguille : Oui, je le répète, la question de la veillée des ouvrières dépend uniquement des clientes. C'est pour nous que de toutes jeunes filles restent courbées sur la table de travail, les yeux fatigués, l'estomac vide ; c'est parce que nous avons dit : « Il me faut ma robe pour demain, » que la patronne doit contraindre son personnel au terrible labeur de la nuit, le pourvoyeur de l'anémie et de la tuberculose !

La question de la morte-saison dépend aussi de nous : qui donc n'a pas déploré cette crise annuelle qui décime toute une population ouvrière plus cruellement qu'une maladie épidémique ! et nous, consommateurs, qui accumulons toutes nos commandes au printemps et à l'automne, ne sommes-nous pas la cause déterminante de ce triste état de choses ! En été, nous sommes à la campagne, répondrez-vous, et nous ne pouvons revenir à Paris pour nous commander une robe. D'accord. Mais il y a une morte-saison d'hiver, un chômage en janvier et février qui est plus pénible que le chômage d'été. De juillet à octobre, des passages d'étrangères, d'Américaines surtout, viennent donner un regain d'activité aux ateliers ; en janvier, en février, c'est l'inaction complète et nous pourrions si bien garder quelques commandes pour ces deux mois, au lieu de les réserver toutes pour les grandes époques de surmenage, Noël, Pâques ; nous pourrions si bien, par un peu de prévoyance, réintroduire la vie là où nous avons laissé pénétrer la mort ! »

Aussi la Ligue Sociale d'Acheteurs a-t-elle révélé aux insouciantes clientes ce mal profond du chômage d'hiver en leur donnant le moyen d'y remédier au moins partiellement. Son dernier tract (tract n° 4) commence par ces mots (1) :

« Après le surmenage de fin d'année vient la douloureuse morte-saison d'hiver : janvier et février.

« Si les patronnes n'ont presque plus d'ouvrage en janvier et en février, *c'est notre faute.*

« Si les patronnes renvoient en plein hiver bon nombre de leurs ouvrières, *c'est notre faute.*

« Si ces ouvrières sans ouvrage souffrent de la faim et du froid, *c'est notre faute.* »

Et sa conclusion pratique est celle-ci :

« Réservons nos réparations et quelques-unes de nos commandes pour les mois de janvier et de février. »

Mais la Ligue Sociale d'Acheteurs ne procède pas seulement par des enseignements généraux et par des conseils que ses membres sont libres de suivre ou de négliger. Elle demande à chacun d'eux un engagement précis et la promesse d'observer les quatre articles de son code :

1° Ne jamais faire une commande sans demander si elle ne risque pas d'entraîner le travail de la veillée ou le travail du dimanche.

2° Toujours éviter de faire des commandes au dernier moment, surtout aux époques de presse.

3° Refuser toute livraison après 7 heures du soir ou le dimanche, afin de ne pas être indirectement responsable d'une prolongation des heures de travail.

4° Payer ses notes régulièrement et sans retard.

De plus, la Ligue Sociale des Acheteurs demande à ses

___

(1) Pour les demandes de tracts — lesquels sont distribués gratuitement — s'adresser à M. Bergeron, secrétaire, au siège social de la Ligue, 28 rue Serpente, Paris, VI°. Adresser aussi au Secrétariat les cotisations. Cotisation annuelle et abonnement au *Bulletin de la Ligue Sociale d'Acheteurs* : 5 francs.

membres de s'adresser de préférence aux maisons de couture qui observent ce minimum de conditions sociales imposées par la Ligue et qui ont signé le triple engagement suivant :

1° Ne pas faire travailler normalement au delà de 7 heures du soir et jamais au delà de 9 heures.

2° Ne pas donner aux ouvrières du travail à terminer chez elles, le soir.

3' Ne pas faire travailler le dimanche.

La sixième Liste Blanche qui porte le nom de tous les patrons et patronnes d'atelier ayant souscrit à cet engagement a paru en octobre 1905 et elle contient les noms de 17 couturières, 4 tailleurs pour dames, 3 corsetières et 6 modistes.

Les fournisseurs de la Liste Blanche sont les plus actifs collaborateurs de la Ligue Sociale d'Acheteurs : ils en comprennent la haute portée sociale. Ainsi que l'écrivait le comte d'Haussonville dans un admirable article consacré à la Ligue (1) : « Beaucoup de maisons de couture et de modes sont dirigées par des femmes qui elles-mêmes ont travaillé autrefois de leurs doigts et qui ont gravi péniblement tous les degrés de la hiérarchie, depuis celui de *petite main* jusqu'à celui de *première*. Elles n'ont pas oublié les épreuves par lesquelles elles ont passé, et ce n'est pas de gaîté de cœur qu'elles imposent à leur tour ces épreuves à leurs ouvrières. Ce sont les clientes qui en sont causes par des exigences irréfléchies qu'il faut cependant satisfaire sous peine de perdre leur pratique. Les bons sentiments des patronnes se trouvent en opposition directe avec leurs intérêts. Aussi sont-elles toutes heureuses

____

(1) Le *Gaulois*, 28 mars 1904.

et surprises quand ce sont au contraire les clientes elles-
mêmes qui leur viennent en aide. »

Les lettres de quelques patronnes en sont la preuve :

« Je vous remercie de tout cœur, m'écrit l'une des plus
grandes couturières de Paris (Madame Blanche Lebouvier),
de me tenir au courant du succès de notre chère Ligue.
Je suis persuadée que mes clientes accepteront bien vite
les réformes de la Liste Blanche. C'est si agréable de pouvoir s'occuper du sort des ouvriers et des ouvrières. Quant
à moi, je le fais de tout mon cœur. Je les aime avec sollicitude; je ferai tout mon possible pour alléger leur peine.
Elles sont si méritantes ! »

« Ah ! me disait une autre patronne, comme je suis
heureuse de voir que certaines de mes clientes vont m'encourager à faire le bien. C'est si pénible d'avoir à lutter
continuellement contre l'exigence de ces dames! »

Ces fragments de lettre ou de conversation prouveront combien était peu fondée l'objection si souvent faite
à des membres de la Ligue Sociale d'Acheteurs : « Vous
allez mécontenter les patronnes. » Il est probable que les
colporteurs de cette objection n'ont jamais causé avec une
patronne soucieuse du bien-être de son personnel ; il est
probable qu'ils n'ont jamais visité une maison bien organisée ni fait une enquête par eux-mêmes.

*L'enquête personnelle comme moyen de formation
sociale de l'acheteur*, tel est encore le moyen préconisé
par la Ligue Sociale d'Acheteurs pour arriver à constituer
un groupe de clients vraiment capable de comprendre sa
mission et de la remplir.

Il nous faut voir de nos yeux la misère et l'injustice
pour en sentir l'acuité poignante. Il nous faut voir les
conditions antihygiéniques et vraiment immorales de

nombre d'ateliers pour comprendre la nécessité et la légitimité de la plupart des revendications ouvrières.

C'est par une enquête dans les cuisines ou laboratoires de certains pâtissiers que la baronne Georges Brincard a pu se rendre compte du surmenage, de l'atmosphère malsaine et surchauffée dont les petits marmitons — pauvres enfants de treize ou quatorze ans — avaient à subir les conséquences souvent mortelles (1).

C'est au cours d'une enquête dans les blanchisseries de Paris que Mesdames Georges Piot et Jean Lerolle ont pu étudier les responsabilités de la cliente trop presssée, de celle qui envoie au dernier moment un objet à blanchir et force des blanchisseuses à veiller jusqu'à 9 heures ou 10 heures du soir sans dîner. « Ce qui fait surtout la presse et la veillée des ouvrières, c'est l'ouvrage inattendu sur lequel on ne comptait pas et qui arrive, très pressé, à faire vite, vite, quand l'ouvrière pensait déjà s'en retourner dans son foyer.

« C'est une blouse blanche, c'est une robe de bébé, c'est peu de chose. Mais enfin si vingt clientes apportent chacune une blouse blanche ou une robe de bébé le vendredi pour qu'on les livre le samedi soir, cela fait une augmentation terrible dans l'ouvrage ordinaire.

« Souvent, à cause d'une mauvaise organisation de notre intérieur, pour une satisfaction d'amour-propre, nous aurons forcé une malheureuse femme à travailler debout depuis midi jusqu'à 10 heures du soir sans manger un morceau de pain.

(1) Voir le rapport de la baronne Georges Brincard sur les *Marmitons-pâtissiers*, Compte-rendu de la troisième Assemblée générale de la Ligue Sociale d'Acheteurs, p. 11.
Voir aussi dans la collection de l'A. P. le tract n° 71, « Nos petits marmitons ». — Enquête par M. Mény.

« Et pour voir notre bébé charmant et pouponné le dimanche, nous aurons obligé une mère de famille à rentrer chez elle, exténuée, pour donner à 11 heures du soir, le biberon que son enfant attend depuis 7 heures en pleurant (1). »

A tous nos membres nous répétons : Envisagez les conséquences de vos actes, de vos achats, de vos commandes ; interrogez vos fournisseurs, interrogez la femme qui vous apporte le pain, le marmiton qui apporte votre vol-au-vent, la petite apprentie qui apporte votre robe. Mettez-vous au régime de l'enquête incessante. Bienfaisante curiosité qui vous fera découvrir ici des actes de renoncement et de vertu cachée que vous ignorez, là des actes de despotisme sauvage que vous n'auriez jamais pu imaginer.

Et nous ne saurions mieux faire, pour résumer les principes et les fécondes conséquences de la tactique des Ligues d'acheteurs et de cette « morale de l'achat » que de citer toute la péroraison d'un sermon prononcé par le cardinal Gibbons dans la cathédrale de Baltimore le dimanche 6 décembre 1903 en faveur des *Consumers Leagues* ou Ligues de Consommateurs qui sont, nous l'avons dit, les Ligues sociales d'acheteurs des Etats-Unis :

« Les travailleurs ne demandent pas l'aumône. Ils demandent uniquement un salaire qui leur permette de vivre. Ils font appel au public et à vous afin d'obtenir la compassion et la considération qui leur sont dues. Ils sont de notre chair et de notre sang.

(1) *Les Blanchisseuses*, par Mesdames Georges Piot et Jean Lerolle, *Bulletin de la Ligue Sociale d'Acheteurs*, 1ᵉʳ trimestre 1905, p. 12.

« Vous me demanderez : « Mais comment les aider ? Comment remédier à leurs maux ? » Peut-être ne pouvez-vous pas les aider directement, mais vous le pourrez indirectement et par divers moyens.

« En premier lieu vous pouvez agiter la question. Par là l'atmosphère sera remuée, le ciel éclairci, une discussion saine sera provoquée. Vous attirerez l'attention publique sur un mal aigu. Vous éveillerez la sympathie de l'opinion. Vous releverez le voile afin que la moitié des humains puisse voir comment vit l'autre moitié.

« En second lieu, vous pouvez en appeler à la conscience et à l'humanité des employeurs eux-mêmes, qui peut-être seront disposés à opérer des réformes dont la clientèle leur démontrera la nécessité... Et s'ils sont sourds à vos exhortations, vous aurez recours à des mesures plus énergiques. Grâce à Dieu il existe des magasins où les employés sont·bien traités. Vous pouvez les favoriser en y faisant vos achats. Ainsi vous exercerez une pression morale sur les oppresseurs en les prenant par leur propre intérêt.

« Enfin, vous pouvez encourager des associations excellentes qui se nomment les *Ligues de Consommateurs* et coopérer à leur action.

« Mais vous me répondrez peut-être : « Pourquoi m'occuperais-je des affaires des autres ? J'ai bien assez de mes propres affaires. Suis-je le gardien de mon frère ? » Ce sont les mots de Caïn, le premier assassin. Que serait-il advenu de vous et de moi si le Christ notre Sauveur avait dit : « Suis-je le gardien de mon frère ? » Nous ramperions aujourd'hui dans les ténèbres de l'idolâtrie ou de l'infidélité. Que serait-il advenu de la société humaine si les apôtres avaient dit : « Sommes-nous les gardiens de nos frères ? » Que serait-il arrivé s'ils étaient retournés dans leurs maisons et s'ils avaient interrompu leur ministère après la disparition de leur Maître ? Nous serions privés aujourd'hui de la grâce infinie de la civilisation chrétienne

« Eh bien ! conclut le cardinal Gibbons, je vous le dis moi : vous devez être le gardien de votre frère. Vous ne pouvez, comme le Sauveur du monde, rendre la vue aux aveugles, l'ouïe aux sourds, la parole aux muets et vous ne pouvez non plus raffermir les membres paralysés. Mais vous pouvez opérer des miracles de grâce et de miséricorde en soulageant la détresse de vos frères souffrants. Et jamais vous ne serez plus près de Dieu qu'après avoir allégé les douleurs des autres. Jamais vous ne serez plus véritablement les enfants de votre Père qui est aux cieux qu'après avoir fait pénétrer le soleil dans les cœurs obscurcis par l'adversité. Et c'est accomplir une œuvre analogue à celle de l'acte créateur de Dieu que de faire fleurir des fleurs de joie et d'allégresse dans des âmes auparavant arides et désolées. »

Henriette JEAN BRUNHES.

Madame Henry DÉGLIN

Protection de la Jeune Fille

*Association Catholique internationale
des œuvres pour la protection de la Jeune Fille.*

La protection de la jeune fille, que sa faiblesse et son inexpérience exposent à tant de dangers lorsqu'elle se trouve seule aux prises avec les dures nécessités de la vie, n'est pas assurément une invention récente de la philanthropie contemporaine. Nous n'en voulons pour preuves que les nombreuses fondations charitables en faveur des orphelines, des abandonnées, des déshéritées de toutes sortes que nous ont léguées les générations précédentes. Mais tandis qu'autrefois cette protection ne s'adressait qu'à un nombre restreint de jeunes filles, aujourd'hui elle doit s'étendre à toutes. Toutes, en effet, sont exposées à subir plus ou moins, dans les conditions actuelles de l'existence, le contre-coup douloureux de la crise économique, sociale et religieuse qui bouleverse la société. Les liens de la famille sont si souvent relâchés que la jeune fille ne peut plus guère compter sur ses protecteurs naturels. Tant de foyers sont dispersés ou désunis ! Et lorsque la famille est régulièrement constituée et qu'elle n'est ni mauvaise, ni indigne, elle est généralement

4

impuissante. Que peuvent faire pour protéger leur enfant, lui signaler les écueils de la route et choisir soigneusement le milieu dans lequel elle sera formée à un métier, de braves gens, absorbés par leur propre labeur quotidien, qui n'ont ni le temps ni les moyens de se renseigner sûrement? C'est donc à la hâte et au hasard, sans être prémunie contre les dangers qui la guettent, que la pauvre fille est mise en apprentissage et placée dans un atelier.

Mais, au fait, pourquoi ses parents hésiteraient-ils? Ont-ils le choix? La situation de la femme qui travaille n'est-elle pas presque partout à peu près la même, et quand une impérieuse nécessité le commande et qu'il faut gagner sa vie, a-t-on le moyen de choisir et de se montrer exigeant? Et c'est ainsi qu'on soumet la jeune fille à un surmenage qui ruine la santé et qu'on accepte pour elle les salaires dérisoires qu'on a si justement flétris du nom de « salaires de famine ». Des théoriciens qui n'ont qu'un médiocre souci des réalités, tentent de justifier cette exploitation du travail de la femme en prétendant que le gain de celle-ci ne saurait jamais être considéré que comme un appoint du salaire familial; ils ne veulent pas examiner la valeur de ce travail en lui-même et se rendre à l'évidence des faits.

Il n'est que trop fréquent, hélas! que la famille manque ou ne peut plus assurer à ses membres le strict nécessaire. Lorsque la misère ou le vice ont envahi le foyer, ne faut-il pas que la jeune fille s'éloigne et cherche à se suffire à elle-même? Cependant, réduite à ses seules ressources, que va-t-elle devenir? Ses moyens d'existence sont si précaires, si aléatoires! Et, tout d'abord, comment trouver du travail? et ce travail trouvé, s'il est insuffisamment rémunéré, comment arriver à faire face à ses besoins les plus urgents ? Comment résoudre le problème du logement, du vêtement, du pain quotidien ? Quand on réfléchit à ces choses, soit en les observant directement, soit en approfondissant sur ce sujet les études si documentées et d'un si réel intérêt de Jules Simon, de MM. Charles Benoist, Paul Leroy-Beaulieu, d'Haussonville, Max Turmann et d'autres écrivains, on demeure profondément troublé en entrevoyant tant de privations, de souffrances et de poignantes angoisses dans l'existence laborieuse de la femme et de la jeune fille obligées de gagner leur pain.

Mais toutes ces luttes et ces difficultés pour s'assurer si péniblement le pain quotidien ne sont pas encore les pires maux qui menacent la jeune fille dans sa vie de labeur. Elle est exposée souvent à subir de terribles assauts pour défendre le trésor de son honneur et de sa foi. Tout est mis en œuvre pour la perdre. On exploite sa misère, son ignorance et sa faiblesse, en employant, selon les circonstances, la violence ou la fraude. Ici c'est une pression éhontée exercée par ceux qui disposent de son gagne-pain ; ailleurs, c'est la séduction d'une vie facile offerte à une malheureuse exténuée par la fatigue et la souffrance. On abuse de la crédulité et de la naïveté des unes, avec de perfides paroles et de mensongères promesses ; on entraîne les autres en les poussant à la révolte ou au désespoir.

Les progrès de la démoralisation et de la corruption que rien n'arrête plus aujourd'hui deviennent effrayants. Comment s'étonner qu'un nombre toujours plus grand de pauvres filles qui ne sont plus soutenues par la foi et l'espérance chrétiennes, au milieu de leur vie de misère, glissent sur la pente fatale du déshonneur et du vice !

Un des symptômes les plus caractéristiques de l'effrayante recrudescence de corruption et d'immoralité qui sévit de nos jours est l'abominable trafic que l'on a appelé la traite des blanches. Des misérables ont songé à spéculer sur la difficulté éprouvée par les jeunes filles à se procurer des situations convenables sur place. Ils les attirent à l'étranger en faisant miroiter à leurs yeux les plus séduisantes perspectives et ne cherchent en réalité qu'à recruter des malheureuses pour les maisons de débauche clandestines ou publiques.

Pour arriver à leurs fins, ils font paraître des annonces mensongères dans les journaux, se servent de bureaux de placement louches et font agir de diverses manières des agents recruteurs habiles. Ceux-ci parcourent les villes et les campagnes, se tiennent à l'affût aux abords des gares et à l'arrivée des paquebots et circonviennent de pauvres filles qui éblouies par leurs magnifiques promesses se décident à partir avec eux.

Hélas ! le voyage est souvent sans retour, la malheureuse tombée dans un piège affreux, absolument dépaysée, habilement isolée, se trouve à la merci de son séducteur, d'autant plus que jusqu'à ces derniers temps celui-ci, opérant en pays étranger, jouissait d'une impunité complète.

On a découvert de véritables agences internationales ayant des ramifications secrètes dans tous les pays pour se livrer à cet odieux trafic. L'opinion publique justement émue a applaudi à la vigoureuse campagne menée en France par M. le sénateur Bérenger et à l'accord international intervenu entre seize puissances pour la répression de la traite des blanches.

Toutes les jeunes filles qui voyagent ne courent pas évidemment le risque de tomber entre les mains d'agents de la traite des blanches. Il ne faut rien exagérer et ne pas s'imaginer découvrir partout la trame de noirs complots ; mais partout cependant, il y a des exploiteurs et des dupes ; partout il faut se défier des voleurs, sans qu'il soit besoin d'affiches spéciales pour les signaler. Il y a donc lieu de prémunir toujours les jeunes voyageuses contre leur ignorance des personnes et des lieux et de les engager à se munir à l'avance, autant que faire se peut, de tous les renseignements nécessaires à leur voyage.

Nous croyons avoir amplement démontré que la jeune fille obligée de travailler pour vivre est insuffisamment protégée par la famille et la société contre les dangers qui l'entourent.

La charité chrétienne, qui ne veut laisser aucun besoin sans soulagement, s'est attachée à la suivre pas à pas pour lui venir en aide en toute circonstance. Toujours ingénieuse, elle a su s'adapter à toutes les nécessités et revêtir toutes les formes.

Des maisons de famille pour les jeunes filles isolées ont été fondées par des Congrégations religieuses et des sociétés charitables dans les grandes villes où elles trouvent difficilement à se loger dans des conditions convenables. Le nécessaire est largement assuré pour un prix de pension modique en rapport avec l'exiguité de leurs ressources : prix variant généralement de 40 à 60 francs par mois, selon qu'elles sont logées en dortoir ou ont la jouissance d'une chambre particulière. Les jeunes filles se retrouvent entre compagnes de même âge et de même condition, les différentes maisons recevant les unes des ouvrières ou des employées, les autres des institutrices.

Citons à Paris les quatorze maisons dites de la Bonne Garde des Sœurs de Saint-Vincent-de-Paul pour leurs anciennes élèves, le vaste établissement des Religieuses de Marie-Auxiliatrice, rue de Maubeuge, 25, les Maisons de famille du Syndicat de l'Aiguille, 35, rue Boissy-d'Anglas, cité du Retiro, de Madame la Baronne de Bully, 101, rue de Lille, etc...

A Lyon, à Bordeaux, à Marseille, à Toulouse, les Religieuses de Marie-Auxiliatrice et les Sœurs Dominicaines de la Présentation de Tours ont fait également d'importantes fondations.

Il est à remarquer qu'un nombre considérable d'ouvrières et d'employées, à cause de l'éloignement de leur atelier ou de leur magasin, se trouvent dans l'impossibilité de regagner leur logis à l'heure des repas. Et lorsqu'elles le peuvent, le temps leur manque pour se préparer une nourriture convenable : elles en sont donc réduites à manger, à la hâte, des aliments froids ou mal préparés au grand détriment de leur santé.

Certaines maisons de famille ouvrent les portes de leur restaurant aux ouvrières du quartier. La pensée est venue ensuite de créer des restaurants spéciaux pour les femmes seules afin de leur procurer le moyen de prendre leurs repas au dehors dans des conditions satisfaisantes de bon marché, de salubrité et de décence.

Entre autres fondations de ce genre, signalons la société des restaurants pour ouvrières qui a ouvert deux établissements, 47, rue de Richelieu et rue du Marché-Saint-Honoré, 27.

En assurant à la jeune fille un logement convenable et une nourriture suffisante, on pare au plus pressé et on veille à la conservation de ses forces qui lui sont si nécessaires pour gagner sa vie. Mais ensuite il y a lieu de s'occuper des conditions matérielles et morales dans lesquelles elle trouve son travail. Pour cela on a organisé des offices de placement qui guident les jeunes filles dans la recherche d'un emploi et contrôlent les offres de places qui leur sont faites. On s'inquiète aussi de surveiller l'hygiène des ateliers ; on s'élève contre le surmenage et les exploitations de tous genres dont les femmes sont si souvent victimes. Enfin on les invite à prendre elles-mêmes en mains leurs propres intérêts et à s'enrôler dans des syndicats professionnels et dans des mutualités bien dirigées pour bénéficier de la force de l'association, se perfectionner dans leur métier et s'assurer contre les risques de la maladie. Le mouvement syndical féminin, qui tend à s'étendre, est dû surtout à l'énergique impulsion de Mademoiselle Rochebillard, la fondatrice des syndicats lyonnais.

Des écoles ménagères et professionnelles sont fondées un peu partout : tant on reconnaît la nécessité d'instruire les jeunes filles avec méthode et compétence et de leur donner une formation sérieuse.

Celles qui sont bonnes à tout ne sont souvent bonnes à rien. Un des services les plus signalés que l'on puisse rendre à une jeune fille est bien de la doter d'un véritable métier et de lui inculquer des habitudes d'ordre et d'économie.

Mais l'homme ne vit pas seulement de pain ; il faut aussi penser aux besoins de l'intelligence et du cœur. On y pourvoit en mettant à la disposition des jeunes filles des lectures choisies avec soin qui élèvent leur pensée et forment leur goût. Enfin pour leur permettre de prendre de saines et franches distractions qui sont une nécessité dans des vies aussi absorbées pour détendre l'esprit et donner un peu de joie, on a multiplié les associations et les patronages, qui réunissent aux jours de liberté les jeunes filles occupées aux mêmes travaux.

Nous avons dit un mot des dangers courus en voyage par les jeunes filles que guettent si souvent des agents interlopes pour les détourner de leur route et les entraîner dans des maisons de perdition.

Pour déjouer ces abominables manœuvres, des femmes dévouées ont eu la pensée de monter, elles aussi, la garde à l'arrivée des trains et des paquebots. Elles vont au-devant des jeunes voyageuses inexpérimentées, les prémunissent contre les sollicitations dangereuses dont elles sont l'objet et s'offrent à les conduire dans des maisons d'accueil ou dans des hôtels recommandables. C'est ce que l'on appelle la Mission des gares. Les Dames catholiques qui font cette œuvre, au nom de la Protection de la jeune fille, portent pour se faire reconnaître un brassard blanc et jaune. La mission des gares fonctionne avec grand succès à l'étranger, notamment en Allemagne et en Suisse. Elle commence à s'installer en France dans les grandes villes, à Paris, à Lyon, à Marseille, etc. Mais les débuts de cette organisation sont lents et difficiles. Il faut pouvoir tout d'abord disposer de concours nombreux et de ressources considérables pour assurer un service régulièrement fait. Et ensuite il est absolument nécessaire qu'il y ait déjà dans la ville des asiles assez largement ouverts pour admettre sans conditions restrictives les jeunes filles inconnues qu'on aurait à y conduire. Sans ces ressources que pourrait-on faire dans la plupart des cas ?

En attendant mieux, le service des gares est fait en beaucoup d'endroits sur avis préalable. On va attendre à son arrivée une jeune fille signalée à l'avance et on la conduit dans la maison où sa place a été retenue. Enfin, des affiches blanches et jaunes donnant les adresses des maisons d'accueil catholiques dans les différentes villes d'une région, sont apposées dans les gares de plusieurs réseaux de chemin de fer. Cette muette indication peut être extrêmement utile en maintes occasions.

Malgré toutes ces mesures préservatrices, nombreuses sont les jeunes filles qui succombent aux dangers que nous avons signalés, soit que le secours nécessaire leur ait manqué, soit qu'elles l'aient rejeté elles-mêmes dans un moment d'égarement. Victimes ou coupables, elles ont droit à notre indulgente pitié et nous devons chercher les moyens de les aider à se relever.

De nombreux refuges dirigés par des religieuses qui vouent leur vie entière aux œuvres de relèvement ont été ouverts pour recueillir, temporairement ou à demeure, les pauvres égarées qui veulent se ressaisir et réparer leurs fautes par le repentir et le travail.

Citons les 39 établissements du Bon Pasteur avec leurs trois groupes de pensionnaires, les préservées, les pénitentes et les Madeleines, les asiles des Sœurs de Marie-Joseph à Montpellier, à Marseille, à Bordeaux, ceux des Sœurs de Marie-Thérèse à Limoges, des Sœurs de la Sagesse, des Religieuses Dominicaines, etc... Les Servantes de Marie, fondées par l'abbé Cestac, dirigent à Anglit près Bayonne une colonie agricole composée exclusivement de femmes repenties. Les jeunes filles sont également occupées au travail de la terre dans les établissements d'éducation correctionnelle de Sainte-Anne d'Auray, Darnetal près Rouen, Sainte-Odile à Bovilliers près Belfort. Ce genre de vie convient infiniment mieux à la majorité d'entre elles que le travail sédentaire d'un ouvroir.

Diverses œuvres fondées par des laïques font aussi appel au dévouement des sœurs pour la surveillance des enfants. Telles sont : l'*Œuvre des petites préservées* à Paris, l'œuvre de préservation et de réhabilitation à Clichy, la maison de famille Saint-Augustin à Sainte-Foy-lès-Lyon, qui reçoivent des jeunes filles difficiles ou particulièrement exposées.

Après un séjour plus ou moins prolongé dans ces divers établissements, un grand nombre de ces pauvres enfants auxquelles tout appui manquait dans leur famille, s'amendent sérieusement et rentrent dans le monde fortifiées et aguerries pour la lutte.

Et maintenant deux questions se posent : quels moyens pratiques ont été employés pour mettre tous ces secours à la portée de celles qui en ont besoin ? Les résultats obtenus répondent-ils aux efforts tentés et aux besoins reconnus ?

Sans doute nous reconnaissons volontiers qu'il se fait déjà beaucoup de bien ; mais nous ne devons pas nous faire illusion et exiger l'impossible. Dans bien des cas, il faut se résigner à n'apporter qu'un peu de soulagement à de vives souffrances sans pouvoir espérer encore arriver à les prévenir ou à les guérir radicalement. Pour cela il faudrait s'assurer un double concours qu'il ne dépend de pas de nous d'obtenir : celui de la société pour la réforme d'abus criants et celui des intéressées elles-mêmes qui bien souvent ne font que supporter les conséquences inévitables de leurs propres fautes, de leur ignorance, de leur légèreté ou de leur imprévoyance. Il ne s'agit pas pour nous de proposer un plan de réforme générale, ni d'imposer à personne des moyens de salut dont on ne voudrait pas. Seulement, en restant sur un terrain tout à fait pratique, nous pouvons affirmer que dans les conditions actuelles, avec le seul secours des œuvres déjà établies, il y a un moyen facile de faire plus et de faire mieux. C'est ce que nous allons exposer.

Il est certain que très fréquemment des jeunes filles sont victimes des dangers multiples qui les entourent alors qu'il y avait à leur portée des appuis qui auraient pu les empêcher de tomber.

Malheureusement elles ne les connaissaient pas ou n'ont pas osé s'en servir. Que faut-il alors, sinon leur révéler l'existence de ces œuvres préservatrices fondées à leur profit et les inviter à y recourir sans hésiter ? Et ces œuvres, il faut chercher à les multiplier et à les perfectionner dans la mesure où les besoins se font sentir. Enfin à défaut de toute institution particulière il faudrait pouvoir les adresser à des personnes expérimentées et dévouées qui accepteraient d'être leur conseil et leur guide. Or ceci est le programme de l'Association catholique internationale des œuvres de protection de la jeune fille dont le but est ainsi défini par ses statuts :

« 1º Réunir étroitement pour un programme d'action commune, les œuvres et institutions qui, dans les divers pays, s'occupent de la protection de la jeune fille, tout en facilitant entre elles un échange de services réciproques ;

« 2º Faciliter et poursuivre la fondation de ces sociétés et institutions dans les pays qui en sont dépourvus ;

« 3ᵉ Gagner à l'Association, comme membres isolés, les

personnes qui s'occupent d'œuvres entrant dans son programme. »

C'est, on le voit, la fédération universelle de tous les dévouements collectifs et individuels qui dans le monde catholique se consacrent à la protection de la jeune fille.

Grâce à cette organisation, notre activité charitable n'est plus limitée à ce que nous pouvons faire directement par nous-mêmes. Aucun effort ne reste plus isolé et inefficace. Nous confions à d'autres le soin d'achever ce que nous avons commencé, de même que nous complétons, à notre tour, l'œuvre d'autrui. Notre action acquiert ainsi une étendue et une portée indéfinies. La diversité des besoins et les difficultés occasionnées par l'éloignement ne sont plus des obstacles à notre zèle. En puisant dans le trésor commun des œuvres, on trouve généralement le moyen de faire face à tous les besoins, si lointains et si variés qu'ils soient.

L'Association en outre décuple les forces. Les concours ne s'additionnent pas ; suivant la formule si connue et si juste, ils se multiplient l'un l'autre ; dix et dix ne font pas vingt, mais cent.

Cependant de tels résultats ne s'obtiennent que grâce à une organisation sérieusement constituée.

L'organisation de l'Association repose sur la hiérarchie suivante : œuvres locales ; œuvres régionales ou provinciales réunissant les premières ; œuvres nationales groupant les œuvres régionales et jouissant d'une complète autonomie relativement à la direction de l'œuvre dans le pays où elles fonctionnent ; association internationale ou fédération de toutes les œuvres nationales et de toutes les œuvres, institutions ou collaborations individuelles, disséminées dans les contrées où aucun centre n'est encore organisé.

L'Association internationale est placée sous la direction d'un Comité international siégeant à Fribourg (Suisse). Ce Comité est assisté d'un conseil international composé de délégués de chaque œuvre nationale.

Une assemblée générale des membres de l'Association a lieu tous les trois ans. Le dernier Congrès international a eu lieu à Munich. Le prochain, fixé au mois d'octobre 1906, se tiendra à Paris.

Fondée à Fribourg (Suisse), le 19 août 1897, par Madame de Reynold, l'Association catholique internationale a pris une rapide extension, se répandant partout en Europe, pénétrant en Asie, en Afrique et dans les deux Amérique. Elle a actuellement 10 comités nationaux. Elle compte environ 6,000 membres répartis en 34 pays divers ; 1,200 institutions, bureaux de placement, maisons d'accueil, patronages, se sont affiliées à elle.

Elle a pour présidente Madame de Reynold et pour vice-présidente Madame la baronne de Montenach qui a pris la part la plus active au développement de l'Association par son infatigable propagande personnelle dans les divers pays.

Comme signe distinctif l'Association a adopté les couleurs papales : blanc et jaune.

En France le Comité national présidé par Madame la comtesse de Caraman a son siège à Paris, 35, rue de Sèvres.

On a partagé la France en 14 régions dont les centres ont été fixés à Nancy, Dijon, Lyon, Grenoble, Nice et Marseille, Montpellier, Toulouse, Bordeaux, Angers, Rennes, Le Havre, Orléans, Reims, Lille. Le Comité national établit les relations entre les Comités régionaux et communique directement avec le Comité international de Fribourg. Il centralise tous les renseignements relatifs à l'Association en France et fait paraître dans un supplément spécial du Bulletin international tous les détails offrant un intérêt particulier. Il est aussi chargé de préparer les assemblées générales annuelles. Les Congrès nationaux qui se tiennent tantôt dans une ville, tantôt dans une autre, permettent aux membres de l'Association disséminés dans la France entière de nouer des relations personnelles et de se communiquer utilement le résultat de leur expérience et de leurs observations en discutant ensemble quelques-uns des points du vaste programme de la protection de la jeune fille.

Les Comités placés à la tête de chaque région comprenant un certain nombre de départements doivent organiser tout d'abord un secrétariat régional, sorte d'office central pour toutes les questions relatives à la femme. En effet, il importe de centraliser toutes les indications et tous les renseignements utiles pour être en mesure de conseiller et d'aider efficacement les jeunes filles françaises ou étrangères qui viennent demander asile et protection. Il faut savoir où et à qui les adresser pour les mettre moralement à l'abri de toutes sortes de dangers et pour leur faire trouver le moyen de gagner honnêtement leur vie.

L'organisation d'un secrétariat régional est une œuvre de longue haleine qui exige un travail incessant. Les enquêtes générales et particulières, les consultations, la correspondance, la propagande ne peuvent jamais être terminées. Au contraire, plus l'œuvre s'étend et se perfectionne, plus ses services deviennent importants.

Les enquêtes générales ont pour objet de faire connaître au secrétariat partout dans la région les œuvres et les personnes dont il est bon de s'assurer le concours.

Les enquêtes particulières sont déterminées par les demandes qui concernent les jeunes filles qui s'adressent à nous. A côté de cela il importe de nous faire une idée aussi exacte que possible des conditions habituelles de la vie du plus grand nombre de nos protégées, tant au point de vue économique et matériel qu'au point de vue moral. Nous devons tâcher de nous mettre au courant de tout et ne négliger aucune source d'informations. C'est le meilleur moyen de juger sainement des choses et de donner ensuite des conseils vraiment pratiques et bien appropriés à chaque situation.

Grâce à cette documentation, nous essayons aussi d'entreprendre dans une certaine mesure l'éducation du public habituellement si frivole et si ignorant. Ne craignons pas de dénoncer les exploitations et les abus qui entraînent, sans qu'on s'en doute, tant de souffrances et de privations pour celles qui en sont victimes. Ayons soin de signaler en même temps les moyens pratiques par lesquels, avec un peu de bonne volonté, chacun peut contribuer à y remédier pour sa faible part.

Cependant, pour protéger et faire protéger effectivement nos jeunes filles, il ne suffit pas d'indiquer d'une façon théorique ce qu'il faudrait faire. Il importe de savoir exactement ce qu'il est possible de réaliser d'une façon immédiate avec le concours des œuvres déjà établies. Voilà pourquoi des enquêtes approfondies sur les œuvres et des relations étroites à établir avec elles sont absolument indispensables.

Mais il ne faut pas se faire l'illusion de croire qu'une

enquête sur les œuvres, limitée à une région, voire même à une ville, soit chose facile et promptement terminée. Il faut d'abord, pour arriver à connaître les œuvres, se faire connaître d'elles, dissiper leurs défiances ou leurs préventions et leur donner une notion exacte du but que l'on se propose d'atteindre.

Un certain nombre d'œuvres se dérobent à l'enquête, les unes parce qu'elles n'en comprennent pas l'utilité, les autres parce qu'elles redoutent une immixtion fâcheuse dans leur direction. Il importe de bien établir que l'on ne veut nullement toucher à leur autonomie, ni leur imposer un programme étranger à leurs statuts. Il faut s'efforcer de faire ressortir les multiples avantages qu'elles trouveront à entrer en relations avec nos secrétariats : recrutement plus facile de sujets, informations précises, complément donné à leur action par la collaboration acquise de telle autre œuvre, etc. Il est sage de bien mettre en lumière les services que l'on offre en échange de ceux que l'on demande et d'entr'ouvrir tout doucement la porte de certaines institutions pour élargir leur horizon et les amener à mieux s'adapter aux besoins nouveaux des temps actuels. Or, si nous voulons tirer un réel parti des œuvres, on restera avec elles en relations personnelles et constantes,

Il est élémentaire de ne pas s'en tenir aux seules indications d'une simple notice ou d'un manuel des œuvres : elles sont si souvent erronées. Il faut les contrôler par soi-même et les vérifier sans cesse, car il se produit souvent des changements pour les adresses, le personnel, les conditions d'admission, etc. Autant de points à connaître exactement, si l'on veut être toujours à la hauteur de sa tâche. De nouvelles œuvres surgissent, tandis que d'autres disparaissent. Il faut donc des enquêtes minutieuses et permanentes pour tenir à jour tous ces renseignements, qui peuvent avoir une importance capitale dans certaines conjonctures urgentes et délicates.

Les services que nous sommes appelées à rendre dépendent ainsi, dans une large mesure, de l'exactitude de nos renseignements. Les œuvres existent en dehors de nous et accomplissent, depuis longtemps, le bien que nous voulons assurer à nos protégées. Nous ne voulons pas nous substituer à elles ; nous venons leur offrir le moyen de faciliter et d'étendre leur mission. Nous nous chargeons de faire continuer au loin la surveillance dont elles entouraient les enfants qu'elles ont élevées et formées. Pour gagner l'adhésion franche et complète des œuvres, l'essentiel est donc, d'une part, de les rassurer sur le maintien intégral de leur autonomie et, d'autre part, de leur faire voir d'une façon évidente les avantages qu'elles retireront pour l'extension du bien de leurs relations étroites avec nous.

Ceci étant bien établi, les renseignements d'un intérêt général devront être transmis avec clarté et précision au Secrétariat central de Paris qui en fera l'objet, soit d'une communication dans le supplément français du Bulletin, soit d'une brève insertion dans l'Annuaire catalogué de l'Association internationale.

Quant aux organisations essentiellement locales, voire même paroissiales, telles que confréries, patronages, etc., il nous paraît superflu de les faire figurer dans la nomenclature générale. Mais il est très important de les connaître sur place dans tous les détails de leur fonctionnement ; car elles comptent parmi les meilleurs moyens d'action que l'on puisse préconiser.

N'oublions pas que le rôle le plus actif et le plus fécond de nos Comités doit s'exercer tout d'abord en faveur des jeunes filles qui nous touchent de plus près et dont nous pouvons suivre pas à pas l'existence laborieuse. Ce sont celles-là qui nous sont confiées les premières et que nous devons avoir à cœur de retenir près de nous en tâchant par tous les moyens d'améliorer leur situation et d'assurer leur persévérance.

A côté d'elles, nous accueillons avec la même bienveillance les nouvelles arrivées que nous recommandent nos lointaines associées et nous cherchons à les faire bénéficier en temps et lieu des mêmes avantages.

Enfin lorsque les circonstances exigent que nos jeunes protégées s'éloignent, à notre tour nous obtenons pour elles un précieux appui partout où la Protection est établie. Ainsi avons-nous à exercer une double action : une action locale sur place d'une façon directe et immédiate en faveur des jeunes filles qui sont déjà dans le pays et de celles qui y arrivent ; et une action extérieure facilitée par nos relations nationales et internationales avec tous les membres de l'Association en faveur de nos jeunes filles lorsqu'elles vont au loin. On ne saurait croire combien cette protection est appréciée par celles qui en sont l'objet. Aucune n'a garde de négliger les recommandations dont elle est munie et qui la font accueillir partout comme membre d'une même famille.

Malgré la prodigieuse variété des œuvres fondées, il arrive encore souvent que certaines organisations très nécessaires fassent défaut. Le Comité qui constate cette lacune doit s'efforcer de la combler en prenant l'initiative d'établir ou de faire établir au plus tôt l'œuvre nécessaire, ou, si c'est impossible, d'obtenir tout au moins certains "arrangements provisoires qui parent au plus pressé. La nécessité rend ingénieux et fait souvent trouver d utiles expédients en attendant mieux.

Certaines œuvres annexes se groupent presque partout autour du secrétariat, les organisations anciennes ne répondant généralement pas tout à fait au but que l'on poursuit. C'est ainsi que des services de placement fonctionnent près de tous les secrétariats : des maisons d'accueil destinées aux jeunes filles de passage ou momentanément sans place se multiplient ; des cours professionnels et ménagers s'organisent ; des syndicats et des mutualités se fondent ; des associations et des cercles féminins réunissent les jeunes filles de même condition sociale.

Pour arriver à dresser exactement son inventaire charitable dans toute la région, pour provoquer les fondations nouvelles nécessaires et donner enfin une impulsion générale, le comité régional a besoin de recruter de nombreux collaborateurs qui établissent des comités locaux dans les villes de quelque importance ou consentent à être les correspondants officiels de la Protection dans la localité qu'ils habitent.

Les comités locaux se constituent très facilement en groupant dans une ville les personnes d'œuvre qui s'entendent entre elles pour se charger à tour de rôle de fournir, soit de vive voix, soit par écrit, les informations demandées. Pour cela, il suffit au début d'établir au siège d'une œuvre telle que patronage, école ou orphelinat, un bureau de renseignements qui soit ouvert au moins une fois par semaine et auquel on puisse adresser indistinctement toute la correspondance.

Lorsqu'on n'a pu former encore de comité local, les

correspondants isolés acceptent de fournir dans la mesure du possible tous les renseignements demandés sur les œuvres et sur les personnes de la localité. Ils s'intéressent aux jeunes filles qui leur sont adressées et recommandent à leur tour leurs protégées aux divers comités de l'Association. On ne saurait croire quels services signalés sont rendus par cet échange de renseignements. Citons quelques exemples pris entre beaucoup d'autres : Une jeune étrangère soupçonnée à tort, par suite d'une similitude de nom, d'un vol de bijoux commis dans une famille à Paris, voyait toutes les maisons se fermer devant elle. Une enquête faite au pays d'origine permit d'établir qu'à l'époque du fait incriminé, la jeune fille n'était pas encore partie pour la France. Il ne subsistait donc plus rien d'un soupçon mal fondé qui aurait pu suivre toute sa vie la pauvre fille et entraver indéfiniment son placement.

Une autre fois en faisant rechercher dans une ville voisine les causes d'un départ précipité, on découvrait, hélas ! des antécédents déplorables et on écartait heureusement d'un pensionnat de jeunes filles une maîtresse peu recommandable. Il est donc absolument nécessaire d'approfondir les choses et de s'appuyer sur des renseignements sérieusement contrôlés si on veut obtenir une confiance justifiée. Mais il faut évidemment pour cela que nos correspondants prennent leur tâche à cœur et en nous promettant leur concours ne se bornent pas à nous laisser mettre sur une liste officielle leur nom en regard du nom de leur résidence et s'en tiennent là.

Il s'agit de protéger et de faire protéger les jeunes filles en connaissance de cause. Nous ne saurions trop engager les personnes qui voudraient nous seconder à s'adresser pour de plus amples explications au secrétariat régional le plus voisin (1).

Un annuaire contenant les adresses des comités, des correspondants, des œuvres affiliées, est remis à chaque adhérente. Il faut avoir soin de demander toujours la dernière édition. Le Bulletin mensuel de l'Association avec son supplément français met au courant d'une façon intéressante des progrès de l'OEuvre en France et à l'étranger.

La moindre organisation ne peut être établie sans entrainer de frais.

La protection de la jeune fille n'échappe pas à cette loi. Aussi a-t-elle besoin de s'assurer partout des membres honoraires qui couvrent les dépenses du Comité local et entreprennent souvent la fondation des œuvres annexes dont nous avons parlé. Bien qu'en principe on n'accorde point de secours pécuniaire aux jeunes filles, on conçoit aisément que cette règle ne soit pas inflexible dans des cas urgents.

Un prélèvement de 5 0/0 pour les frais généraux de l'OEuvre nationale et de 2 0/0 pour l'œuvre internationale a été consenti au dernier Congrès et est fait par les soins des comités régionaux.

Il est certainement très à désirer que de nouveaux et nombreux concours se présentent partout pour travailler

---

(1) Adresses des Secrétariats : Paris, 35, rue de Sèvres (Secrétariat national). — Nancy : 4, rue des Chanoines. — Dijon : 7, rue Dubois. — Lyon : 20, place Carnot. — Grenoble : 1, rue Fourier. — Nice : 1 *bis*, avenue Durante. — Marseille : rue Fongate, 11. — Montpellier : 16, rue Durand. — Toulouse : 5, rue Joly. — Bordeaux : 4, rue Poquelin-Molière. — Angers : 4, rue du Vollier. — Rennes : 28, rue Hoche. — Rouen : 74, rue Saint-Vivien. — Orléans : 4, rue de la Poule.

activement à l'organisation complète de l'Association de la Protection de la jeune fille. Mais en dehors de cette participation directe à l'Œuvre qui exige des aptitudes spéciales et des loisirs relatifs, il y a une collaboration générale qui est à la portée de toutes les femmes chrétiennes. Point n'est besoin de faire partie d'un comité pour pratiquer efficacement la protection de la jeune fille. Si un groupe directeur est indispensable pour diriger et coordonner tous les efforts, ces efforts eux-mêmes peuvent et doivent être accomplis par tout le monde. On travaille à la protection de la jeune fille de bien des manières. Personne ne peut tout faire ; mais chacun apporte sa petite pierre à l'édifice. C'est de la multiplicité et de la variété de ces efforts concourant vers le même but que résultent l'harmonie et l'unité de l'ensemble. C'est faire œuvre de protection que de se consacrer à l'une ou l'autre des œuvres particulières déjà citées. C'est faire œuvre de protection que de recommander aux Comités de l'Association les jeunes filles que l'on sait dignes d'intérêt, que de signaler les positions sûres que l'on découvre. C'est encore et surtout faire œuvre de protection que de veiller dans sa propre maison avec la plus grande sollicitude sur tous les intérêts des jeunes filles que l'on emploie. C'est faire œuvre de protection que de se préoccuper de la condition des travailleuses et de chercher les moyens pratiques d'améliorer leur sort, ainsi que le tentent, par exemple, les membres de la Ligue Sociale des Acheteurs. C'est faire œuvre de protection que de se pénétrer dans l'accomplissement de ses obligations de maîtresse de maison, de patronne ou d'acheteuse, du profond sentiment de sa responsabilité vis-à-vis des humbles salariées auxquelles on a à faire. On ne saurait trop s'attacher à observer étroitement les règles de l'équité la plus stricte, quand on voit se produire avec une si navrante inconscience tant d'exploitations et de marchandages odieux, de négligences et de retards dans les paiements, sans que les intéressées dans leur détresse osent se plaindre et faire valoir leurs droits.

Mais pour remplir entièrement la tâche que s'est donnée l'Œuvre de la Protection de la jeune fille, il ne suffit pas d'avoir ce noble et légitime souci de la justice; il faut y joindre charité, la douce et compatissante pitié du cœur qui s'incline vers toute souffrance et veut calmer toute douleur. N'en déplaise aux vagues rêveries et aux mensongères promesses dont on cherche à bercer la misère humaine, il y aura toujours des pauvres parmi nous, victimes marquées par Dieu ou frappées par les hommes ! Rencontrons-nous sur notre route une pauvre inconnue blessée, meurtrie, dépouillée par les voleurs, il faudra la relever avec compassion, lui prodiguer les premiers soins et sans se laisser arrêter par le souci de nos propres affaires, la conduire à l'hôtellerie la plus proche et enfin ne la quitter momentanément qu'après l'avoir remise en mains sûres. « Allez et faites de même », disait le divin Sauveur en enseignant dans la parabole du bon Samaritain, comment doit être exercée la charité à l'égard du prochain.

Il est facile de reconnaître au fond de toutes les tendances et de toutes les aspirations de notre époque une inspiration providentielle qui est l'amour de l'humanité. Les plus dangereuses erreurs contemporaines qui séduisent les masses populaires, exploitent ce sentiment, mais en le faisant dévier de son principe. Il ne produit plus alors que les fruits empoisonnés et corrompus de l'humanitarisme et de l'internationalisme.

Qu'on ne s'y méprenne donc pas : le véritable et sincère amour de l'humanité, celui qui ne se prodigue pas en paroles creuses, mais se manifeste par les œuvres, ne peut exister sans l'amour de Dieu dont il est, selon le précepte de Notre Seigneur Jésus-Christ, le corollaire indispensable.

On ne saurait, en effet, aimer la pauvre humanité déchue pour elle-même. Hélas ! elle présente tant de souillures et de défaillances, de misères et de souffrances que pour ne pas se laisser rebuter par ce spectacle, il faut la considérer dans la personne sacrée de Notre Seigneur Jésus-Christ. C'est avec Lui, et par Lui seul, le Restaurateur universel de toutes choses, que l'on peut tenter des efforts fructueux pour la régénération de la société. Et c'est à Lui que vont tous les dévouements et tous les sacrifices accomplis en faveur des plus humbles et des plus délaissées de ces pauvres filles dont nous avons constaté les souffrances si nombreuses et si variées.

Travailler avec Jésus-Christ et pour Jésus-Christ ! Est-il pour des cœurs croyants une plus grande force et un stimulant plus énergique pour le zèle ?

Le caractère nettement catholique de l'Association de la Protection de la jeune fille lui assure une unité parfaite, au milieu de la multiplicité et de la diversité des œuvres qu'elle parvient à grouper dans tous les pays.

Association pour la répression
de la traite des Blanches et la préservation
de la Jeune Fille.

La traite des Blanches, cette triste plaie de notre civilisation contemporaine si profondément corrompue, malgré ses dehors brillants, fait de tels ravages qu'il devient urgent de la combattre de toutes manières. La première chose à faire est évidemment de la dénoncer sans relâche, d'en signaler les manœuvres infâmes et de soulever ainsi dans l'opinion publique un mouvement de réprobation universelle qui détermine une action décisive.

Les moyens de préservation et de relèvement employés par l'Association catholique de la Protection de la jeune fille et par l'Union protestante internationale des Amies de la jeune fille, en particulier l'organisation des missions des gares et des ports de mer pour arracher à la traite des Blanches quelques-unes de ses victimes, ne peuvent opérer en somme que des sauvetages isolés. C'est beaucoup déjà, mais ce n'est pas assez. Il ne suffit pas de panser des plaies et de les guérir ; il faut surtout s'appliquer à en supprimer la cause pour extirper le mal jusque dans ses racines. Il s'agit donc d'exercer à l'égard des misérables qui ne craignent pas de spéculer sur la faiblesse et l'ignorance des malheureuses qu'ils livrent à la débauche, d'énergiques mesures de répression. Or ceci n'est plus du ressort de la philanthropie et de l'initiative privée, mais relève du domaine des pouvoirs publics qui seuls peuvent édicter et appliquer les sanctions légales nécessaires. D'autre part, il faut s'assurer que ces pouvoirs sont suffisamment armés par la loi. Et voici une difficulté nouvelle qui surgit. Les divers actes qui sont les éléments constitutifs de la traite des Blanches s'accomplissant généralement dans divers pays, il n'est possible d'intervenir efficacement que dans la mesure où un accord international a été établi entre les législations de ces mêmes pays.

L'Association fondée par M. le sénateur Bérenger sous le nom d'*Association pour la répression de la traite des Blanches et la préservation de la jeune fille* a précisément pour but de prévenir et de réprimer l'odieuse exploitation connue sous le nom de traite des Blanches avec le concours des pouvoirs publics et des sociétés philanthropiques particulièrement vouées à la protection de la jeune fille. Œuvre de moralité et de bienfaisance, elle se propose de poursuivre la répression des délits et de pourvoir au sauvetage des victimes.

Pour bien mettre en lumière la nécessité de la campagne engagée et l'importance des résultats obtenus il est bon de faire ressortir auparavant l'étendue du mal et de révéler les infernales manœuvres qui se pratiquaient dans le monde entier avec une désolante impunité.

Quand, il y a une dizaine d'années, l'opinion a commencé à s'émouvoir de certains faits qui avaient transpiré au dehors, on était loin de soupçonner la réalité de ce qui se passait d'une façon courante. On croyait encore que les faits scandaleux qui avaient soulevé l'indignation générale n'étaient que des cas isolés. Hélas ! à la suite d'enquêtes approfondies, simultanément poursuivies dans plusieurs pays, on acquit la preuve qu'il s'était constitué de véritables syndicats occultes internationaux fonctionnant dans l'ancien et le nouveau monde pour pratiquer la plus honteuse des exploitations de la jeune fille.

Personne n'ignore le racolage éhonté qui s'exerce à l'abord des gares, à l'arrivée des paquebots, à la sortie des hôpitaux ou des prisons. Partout où se rencontrent des jeunes filles désemparées, isolées, soucieuses de trouver un gagne-pain, on est sûr de voir apparaître des gens suspects qui s'empressent de leur faire des offres de service.

L'intérêt qu'il y a pour les odieux trafiquants dont nous nous occupons à opérer sur de lointains marchés est évident. A l'étranger ils échappent à de fâcheuses investigations et réussissent à dissimuler leur hideux commerce. D'un autre côté, leurs malheureuses dupes ne peuvent pas contrôler la réalité des brillantes propositions qu'ils font miroiter à leurs yeux et, une fois parties, elles n'ont plus le moyen de revenir, faute des ressources nécessaires. Dépaysées, isolées, ne connaissant pas la plupart du temps la langue du pays, elles ne savent à qui s'adresser, ni comment faire entendre leurs plaintes. Prises dans un fatal engrenage, à cause des avances d'argent qu'elles ont été forcées d'accepter, elles finissent par tomber ; quand la chute est consommée, la terreur et la honte leur ferment la bouche... Une dernière manœuvre qui achève de faire perdre définitivement leur trace consiste à leur persuader de se cacher sous un faux état-civil, soit pour dissimuler leur âge, soit pour échapper à des recherches qu'elles redoutent.

On comprendra qu'il soit difficile d'indiquer par une statistique approximative le nombre des victimes de la traite des Blanches. Les enquêtes judiciaires, les constatations de la police, les douloureuses confidences faites par des malheureuses à des personnes charitables ont fait connaître qu'un millier de jeunes filles environ avaient été entraînées par la traite au cours d'une année ; mais, nous le répétons, les faits connus restent bien au-dessous de la réalité.

Jusqu'à ces dernières années la traite des Blanches sévissait à l'étranger avec une complète impunité. Quelque révoltant que fut cet odieux trafic, il ne constituait pas pas un délit qualifié tombant sous le coup de la loi dans la plupart des pays.

C'est à une grande Association anglaise, la *National Vigilance Society*, qui s'est donné pour mission le redressement des abus et des injustices, que revient l'honneur d'avoir provoqué une énergique campagne pour réformer ce triste état de choses. Cette Société, après s'être assuré le concours des principaux gouvernements européens, prit l'initiative de convoquer un Congrès international pour la répression de la traite des Blanches, qui se tint à Londres en juin 1899. Douze nations y étaient représentées et la France y comptait à elle seule 20 délégués. Les débats de ce Congrès furent très intéres et jetèrent une vive lumière sur la question. Les rapports présentés au nom de chaque pays portaient sur les faits de traite relevés par une enquête préalable et faisaient connaître les dispositions de chaque législation particulière en cette matière.

On avait fait appel au concours des femmes, indispensable pour l'organisation des œuvres à établir en faveur des victimes de la traite. Plusieurs dames déléguées racontèrent avec une communicative émotion les douloureuses constatations qu'elles avaient eu occasion de faire elles-mêmes et exposèrent les services que pouvaient rendre les organisations qu'elles dirigeaient.

Signalons en particulier les rapports présentés par

Madame de Tscharner au nom de l'Union internationale des Amies de la jeune fillle et par Madame la baronne de Montenach au nom de l'Association catholique internationale de la Protection de la jeune fille qui obtinrent le plus vif succès.

Mais, hélas ! si le mal se manifestait dans toute son horreur et son étendue, les remèdes qu'on pouvait y opposer n'apparaissaient que comme des palliatifs bien insuffisants. Il ressortait avec la plus complète évidence de toutes les communications faites par les jurisconsultes éminents de l'assemblée que, dans l'état actuel des diverses législations, il y avait impossibilité d'assurer une répression efficace de faits vraiment monstrueux.

Comment, en effet, atteindre un délit commencé dans un pays par l'embauchage, poursuivi à travers un ou plusieurs autres, pour se consommer dans un dernier par la livraison de la victime ? Comment rapprocher des actes qui relèvent de tant de juridictions différentes, toutes jalouses de leur autorité, de manière à arriver à reconstituer dans son ensemble le trafic punissable ? Une entente internationale était indispensable pour assurer un accord entre les diverses juridictions formant comme autant de tronçons séparés de l'instance (1).

A la suite du Congrès de Londres il fut décidé qu'un Comité national serait établi dans chaque pays pour s'occuper activement de la répression de la traite. Un bureau international dont le siège fut fixé à Londres devait servir de lien entre les Comités nationaux.

Le Comité national français constitué sous la présidence

(1) Louis Rivière : *La protection de la jeune ouvrière*, tract de l'Action populaire, n° 84.

de M. le sénateur Bérenger a poursuivi sans se lasser, durant cette période de six ans, sa double tâche de répression et de protection. Les résultats obtenus ont été considérables. Les enquêtes organisées par le Comité sur les divers points du pays pour mieux connaître l'étendue du mal et les moyens avec lesquels on peut le combattre firent découvrir une organisation intérieure qui rayonnait de Paris jusqu'aux frontières et au-delà. Le mal sévissait au milieu même du pays avec une intensité effroyable. Pour l'enrayer, M. Bérenger, grâce à sa haute situation et à son influence personnelle, après bien des efforts et des démarches, parvint à provoquer des descentes de police qui amenèrent des arrestations nombreuses et des condamnations qui atteignirent le maximum prévu par la loi : deux ans de prison. Les traitants commencèrent à s'apercevoir que leurs agissements ne resteraient plus impunis.

Pendant que cette campagne se poursuivait, les pourparlers diplomatiques avaient enfin abouti à la réunion, à Paris, d'une conférence qui a siégé du 15 au 20 juillet 1902. Seize États y étaient représentés.

« Les décisions prises, dit M. Louis Rivière auquel nous empruntons l'exposé si précis et si clair qu'il a fait de cette question (1), marqueront dans l'histoire du droit international public et privé ; elles constituent une étape nouvelle dans le développement de ces ententes entre peuples civilisés qu'avait inaugurées, au siècle dernier, l'abolition de la traite des noirs.

« Le projet de convention arrêté par la conférence établit un nouveau délit international : le fait de pratiquer

____

(1) *La protection de la jeune ouvrière*, tract de l'Action populaire, n° 84.

l'embauchage de mineures, dans tous les cas et l'embauchage de majeures, chaque fois qu'il y aura fraude, menaces, violences ou abus d'autorité. En second lieu, le projet prévoit des mesures de collaboration immédiate : 1° dans le cas prévu, l'extradition sera de droit, sans qu'il soit besoin d'une modification aux traités existants ; 2° l'administration judiciaire des différents pays communiquera aux représentants de la justice, saisis d'une poursuite, les renseignements relatifs aux antécédents des prévenus. C'est là un premier pas vers la constitution du casier judiciaire international réclamé par les criminalistes de l'Union du droit pénal ; 3° enfin, les mêmes autorités exécuteront les commissions rogatoires qui leur seront transmises de l'étranger.

« La conférence n'avait pas le droit de légiférer ; son rôle se bornait à faire des propositions. Dans un protocole de clôture, elle a donc exposé aux divers gouvernements contractants la nécessité de présenter un projet de loi spécial à leurs Parlements respectifs, en indiquant les points que chaque pays aurait à préciser, suivant les règles posées par sa législation particulière : pénalité encourue, âge de la majorité établissant la séparation entre les deux hypothèses prévues, circonstances aggravantes du délit, actes de détention arbitraires, répression des faits constatés à l'intérieur du pays.

« Enfin, un projet de règlement administratif cherche à donner aux dispositions pénales leur maximum d'efficacité en prévoyant pour chaque Etat la création d'agents destinés à rechercher les lieux où se produisent les faits délictueux, de manière à paralyser le trafic en le dénonçant. Ces mesures peuvent être immédiatement adoptées sans passer par la filière diplomatique.

« Il convient de remarquer que les décisions prises par la conférence constituent un minimum qui a dû tenir compte des convenances des divers gouvernements. Rien n'empêche d'aggraver ces dispositions dans le texte des lois spéciales à chaque pays et de donner ainsi satisfaction aux délégués qui ont trouvé trop timides les conclusions adoptées. Un Etat peut parfaitement décider que le commerce visé est illicite dans tous les cas et « assurer « le respect de la personnalité humaine chez les majeures, « même lorsqu'elle est assez dégradée pour consentir à « de pareils marchés (1). » En France, par exemple, le Sénat a ajouté au projet de loi un texte relatif aux souteneurs, « cette race maudite d'exploiteurs auxquels « nous sommes redevables du plus grand nombre de nos « filles perdues. » Les seize puissances contractantes, c'est-à-dire tous les Etats de l'Europe, à l'exception de la Turquie, de la Grèce et des Etats balkaniques, avaient achevé l'échange des rectifications en février 1905. L'accord international a été signé à Londres le 14 septembre dernier. En ce qui concerne la France, des mesures spéciales ont été prises avec célérité. Un projet de loi déposé le 7 novembre 1902 est devenu la loi du 1er avril 1903. Désormais les délits sont mieux définis et étendus aux cas prévus par la Conférence de Paris : les peines dont ils sont frappés sont aggravées ; l'emprisonnement pourra être porté jusqu'à trois années et l'amende élevée jusqu'à 5,000 francs.

« On peut, du reste, se rendre compte dès maintenant du résultat obtenu. Le bureau du Comité a fait dresser la

____

(1) Rapport sur les Congrès contre la Traite des Blanches, par M. Ferdinand Dreyfus. (*Revue Pénitentiaire*, 1902, pag. 1139).

liste des personnes arrêtées en France avant la fin de 1904, avec leurs domiciles et les condamnations encourues : 117 individus des deux sexes ont été condamnés à des peines variant de deux mois à trois ans de prison ; plusieurs sont frappés d'interdiction de séjour, mesure fort utile pour les empêcher de reprendre leur trafic dans les grandes villes, après libération. Il résulte de statistiques dressées par la Préfecture de police que, avant la loi de 1904, il n'y avait eu à Paris que 40 poursuites pour faits de traite et 118 pour vagabondage spécial ; alors que, depuis la loi, en moins de deux ans, par conséquent, 50 poursuites ont été exercées pour excitation de mineures à la débauche et 617 contre des individus prévenus de vagabondage spécial (1). »

Tels sont les progrès réalisés au point de vue législatif et répressif.

D'après ses statuts, l'Association pour la répression de la traite des Blanches et la préservation de la jeune fille recourt à l'aide des sociétés philanthropiques déjà établies pour assurer le sauvetage des jeunes filles qu'elle recueille. Elle ne saurait, en effet, assumer la charge de pourvoir directement à tout ce que leur situation réclame. La diversité des cas entraîne aussi une grande diversité dans les solutions. On rend à leurs familles et on rapatrie celles qui peuvent trouver chez elles la protection nécessaire. On cherche pour les autres des placements convenables.

Mais tout cela ne peut se faire d'une façon immédiate. Les moindres démarches demandent du temps. En outre

____

(1) Rapport présenté à l'Assemblée générale de l'Association pour la répression de la Traite des Blanches, le 6 mai 1905.

il est souvent bien utile pour agir avec le discernement nécessaire de pouvoir observer de près certains sujets dignes d'un intérêt tout spécial.

C'est pourquoi le Comité de la répression de la traite des Blanches a ouvert le 1er mars 1903 un asile temporaire à Clamart, 42, rue du Trosy. Cet asile est destiné aux pauvres filles mineures que le mal a déjà approchées. On y admet également celles qui sont en danger moral ou qui ont été arrêtées sur la voie publique en flagrant délit de vagabondage. On les entoure des soins que réclame généralement leur état et on les occupe à des travaux faciles en attendant qu'on puisse les diriger vers les établissements qui répondent le mieux à leurs besoins. Au nombre de neuf, elles constituent un petit groupe familial dont la surveillance est aisée.

Le séjour à l'asile dure de huit jours à trois mois, mais la plupart ont besoin de recevoir une véritable éducation pendant une période d'au moins deux années.

L'asile de Clamart est à proprement parler une maison de triage qui rend de très grands services. Soixante-dix mineures y ont passé pendant les deux premières années. Le plus grand nombre a été placé à l'asile de Notre-Dame-du-Bon-Conseil à Clichy, au patronage des mineures de la rue Michel-Bizot, au Bon-Pasteur, chez les Dames de Saint-Michel, chez les Salutistes, etc...

Nous devons signaler encore parmi les fondations faites pour relever les victimes du vice l'œuvre libératrice de Madame Avril de Sainte-Croix. Dans l'asile ouvert rue Boileau à Auteuil on recevait au cours de la première année 65 femmes dont 34 mineures et on arrivait après un séjour suffisamment prolongé à en placer cinquante.

Le mouvement en faveur de la répression de la traite

des Blanches s'est propagé dans les autres pays comme en France. Des réunions internationales se sont tenues en Hollande (Conférence d'Amsterdam, 3 et 4 octobre 1901), en Allemagne (Congrès de Francfort-sur-le-Mein, 8 octobre 1902), en Suisse (Conférence de Zurich, 15 et 16 septembre 1904). Partout l'opinion publique s'émeut et suit avec intérêt les efforts tentés. Les Comités nationaux perfectionnent leurs rouages intérieurs et se préoccupent d'établir avec leurs voisins l'entente nécessaire pour la communication réciproque des poursuites et condamnations prévues par la convention internationale.

La grandeur du mal à guérir et l'importance de la question à résoudre font oublier les rivalités internationales, les divisions politiques et religieuses pour diriger tous les efforts vers un même but. Aussi y a-t-il lieu d'espérer que le prochain Congrès international qui doit se tenir à Paris au mois d'octobre 1906 constatera de nouveaux progrès et le triomphe définitif de l'idée généreuse si vaillamment défendue par M. Bérenger et ses collaborateurs.

Hélène DÉGLIN,
**Présidente du Comité de la Protection
de la Jeune Fille, de Nancy.**

Nancy, le 30 novembre 1905.

Madame Eugène FLORNOY

L'ACTION SOCIALE DE LA FEMME

Lamennais a-t-il eu motif de dire : « Je n'ai jamais rencontré de femmes en état de suivre un raisonnement pendant un demi-quart d'heure » ? Ce n'est pas aux femmes à répondre : on ne manquerait pas de remarquer qu'elles sont particulièrement incapables de *raisonner* sur leur propre cas.

Mais si vraiment les femmes n'ont pas d'instinct la puissance de logique que s'attribue l'homme, il serait cruel de leur refuser le droit de s'associer à la supériorité d'entendement de l'homme et de rechercher, à bonne école, les éléments de direction de l'esprit qui — on le dit du moins — leur font défaut.

La recherche modeste de vérités et de déductions que l'enseignement scolaire n'a pas suffisamment présentées à la jeune fille, c'est tout le programme de l'*Action sociale de la Femme*.

On a estimé que la française n'est pas exclusivement *l'animal charmant qui s'habille et babille*, et que, mère, patriote et chrétienne, elle doit apprendre très complète-ment les moyens de diriger sa famille, de collaborer aux destins nationaux et de défendre sa foi. Par un enseignement mondain qui sollicite la réflexion plutôt que l'étude, c'est-à-dire par la conférence, la femme peut pénétrer les questions même les plus graves.

Si l'Œuvre s'intitule *Action sociale*, c'est que ses adhérentes veulent apprendre pour *agir* et non pas s'en tenir à une érudition théorique. Les initiateurs de ces conférences entendent, en effet, écarter la sociologie pure qui formerait des étudiantes plutôt que des femmes d'action. Dans les discours, les orateurs ou bien exposent des idées générales qui donnent un plan à la pensée, ou bien précisent des enquêtes.

Sans doute, ce mot « social » appliqué à la femme étonne et même scandalise. On s'imagine que la femme sociale est une savantasse qui essaye de pénétrer les théories des Karl Marx et des Guesde, ou — ce qui serait pire encore — de les appliquer avec l'inconscience de l'ignorance; que, tout au moins, trop imaginative et généreuse, elle rêve de transformations économiques, de réformes légales sur lesquelles les hommes compétents eux-mêmes ne réussissent pas à se mettre d'accord.

Fausse et malveillante critique. Evidemment il est facile de tirer d'un mot mal compris des conséquences désobligeantes. Mais pourquoi prétendre donner à ce mot le sens qu'il n'a pas?

Etre « chrétien social » ne signifie pas que l'on se préoccupe exclusivement des questions ouvrières, des relations entre patrons et ouvriers, du salaire, de la durée des heures de travail, bref de toutes les revendications qui font l'objet des délibérations parlementaires et syndicales. Cela veut encore moins dire que l'on s'en préoccupe au seul point de vue législatif.

Non, vraiment, être social ne comporte pas nécessairement un programme si ambitieux.

La femme sociale comprend qu'elle a une mission de conseil, de dévouement et d'apaisement à exercer dans la nation dont elle fait partie. Cette mission elle l'accomplit par des moyens *féminins*.

Ainsi qu'il est dit dans le tract de propagande de notre œuvre : « Renseigner la femme sur son rôle dans la société ; lui faire mieux comprendre comment son action peut s'exercer dans la famille, dans l'éducation, dans les professions, dans la cité ; l'aider à défendre les principes sur lesquels a de tout temps reposé notre vie française : tel est l'objet de l'*Action sociale de la Femme*.

« L'*Action sociale de la Femme* se tient en dehors de toute question politique. Elle ne se confond, ni avec les Œuvres d'enseignement, ni avec les Œuvres de charité. Son but est exclusivement *intellectuel, social* et *familial;* elle doit aider la mère de famille à réparer le passé, à orienter le présent et à préparer l'avenir. C'est une œuvre d'éducation des plus étendues, touchant à tous les sujets qu'une femme et une mère peut avoir à connaître. C'est pourquoi, obligée de choisir parmi cette multitude de connaissances celles qui lui paraissent les plus nécessaires selon les temps, l'œuvre en demande l'explication aux hommes les plus autorisés par leur talent et leur compétence. »

Nous voulons préciser, car outre qu'il convient de répondre à quelques critiques formulées surtout en province contre l'éducation sociale de la femme, le détail de notre réponse est l'indication même du plan suivi par l'*Action sociale de la Femme*. On verra que l'appel qui nous est adressé est modeste, et pour cela même efficace, qu'il ne souhaite pas de nous détourner des humbles devoirs du foyer, encore moins de viriliser nos efforts, et, — pour dire le mot inquiétant — de faire de nous des *féministes*.

L'analyse de quelques conférences, choisies en quelque sorte au hasard parmi celles qui depuis quatre ans attirent, deux fois par mois, la foule à la salle de la rue de Grenelle, marquera mieux que tout raisonnement la doctrine de notre Œuvre.

Si nous invoquons tout d'abord la parole de plusieurs membres de l'Académie française, c'est par une particulière gratitude ; c'est aussi parce que l'Académie française est le baptistère où l'on aime à présenter, plus encore que les mots et les locutions du langage, les idées de l'esprit français. Beaucoup d'autres orateurs qui ne sont... « pas même académiciens » nous ont cependant donné, dans le plus beau langage, les plus sages conseils. Peut-être plusieurs de ceux-ci deviendront-ils les confrères, à l'Institut, de ceux dont ils secondent brillamment l'apostolat, mais les femmes ne sont pas « électrices d'Immortalité. » Elles savent seulement qu'*admiration* et *reconnaissance* sont des mots très français qui figurent au dictionnaire de notre *Action sociale*.

MM. Emile Ollivier, Brunetière et Jules Lemaître ont étudié dans leurs conférences le *féminisme* sous différents aspects. Tous trois, s'ils ont indiqué les modifications d'activité que le temps présent peut imposer à la femme isolée, à celle que préoccupe le souci du pain quotidien, tous trois se sont élevés contre la thèse féministe qui veut égaler et identifier les droits de la femme à ceux de l'homme.

M. Emile Ollivier l'affirme (1) : « Il est aussi absurde de déclarer les femmes égales aux hommes, que tous les hommes égaux entre eux. L'esprit a un sexe comme le corps. La différence physiologique entraîne nécessairement une différence psychique ; le nier, c'est nier l'évidence. Il n'y a pas à rechercher si la femme est supérieure ou égale à l'homme ; elle est autre, sa tâche est différente. Et c'est bienheureux, car si elle et lui faisaient la même chose, il resterait quelque chose qui ne serait fait par personne. » M. Emile Ollivier ajoute : « Fasse le Ciel qu'aucun féminisme ne réussisse à altérer ou à dissoudre la famille, à réduire nos femmes à n'être que des vagabondes d'amour.., car alors « les étoiles qui marchent sur « la terre, et font paraître noir le ciel brillant » s'éteindraient, et il n'y aurait plus d'étoiles qu'au ciel ! »

M. Brunetière précise dans son *Discours sur les Deux Féminismes* (2), le rôle essentiel de la femme : « Nous croyons que la société est fondée sur la famille, et — ce qui n'est pas une grande découverte, — croyant que la famille est fondée sur l'union de l'homme et de la femme, nous croyons que dans toute femme il faut donc d'abord considérer la *mère*. Et nous croyons enfin, Mesdames, pour opposer un principe, que c'est au nom de celui-ci : à savoir que la femme est et doit être d'abord une *mère ;* si nous le perdons jamais de vue, c'est au nom de ce principe que nous réussirons à réaliser ce qu'il y a de juste et d'équitable dans les revendications dont nous parcourions tout à l'heure la liste... Puisqu'on doit former les femmes pour être mères, nous ferons attention que,

(1) *Le Féminisme.* Bulletin de l'Action sociale, 10 janvier et 10 février 1903.
(2) Bulletin de l'Action sociale, 20 janvier 1904.

comme mères, l'enseignement de trois choses leur est en quelque sorte réservé. Il y a trois choses dans nos sociétés modernes, et depuis bien longtemps, dont la conservation est en quelque sorte principalement, sinon exclusivement remise aux femmes, et ces trois choses ce sont : premièrement, la *famille ;* secondement, la *patrie ;* et troisièmement, la *religion.* »

La thèse de M. Jules Lemaître n'est pas différente (1) : « Le meilleur moyen pour la femme de s'élever et de se maintenir en dignité, ce n'est pas de faire l'homme, c'est, au contraire, d'être très femme ; entendez d'être, socialement, aussi utile qu'elle peut en tant que femme; d'être femme enfin, non par le caprice, la coquetterie et la sensualité, mais par l'acceptation totale des fonctions bienfaisantes de son sexe, par ses vertus d'épouse et de mère, par cette faculté de dévouement et ce don de consolation qui sont en elle ; de prendre très au sérieux son ministère féminin et d'en chérir les devoirs. »

Les disciples de l'*Action sociale* qui reçoivent de tels enseignements, sont-elles donc incitées aux folles ambitions du féminisme ? Et si le type que l'on nous propose est celui de l'épouse, de la mère, qui donc pourrait s'effrayer ?

Mais comment cette épouse, cette mère peuvent-elles accomplir une mission *sociale* en dehors de la pratique des vertus domestiques, ou plutôt comment ces vertus domestiques peuvent-elles en quelque sorte s'extérioriser, s'exercer dans un cercle élargi ? Nous le demanderons encore à nos conférenciers.

Le comte Albert de Mun devait, dans *Trente années de*

______

(1) *L'Egalité.* Bulletin de l'Action sociale, 20 décembre 1904.

vie sociale, développer le rôle de la femme dans la pratique des œuvres proprement sociales : la maladie a imposé le silence à l'illustre orateur. A défaut de cet historique et de cette généralisation, nous avons reçu les indications spéciales d'esprits éminents. Chacun d'eux a particularisé sa pensée et fréquenté la voie qui lui est familière : tous cependant ont dégagé et fortifié la base de notre programme d'action.

M. René Bazin (1) qui éclaire toutes choses d'un jour de douceur, veut que la *bonté* de la femme apprenne la vérité à ceux qui l'ignorent : « Jamais la bonté ne fut plus nécessaire dans le monde, cette bonté dont la sœur s'appelle la charité... La charité des femmes doit réapprendre Dieu aux pauvres gens. Elle doit lutter contre le mauvais vent, contre l'ouragan qui passe et qui emporte partout la graine des chardons ; celle-ci va non seulement dans les jardins cultivés qui sont terrains gardés et défendus, mais aussi dans les pauvres jachères qui s'épuisent à reproduire l'herbe de mort. Ayant pitié des pauvres trompés en même temps que des pauvres qui ont faim, la femme apportera du bonheur partout, après avoir été dans sa maison la paix, la conscience et la protectrice. »

M. le comte Vandal (2), habile à synthétiser les leçons de l'histoire, se préoccupe lui aussi de l'enseignement de la vérité par la femme, mais de la vérité spécialement historique, qui est une des formes du patriotisme. Il souhaite que la femme « s'applique à dégager et à remettre en honneur toutes nos traditions vitales : tradition religieuse,

(1) *Les Compagnes de la vie.* Bulletin de l'Action sociale, 20 mai 1904.

(2) *L'Education historique de la Femme.* Bulletin du 10 octobre 1902.

tradition militaire, tradition d'art et de littérature, et aussi tradition libérale, celle qui, depuis cent dix ans, a mis en nous une aspiration plus précise vers un idéal de liberté et de justice, quelque chose de plus ample et de plus cordial qu'il nous faut concilier avec le soin jaloux d'assurer la conservation et l'intégrité de la race. L'histoire telle que les femmes savent l'interpréter, largement et finement conçue, éprise de toutes nos gloires sans distinction de genre, de parti et d'époque, peut porter en soi une efficacité réelle, principe de réconciliation nationale et vertu de ralliement. »

M. Anatole Leroy-Beaulieu, de l'Institut, appelle la femme à la défense de la liberté de l'enseignement (1) : « Vous devez l'aimer, dit-il, d'abord, comme êtres pensants, comme femmes, comme chrétiennes qui avez la légitime prétention non seulement de conserver vos croyances, mais de les transmettre à ceux qui vous touchent. Vous devez l'aimer et la défendre comme mères de famille, pour défendre votre droit, et ce qui vous tient encore plus au cœur, le droit de vos enfants. Vous devez enfin l'aimer et la défendre comme citoyennes, comme françaises, comme patriotes parce que cette liberté de l'enseignement, elle est nécessaire à la France, à sa paix intérieure, à sa grandeur au dehors. »

M. René Doumic qui multiplie, par la parole et par le conseil, les preuves de son dévouement à notre œuvre, a, en plusieurs conférences au style affiné, à la pensée profonde, traité le problème de l'éducation, — celui-là même qui touche le plus au cœur et au devoir de la femme. Particulièrement dans l'*Education à la Fran-*

____

(1) *De la Liberté de l'Enseignement.* Bulletin du 10 avril 1903.

çaise (1), M. Doumic conclut : « Je remarque que la France n'a jamais été si grande, si puissante, si redoutée qu'à l'époque où elle s'était constituée le champion de l'humanité, et qu'elle n'a jamais travaillé avec tant de profit pour elle-même que lorsqu'elle a travaillé pour les autres. De même, jamais notre pensée ne s'est imposée davantage au monde, jamais nos industries n'ont été plus florissantes qu'à l'époque où chaque Français était le moins soucieux de sa fortune personnelle... C'est à vous, Mesdames, de reprendre cet idéal et de l'enseigner à vos fils. Vous leur apprendrez à vivre non pas pour eux-mêmes et pour leur propre intérêt, mais pour le bien de leur pays, pour le triomphe de leurs idées. Vous leur rendrez ainsi le goût et la force de vivre. »

A la question encore de l'éducation, M. Maurice Barrès apporte cette note (2) : « Quand toutes les idées entrent en concurrence dans l'âme d'un enfant, je m'applique à favoriser la poussée des ancêtres. Je lui donne un dressage tel que jamais il ne se reniera. J'oblige à reculer la stérile, la niaise inquiétude, celle qui n'est point l'exigence des grands cœurs, mais le balancement des êtres-acéphales... Un petit enfant chez qui l'on éveille et nourrit les émotions héréditaires, que l'on meuble d'images nationales et familiales, tout au cours de sa vie spontanément connaîtra combien elles sont efficaces. Désormais au fond de lui, il y aura une solidité plus forte que les dialectiques, un

____

(1) Bulletin du 10 mars 1903. Cf. aussi *L'Etat contre la Famille*, conférence de M. René Doumic : Bulletin du 10 mai 1902. — Du même : *Jeunes filles d'hier et de demain*. Bulletin du 20 mars 1904.

(2) *Comment préparer l'intelligence des enfants*. Bulletin du 10 décembre 1903.

terrain pour résister à toutes les infections, une croyance, c'est-à-dire une santé morale. »

Enfin, M. Fonsegrive, dans l'une de ses fortes et précises conférences, résume ainsi notre mission éducatrice (1) : « Formez donc l'homme, Mesdames, dès ses premières années, formez-le aux plus nobles sentiments ; que tout ce qui est beauté de vie, noblesse d'âme et grandeur d'action éveille en tout son être et jusque dans le tissu de ses nerfs des échos intimes, des correspondances profondes. Quand, plus tard, une étoile se lèvera sur son cœur de vingt ans, c'est la vaillance et la bonté de sa mère, c'est sa douceur et sa noble sérénité dont il parera l'image de celle qui sera l'épouse, la compagne du labeur, la nouvelle excitatrice des énergies et des dévouements. C'est ainsi qu'il sera tendre et c'est ainsi qu'il sera fort... »

Il nous faut arrêter ces citations puisque notre étude ne doit pas être une table analytique des conférences, mais nous avons voulu jalonner par des faits — par des textes qui, dans la circonstance, sont des actes — la direction donnée par nos éducateurs. On voit ainsi, mieux que par des commentaires, quelles hautes et graves leçons sollicitent nos réflexions et nos volontés ; on apprécie avec plus de certitude la sagesse du programme et la modération des idées. Ces idées dominent tout conflit politique comme toute thèse excessive. Sans doute chaque orateur manifeste son originalité et au programme commun ajoute des considérations personnelles, mais ces vues particulières sont comme des fenêtres

____

(1) *L'Éducation du sentiment.* Bulletin du 10 juin 1903.

ouvertes sur l'horizon et qui ne compromettent pas la solidité de l'édifice.

Nous avons rassemblé des extraits qui ont la valeur de signatures officielles apposées au bas des articles principaux de notre programme. Mais nous n'avons certes pas épuisé la liste des orateurs et des sujets qui ont sollicité le zèle studieux des auditrices. Ces sujets sont variés ; ils prouvent quels aliments peuvent être fournis à l'action plus encore qu'à la curiosité de la femme.

Si avec M. Marc Sangnier, l'envolée oratoire poétise la *Philosophie du Foyer* ou exalte l'*Action sociale*, la forte doctrine de M. Bazire précise la valeur et les conditions de la *Presse considérée comme moyen d'éducation populaire*, ou bien la nécessité de l'*Organisation professionnelle*.

M. Henry Bordeaux dissèque avec une rare élégance la psychologie féminine.

M. René Pinon analyse en philosophe très affiné l'*Education de la responsabilité sociale de la femme et de la jeune fille*.

M. Fonsegrive, en étudiant *le Paysan et les villégiatures*, rappelle l'apostolat que la femme peut si aisément exercer dans le milieu rural.

M. le marquis de Dampierre mêle l'érudition et le charme pittoresque à l'observation la mieux renseignée dans *Serviteurs d'autrefois et serviteurs d'aujourd'hui*.

M. de Lapparent, de l'Institut, explore la science de la géographie, et M. André Hallays *l'Art et les souvenirs de la vieille France*, tandis que M. Vincent d'Indy, de l'Institut, détermine le *Rôle de la femme dans la musique*, par des aperçus qui consolent l'infortune de l'élève pianiste. M. Hugues Leroux encourage nos fils à toutes les énergies de la vie active. .M. le comte de Las Cases, sénateur, dénonce un péril dans le rôle de l'*Etat père de famille*. A la conception jacobine contemporaine M. Funck-Brentano oppose *la Famille au bon vieux temps*.

Mademoiselle Rochebillard montre l'aide que le syndicat donne à la femme ouvrière.

MM. Jean Brunhes et Blondel insistent sur diverses questions de sociologie.

Les avons-nous tous nommés ces conférenciers qui donnent tant de charme littéraire aux vérités les plus austères ? Non vraiment, mais il ne s'agit pas ici de distribuer l'éloge : nous avons voulu simplement rappeler quelles stations principales nous ont recommandées nos guides dans le voyage au pays des idées.

Encore si nous remontions aux conférences données en cet hôtel de Madame la baronne Piérard, qui fut le berceau de l'*Action sociale*, devrions-nous citer les études sur l'œuvre sociale, l'apprentissage, la femme ouvrière, l'idée syndicale, les syndicats agricoles, — présentées par MM. Jules Lemaître, Brunetière, M. l'abbé Lemire, MM. Flornoy et de Gailhard-Bancel.

Quels ont été les résultats de cet apostolat oratoire ? Le plaisir intellectuel a-t-il été le seul don accepté par des milliers d'auditrices ? Quelque efficacité a-t-elle survécu aux applaudissements ?

A ces questions les faits ont répondu, et nous les exposerons, mais l'influence morale et intellectuelle n'est-elle pas, en l'occurrence, plus importante même que les faits ? Donner à l'esprit de la femme une direction sage et utile ; substituer, dans les salons, — ne fut-ce que pour quelques instants — un échange de pensées sérieuses à la malice ou à la futilité des habituels propos mondains : c'est faire œuvre bonne. On parle des conférences, et l'idée s'éveille, se multiplie en cent échos. Même si l'approbation n'est pas unanime, si la critique se heurte à la louange, du moins on apprend à penser. Le désastre du silence est évité. Dès lors qu'elle est discutée, une doctrine progresse dans les esprits. La voix de nos orateurs se prolonge bien au-delà de nos salles, elle se fait entendre, par l'intermédiaire des auditrices, dans les milieux les plus divers ; elle atteint l'opinion publique, — ainsi le remous soulevé par le passage du navire vient, en ondes pressées, battre la rive. On a plaisanté de la conversation souvent vaine ou perfide de la femme : voici maintenant que, renseignée, elle peut devenir un agent de direction.

S'il n'en était pas ainsi, si l'on n'éprouvait pas partout le désir de fortifier l'esprit de la femme, pourquoi donc les *succursales* de *l'Action sociale* essaimeraient-elles si rapidement ? A Paris les groupements se multiplient qui sollicitent l'enseignement le plus large. En province, de Toulouse à Reims, de Nantes à Besançon, de Cognac à Lyon, nos orateurs sont invités avec instance. S'agit-il donc d'une *mode ?...* Mais la mode ne se crée que parce qu'elle répond au goût et si le goût s'amende en faveur des idées sérieuses, quel plus beau succès pouvait-on espérer ? Influence de la mode sur le goût, ou du goût sur la mode, peu nous importe puisque, — si nous recourons au langage de la librairie, — nos éditions se multiplient sous les couvertures les plus variées et en tous formats.

Cependant, tout cela c'est, encore une fois, parler et écouter. Comment *agit-on* dans l'*Action sociale ?*

L'Œuvre elle-même agit officiellement, et ses adhérentes agissent à titre individuel.

L'Œuvre a, en effet, créé des comités d'études qui se

7

proposent de poursuivre des enquêtes. C'est ainsi que la question de l'apprentissage dans les ateliers de couture vient d'être traitée avec un soin particulier. Des patrons et des patronnes, des délégués de syndicats et des membres de la Chambre syndicale de la couture parisienne ont apporté le concours de leur compétence. Discussions serrées, rapports de spécialistes ont invité les femmes du monde à favoriser la création de cours professionnels de couture, à décerner des prix aux apprenties qui, chez leurs patrons ou patronnes, témoigneront de zèle et d'intelligence.

En commission aussi, on a étudié les moyens de fortifier le rôle de la presse, — sans toutefois concurrencer, même indirectement, les œuvres de propagande par la presse déjà existantes et qui méritent tous les concours. Là encore de nouveaux dévouements se sont révélés.

Enfin l'influence que la femme du monde peut exercer en faveur de la saine littérature, est l'objet d'une enquête à laquelle des spécialistes collaborent. Et cette enquête secondera une association nouvelle dont on se promet un puissant effort.

D'autres questions encore, toutes précises et pratiques, seront soumises ultérieurement aux commissions . de l'*Action sociale*.

Si elle n'ajoute qu'un modeste post-scriptum au texte des orateurs, la femme témoigne, du moins, de quelque entente des réalités utiles dont on lui a présenté la généralisation.

L'Action sociale prétend n'être pas que parisienne ; elle développe ses relations avec la province et même avec l'étranger par un Bulletin mensuel et par un Secrétariat permanent.

Le Bulletin (1) reproduit les conférences, donne une chronique de l'Œuvre et quelques articles sur des questions spéciales; enfin il fournit, par une abondante et très soignée bibliographie, des renseignements qui sont appréciés et qui dirigent un grand nombre de lectrices.

Le Secrétariat (2) crée et entretient des relations sans cesse plus étendues. Il propage les idées et les documents. Il fait des démarches près des conférenciers dont le concours est réclamé par nos centres provinciaux. Cependant il prend un soin extrême de n'intervenir imprudemment en aucune œuvre existante, à ne paralyser, par aucune initiative superflue, des bonnes volontés déjà agissantes. L'*Action sociale* donne son concours là où on le demande, elle ne l'impose jamais et même elle se garde de toute propagande brouillonne qui pourrait être considérée comme une concurrence, une gêne, un élément de complication. Le tact et la discrétion sont de nécessaires vertus féminines : l'*Action sociale de la Femme* le sait bien et elle entend les pratiquer avec rigueur. Elle n'a pas, jusqu'à ce jour, suscité le plus léger conflit entre femmes dévouées aux œuvres. Ce mérite est assez rare à une époque où tant de généreux efforts se heurtent, pour qu'il vaille d'être signalé comme un titre à la confiance, et comme un exemple. Peut-être est-ce à cette courtoise réserve, à cette volonté absolue de concorde, que notre œuvre doit la sincère spontanéité des adhésions.

Le Secrétariat correspond aussi avec l'étranger : l'Allemagne, l'Italie, la Belgique et la Roumanie suivent, en effet, notre exemple et se renseignent volontiers près de

(1) Rialland, libraire, 22, rue de la Bienfaisance, Paris (8ᵉ).
(2) Les bureaux du Secrétariat sont ouverts chaque jour de 1 h. 1/2 à 3 heures, 15, cité du Retiro (35, rue Boissy-d'Anglas).

nous. Les États-Unis nous ont précédées, — il faut en
convenir, — mais si notre orientation féminine française
est et doit demeurer différente de l'américaine, nous
devons cependant retenir certains enseignements d'outre-
mer. Il n'est pas jusqu'au Japon qui ne s'essaye à une
nouvelle éducation de la femme ; l'une de nos plus zélées
dames patronesses l'a constaté au cours d'un récent
voyage. Madame Chrysanthème et Mademoiselle Pluie-
d'Avril estiment leur situation inférieure aux destins de
leur patrie ; elles prétendent conquérir, comme un
Port-Arthur, le droit à une vie sérieuse, respectée,
intelligente.

La France demeure donc semeuse d'idées : entre le
féminisme anglo-saxon et l'asservissement oriental, elle
propose, avec sagacité, le type de la femme modeste mais
instruite, douce au foyer mais active au dehors, secourable
par le cœur et forte par la pensée, en un mot *chrétienne*,
— chrétienne d'âme et d'action.

Les zélatrices de l'*Action sociale* ont développé ou créé
des œuvres importantes. Nous ne ferons pas l'énumération de ces œuvres, puisque l'*Action sociale* ne prétend
pas à un droit de tutelle sur ces efforts individuels. Mais
il est permis de remarquer que partout, dans toutes les
parties du programme chrétien et social, les dames
patronnesses de notre Œuvre ont donné l'exemple de
l'initiative ou tout au moins d'un particulier dévouement.
Les leçons acceptées par l'esprit, dirigent les volontés.

Œuvre d'enseignement appliqué : telle doit apparaître
l'*Action sociale de la Femme*. Tout d'abord, les conférences éveillent la curiosité ; elles rassemblent des personnes qui s'ignoraient entre elles. Puis, par la répétition
des paroles de vérité, l'idée se concrétise : on apprend

à mêler au babil mondain des réflexions sérieuses, à découvrir derrière les décors de la vie brillante, les réalités de la souffrance et de la lutte. Et enfin l'on se décide à agir, chacun selon sa compétence et ses moyens, conformément aux milieux où l'on a accès, sans étroitesse de vues et en dehors des rivalités de groupes.

L'*Action sociale* semble être un vaste hall où sont accueillies toutes les bonnes volontés ; sur ce hall s'ouvrent des appartements divers où chaque esprit peut installer une résidence préférée.

Une conception de ce genre peut-elle effrayer les détracteurs même de toute innovation ? L'enseignement donné est nettement chrétien ; l'appel ne s'adresse qu'aux sentiments nobles et généreux ; le développement intellectuel est mesuré aux convenances de l'esprit féminin. C'est une œuvre d'éducation sage et forte comme la pensée chrétienne.

A toutes les adhérentes de l'*Action sociale* qui reçoivent cette éducation, on peut appliquer les paroles que M. René Doumic prononçait dans sa conférence sur les *Jeunes filles d'hier et de demain :*

« Cette éducation continue la tradition, mais en la modifiant. Elle n'inspire à nos jeunes filles ni un orgueil insensé, ni un goût pour une liberté dangereuse ; mais aussi elle rend la jeune fille fort différente de ce type de « l'ingénue » souriante et naïve qu'on voit figurer dans nos livres et dans nos pièces de théâtre. Elle donnera à l'esprit de la jeune fille du fond, de la solidité, de la vigueur ; par là même elle influera sur son caractère et l'habituera à plus d'initiative et de décision ; elle préparera en elle la femme dont notre société française, dans ce désarroi universel que nous traversons, a plus que jamais besoin : cette femme passionnée pour l'intégrité du foyer et pour la dignité de la famille, décidée à les défendre parce qu'elle sait, à n'en pas douter, que leur ruine entraînerait celle de la patrie elle-même et, comme on a vu si souvent dans la vie privée la femme sauver la barque en péril, capable, à force de bonté vaillante, d'honnêteté résolue et de vertu énergique, de réparer des maux dont il est bien impossible que ne souffrent pas ceux qui aiment leur pays. Ce n'est pas la première fois que la France demande à ses femmes et à ses jeunes filles de venir à son secours. Elles ont toujours répondu à son appel. »

On nous invite souvent à être des Jeanne d'Arc, et sans doute les causes que nous servons méritent l'héroïsme. Mais ne suffit-il pas, comme épouses, comme mères, comme Françaises et chrétiennes, de se montrer avisées dévouées, pour collaborer au grand œuvre de la patrie et de la foi ?

Jadis Eschyle disait que « ni dans la bonne, ni dans la mauvaise fortune, il ne voudrait être associé à la femme ». Aujourd'hui l'opinion est moins rigoureuse pour nous, et l'on nous demande d'associer nos efforts à toutes les vaillances. Notre cœur adhère volontiers à ce désir, mais il convient que l'esprit soit éclairé pour ne pas s'égarer en de vains enthousiasmes. Il faut, répétons-le toujours, l'éducation adaptée aux besoins.

Nous louons et nous aimons l'*Action sociale de la Femme*, parce qu'elle est pour nous la sage éducatrice. Et cette éducatrice est si peu orgueilleuse, — si peu *féministe*, — qu'elle demande la leçon... aux hommes.

Henriette-Eugène FLORNOY.

Jeanne DIVOIRE

UN CERCLE D'ÉTUDES

ÉCHANGE DE LETTRES

Hélène Montdoré à Elise de Valdespins.

MA CHÉRIE,

Une pensée m'est venue, je prends mon courage à deux mains et me voici toute prête à t'en faire confidence. Tu te moqueras un peu, pas trop, car au fond, tout à fait au fond quelquefois, tu es bonne, sérieuse et puis n'as-tu pas droit sur tous mes secrets, sur tous mes projets ?

Or, mon dessein, as gros, que j'écris en termes solennels est de fonder avec toi, s'il te plaît : *Un Cercle d'Etudes sociales pour jeunes filles.* Tu te récries à ces mots, tu lèves les bras au ciel, tu me conseilles un peu d'ellébore, tu dissèques chacune des syllabes comme si elles contenaient l'impossible, *Cer-cle d'E-tu-des so-ci-a-les pour jeu-nes fil-les !* Puis les questions se pressent : Quelle idée ! D'où vient-elle ? Veux-tu nous ramener au couvent ? Qu'est-ce que la question sociale ? Te flattes-tu d'y répondre lorsque les grands messieurs, nos papas, sont là-dessus muets comme des carpes, et nos jeunes messicurs, nos frères ou nos cousins bavards comme des pies, sans d'ailleurs mieux savoir ou plus apprendre.

Pour aujourd'hui, ma-chère Elise, je ne répondrai pas à toutes ces questions. Un seul mot sur nos origines. Si tu lisais la collection de « l'Action populaire » tu aurais remarqué la brochure qui a pour titre : *Les Cercles d'Etudes de jeunes filles* par l'abbé Beaupin, n° 97. Permets-moi une large citation empruntée à M. l'Abbé que je trouve fort sage et tout à fait au courant.

M. Beaupin écrit :

Un prêtre d'une grande ville de l'Est, frappé des besoins intellectuels et religieux des jeunes filles de son patronage paroissial, avait songé à fonder pour elles un Cercle d'études. Il lui sembla difficile de réaliser lui-même ce projet, seul et sans le secours d'aucune auxiliaire. Il se dit que le plus pratique et le plus sage était de s'adresser d'abord aux directrices de patronages, de les gagner à son idée et de les former à la méthode d'éducation populaire. Il commença donc par réunir les deux directrices de son patronage ainsi qu'une institutrice laïque libre de l'école paroissiale. Chaque mardi, de cinq heures à sept heures, on travailla en commun à étudier les meilleurs modes d'apostolat féminin Ces réunions durèrent du mois de juillet 1904 au mois d'octobre de la même année. Pendant ce temps, les deux directrices et l'institutrice avaient pu se préparer à leur nouvelle fonction de conseillères de Cercle ; elles étaient en mesure de former le noyau de l'œuvre future.

En octobre 1904, elles groupèrent autour d'elles une quinzaine de jeunes filles recrutées par elles au patron. Elles avaient commencé à leur donner un peu de formation religieuse et sociale, tantôt par des conversations, tantôt par les lectures qu'elles leur conseillaient. Ces jeunes filles, toutes de la paroisse, pouvaient être considérées comme membres probables du Cercle d'études auquel on désirait les conduire. Elles appartenaient à toutes les classes sociales et avaient été recrutées dans divers milieux : on y comptait des ouvrières, des employées, des institutrices et des jeunes filles du monde.

Pour débuter et les former, le prêtre-directeur du patronage leur fit une série de causeries très simples sur les Epîtres de saint Paul. Cette méthode de travail n'était que *provisoire*, elle avait pour but d'accoutumer ces jeunes filles à s'intéresser aux idées sérieuses, à réfléchir et à exprimer entre elles leurs impressions. Les épîtres de saint Paul et celles de saint Jacques furent donc commentées devant elles au point de vue historique, moral et social. Elles ne tardèrent pas à se passionner au récit de la vie des premiers chrétiens. Une âme commune, née de ces émotions et de ces enthousiasmes, se précise alors et se fortifie. Peu à peu, la timidité s'en va. D'elles-mêmes, après quelques causeries, les jeunes filles posent des questions, font des objections, interrogent, rapportent ce qu'elles ont entendu et demandent des explications complémentaires.

Le moment était venu de passer au vrai Cercle d'études. Ce fut fait en février 1905, après que l'une des directrices eut exposé, dans un rapport succinct, la nécessité des Cercles d'études et la méthode qu'il convient d'y employer. Elle y ajouta un court aperçu de ce qui existait déjà ailleurs et particulièrement à Paris.

Immédiatement, on s'organise d'une façon sérieuse : on décide que la présidente et la secrétaire changeront à chaque séance et que tout le monde, dans la mesure du possible, exercera ces fonctions à tour de rôle. Les sujets d'études sont aussitôt distribués et acceptés par toutes, sans difficulté et sans hésitation.

En voici la liste : Les syndicats d'ouvrières, — l'Hygiène, — le Repos hebdomadaire, — *la Ligue sociale d'acheteurs*, — l'Enseignement ménager, — le Livre de Marc Sangnier : l'*Esprit démocratique*, — le Mouvement féministe, d'après les brochures de la collection *Science et Religion*, — les *Patronages de jeunes filles*, d'après la brochure de l'abbé Schaefer.

Certaines de ces questions ont occupé le Cercle durant

plusieurs séances. D'une réunion à l'autre, l'une des jeunes filles était chargée de se munir de renseignements pris dans son milieu ; l'une d'entre elles fut ainsi priée d'interviewer une directrice d'école ménagère, une autre de fournir des notes sur un syndicat, une troisième de se rendre compte de l'état d'esprit de ses compagnes d'atelier et de magasin. On comprend ce que de telles enquêtes peuvent apporter ·l'intérêt et de vie, dans une réunion de travail. On saisit aussi, sans qu'il soit besoin d'y insister longuement, leur valeur éducatrice. Existe-t-il une méthode à la fois plus simple et plus pratique pour apprendre à une jeune fille à réfléchir et à penser et pour instruire en exerçant son intelligence et la droiture de son bon sens.

Le Cercle compte environ dix-huit membres. C'est évidemment trop. Mais il faut remarquer que toutes ne sont pas également actives. Six au moins restent à peu près muettes. Elles n'en profitent pas moins de tout ce qu'elles entendent, et ce qu'elles apprennent se fixe utilement dans leur mémoire.

Ma citation est longue, tu ne t'en plaindras pas, elle dit si bien ce que j'avais envie d'écrire sans parvenir à l'exprimer. J'ajouterai volontiers un monde de choses, mais, comme disait la Mère Agathe de Saint-Hiéronyme lorsqu'elle n'était pas contente de toi ou de moi : « Je préfère, Mademoiselle, vous laisser à vos réflexions. » — Réfléchis donc, mon Alice chérie. J'espère que tes réflexions t'amèneront à mon sentiment. Je te quitte pour écrire à Marie, à Marcelle, à Charlotte, à Hélène, peut-être à quelques autres. Pour plusieurs j'userai de ménagements ou de réserves. Je ne dis pas à chacune de mes amies :

Les temps sont accomplis, Princesse, il faut parler.

Tu auras les réponses, mais j'attends d'abord la tienne avec la plus affectueuse impatience.

Ton HÉLÈNE.

Marie Le Marchand à Hélène Montdoré.

Impossible, ma chère. La vie n'est assez longue, chaque journée manque pour le moins de quelques heures. Le matin, je me lève tard parce que je me couche très tard ou, si tu veux, très tôt. Je tapote, je dessine, je peins, j'écris un ou deux billets ; voilà pour la matinée. Après le déjeuner promenade, visites ; on rentre pour le dîner, on sort pour la soirée, pas moyen de faire place à une autre occupation. Comme dit maman, on appartient à son devoir : celui d'une jeune mondaine. Le devoir a des charmes. Juste le temps de t'embrasser. Mille baisers.

MARIE.

Marcelle Longueval à Hélène Montdoré.

J'avais songé à me joindre à toi, ma charmante et sérieuse Hélène, et à nos amies, j'étais pleine de projets et d'ambition ; je voulais au moins être bachelière ès-sciences sociales. Hélas ! j'avais rêvé, je me réveille, deux femmes que j'aime, que je vénère et qui me vexent ont soufflé sur mon rêve : maman et grand'maman. Ces vénérables dames — tu vois que je suis respectueuse — n'ont qu'une idée en tête : l'une marier sa fille, l'autre marier sa petite-fille ; fille et petite-fille ne faisant qu'une même et jeune personne, ton amie. La mère y pense du matin au soir ; la mère Grand du soir au matin, puisque la bonne octogénaire ne dort plus que d'un œil et sur ses deux oreilles. Si l'on ouvre le journal, c'est dans l'espoir d'y découvrir le Prince Charmant qui demandera la main de Marcelle ; si l'on fait une visite, c'est dans la pensée qu'il surviendra dans le même salon ; si l'on accepte à dîner, c'est que l'on pense qu'il se trouve parmi les convives ; on songe à une soirée sautillante ou dansante avec la certitude qu'il ne peut manquer. Il viendra, plaira, me demandera et m'enlèvera. Cela ne fait doute pour personne, à une condition cependant, — elle est implicitement stipulée, paraît-il, — c'est que Marcelle Longueval ne sera jamais occupée d'œuvres ou de questions sociales. On m'assure de la manière la plus formelle que tous ces Messieurs en ont peur. Je le croirais assez. Il est évident que M. Hervé de Picmajeur redoute également une idée, une lecture ou une femme sérieuse ; que M. Hubert Le Veneur n'a qu'une résolution constante, celle de chasser le gibier, et de tuer le temps ; que M. de Boisfleury songe uniquement qu'il a été mis au monde pour se rendre du club au salon et du salon au club ; M. Grancheval s'occupe exclusive-ment de perfectionner la race chevaline, et, comme il dit, de sélectionner la race bovine. Ces Messieurs me croiraient folle, archi-folle, s'ils m'entendaient parler salaires, syndicats, caisses rurales, coopératives, maison du peuple. On me dit à moi qui n'en sais pas plus qu'une petite oie blanche, que je suis déjà trop savante pour faire figure dans le monde.

Ainsi donc, ma chère Hélène, tu ne compteras que sur mes regrets bien sentis et ma très vive affection.

Marcelle LONGUEVAL.

Charlotte du Moustier à Hélène Montdoré.

MA CHÈRE HÉLÈNE,

La vie n'est pas gaie tous les jours ; la preuve en est dans la lettre que je t'écris. Une lettre de refus ! Charlotte du Moustier qui écrit à Hélène Montdoré : Non, je ne puis faire ce que tu me proposes de faire.

J'obéis à mon père et non seulement mon cœur obéit, mais aussi mon intelligence. Mon père m'a convaincu. Tu sais quels tendres soins il a pris de mon adolescence, avec quelle prudente affection il a remplacé la mère que Dieu nous a reprise ; tu sais aussi combien il est bon, attentif à mes désirs, heureux même de les deviner. Mais aujourd'hui, le roseau qui plie au moindre souffle d'un caprice était devenu chêne. Une tempête ne l'aurait pas ému. « Je n'aime pas, me disait-il, ces formes nouvelles de la charité. Ce n'est pas ainsi que la comprenaient nos aïeules ; ces pieuses femmes, si droites et si bonnes, n'avaient pas besoin de tant étudier pour découvrir la misère du prochain ; il leur suffisait de visiter les pauvres, d'instruire les enfants, de tricoter des bas ou des gilets en chaude laine, de soigner les malades, de consoler avec de douces paroles ceux qui souffraient dans l'âme ou dans le corps. On appelait ta pauvre mère la sainte de la paroisse et l'ange de la charité. Elle faisait comme sa mère... et comme la mienne, sans faste, sans appareil scientifique. Je ne pense pas que l'on puisse faire mieux en faisant autrement. Pour moi, ajoutait-il, je ne souhaite qu'une chose, c'est que ceux qui me suivront dans la vie ressemblent à ceux qui m'ont précédé. »

Je ne répondais pas, je voyais qu'il avait encore quelque chose à dire. En effet, après un instant de silence, il reprit :

La charité est simple, elle est claire, ses commandements sont précis, elle met le cœur à l'aise. Telles ne sont pas les questions sociales ; de leur nature, par une sorte de nécessité, elles irritent, elles divisent. Je crois qu'elles inviteraient même des chauves à se prendre aux cheveux. Et vous, jeunes filles que rien n'y oblige, vous voulez monter sur cette galère et y ramer ! Quelle chimère ! Comment résoudre les problèmes sociaux autrement épineux que les problèmes politiques? Vous aurez des maîtres, me direz-vous, quels maîtres ? Les maîtres ne s'entendent pas plus que les disciples ; il n'est pas une école qui n'excommunie l'école voisine, même chez les meilleurs, chez ceux qui prétendent suivre avec plus de fidélité les enseignements des Souverains Pontifes.

Et pour quel profit ? Je conçois que des législateurs, que des industriels courent cette aventure. Mais vous ? Songez-vous à relever les salaires, à construire des habitations à bon marché, à faire du crédit, que sais-je, à vous mettre en grève ou à boycotter les commerçants du pays. Toutes ces suppositions font hausser les épaules : c'est donc qu'elles sont ridicules. Nouveau péril pour votre cercle d'études féminines : il fera sourire. Ce sera la mort pour lui. Je ne m'en plaindrais pas ; mais je regretterais que ma petite Charlotte entamât en quelque manière son renom de sage et discrète personne.

Je résume aussi fidèlement que possible les conseils paternels. Tu as bien les paroles, malheureusement tu n'as pas leur accent si bon, si cordial, quelquefois un peu malicieux, mais d'une ironie aimable qui charme plus qu'elle ne taquine. Qu'aurais-tu répondu, ma chère Hélène ; pour moi j'avoue ma défaite et j'implore mon pardon.

CHARLOTTE.

Elise de Valdespins à Hélène Montdoré.

Tu as été on ne peut mieux inspirée, ma toute Belle, de me communiquer les lettres de nos amies. Elles ont eu raison de mes dernières hésitations ; je viens à toi et à ton cercle de jeunes filles pour les mêmes motifs, absolument les mêmes qui déterminent ces demoiselles à te refuser leur concours.

Ainsi donc, pour les passer en revue, Marie le Marchand n'a pas le temps. Quelle pitié et quelle dérision ! Elle a du temps pour faire des choses inutiles, elle n'a pas le temps de faire des choses nécessaires ; mais, ma Chérie, il faudrait inventer ton cercle d'études, ne serait-ce que pour occuper plus sainement sa vie, se créer quelques heures sérieuses.

Est-ce que vraiment, notre pauvre petite linotte de Marcelle, au long col, a peur de ne pas épouser M. Hervé de Picmajeur, M. Hubert Le Veneur, M. de Boisfleury ou M. Grandcheval ? Pour ma part, si l'on m'avertissait charitablement que l'un ou l'autre de ces Messieurs rôde autour du Valdespins avec quelques regards pour mes vingt ans et une dot que l'on dit assez rondelette, sais-tu ce que je ferai ? De mon pied le plus léger je chercherai au grenier un saint Thomas et un Suarez qui nous furent laissés par mon oncle le Chanoine, le *Journal des Économistes*, toute la collection que Bon Papa ne lisait jamais quand il se retirait dans sa bibliothèque pour faire sa méridienne et tout ce que je pourrai trouver de livres sociaux. Aucun rempart ne serait assez élevé pour défendre ma liberté contre la fatuité de tels aspirants.

J'ai été plus émue et même un peu ébranlée par la lettre de notre bonne Charlotte du Moustier, mais je me suis ressaisie et je te reviens. A la réflexion il m'a paru que les affectueuses paroles de son père ne prouvent rien contre nos projets. Il défend la charité, l'avons-nous mise en cause? les anciennes manières de faire le bien, les avons-nous attaquées ? Elles aussi, ces vénérables aïeules, à l'occasion, fondaient des œuvres nouvelles pour répondre à des besoins nouveaux. Pourquoi ne pas imiter leur zèle et faire ce qu'elles feraient à notre place ? Les saints, les grands chrétiens, dont on nous cite les noms, saint Vincent de Paul, saint Jean-Baptiste de La Salle, ont fait ce que leur temps ne faisait plus. Il est difficile de comparer une époque à une époque, mais celle où nous vivons est sous le coup de souffrances que les âges précédents ne connaissaient pas. L'usine ne séparait pas l'ouvrier de sa famille et de son pays; on se reposait le jour dominical; chacun avait plus facilement, du moins je le crois, sa place au soleil, son toit, et peut-être son jardinet. On était quelqu'un et quelque chose plus aisément qu'aujourd'hui puisque la corporation étendait sa protection sur toute la famille corporative. Pourquoi ne pas apprendre ces différences et se former à faire le bien et à le bien faire ? On peut y aspirer sans orgueil. On n'est pas savant illustre pour savoir ce que gagne une couturière, combien d'heures travaille une modiste, où dîne un marmiton, ce que fait de ses dimanches un cocher d'omnibus, pourquoi une pauvre femme a perdu tous ses enfants de la tuberculose. Il me semble qu'il serait très bon d'acquérir ces connaissances en commun; chacune de nous apporterait son butin d'informations.

J'avoue que ces premières notions ne me suffiraient pas et je réponds directement à M. du Moustier. Pourquoi ne songerions-nous pas à relever le salaire de nos ouvrières quelquefois tout à fait insuffisant ? Pourquoi ne pas boycotter les marchands qui font travailler le dimanche ? Le mot est nouveau, la chose est si simple. Papa n'a point refusé de m'expliquer comment on fondait une caisse rurale et moi qui ne suis pas aigle, j'ai parfaitement compris. Les grands savants, membres des plus hautes académies, estiment qu'il est singulièrement difficile de commenter les paroles du Souverain Pontife. Qu'ils ne les commentent pas, qu'ils les lisent, comme je fais, tout simplement, sans aspirer à l'Institut. Est-ce ridicule d'agir et de penser ainsi ? Alors, ma chère Hélène, je suis tout à fait ridicule, ridicule des pieds à la tête, ridicule pour longtemps. Ne me crois pas à un tel aveu, un prodige d'humilité. Si je suis ridicule, je le suis en même temps que toi, ce qui me défend contre beaucoup de moqueries et contre quelques moqueurs dont je me moque avec grand plaisir. « Je t'aime un peu plus qu'hier, un peu moins que demain, puisque chaque jour le bel arbre de notre amitié pousse un nouveau rameau. » Voilà une phrase, mais elle n'est pas de

Ton ELISE.

Hélène Montdoré à Elise de Valdespins.

15 février 1906.

Est-ce possible ? Six mois se sont-ils écoulés depuis nos dernières causeries, depuis nos dernières lettres ? Ce silence serait impie sans le cercle d'études qui dévore tous mes loisirs. Pauvre cher petit Cercle ! Tu m'en demandes l'histoire, puisque tu nous quittais en changeant de garnison avec le colonel, ton père, sitôt la fondation résolue.

Tu t'en souviens, nous étions six au début, nous sommes douze aujourd'hui et malgré d'assez vives instances faites pour se joindre à notre groupe, nous ne désirons point grandir ; ce serait perdre en liberté, en inti-

8

mité ce que l'on gagnerait en étendue. Quelques mères — hors cadre — nous conduisent leurs filles ; nous ne les comptons pas, cependant elles comptent, et je m'aperçois que sans prendre une part active à nos études, elles sont très utiles pour répandre nos idées.

On commence par la prière.

On lit quelques versets de l'*Imitation*.

Ce début très simple nous est fort utile. En priant, en écoutant quelques bonnes paroles, les âmes se sont recueillies, les esprits se sont élevés. On est heureux d'avoir remporté une victoire sur le respect humain qui voudrait que les chrétiennes ne fussent chrétiennes que dans leurs églises.

La véritable séance commence alors.

D'abord nous *lisons*.

Je distingue deux sortes de lectures : la première est plus régulière, la seconde plus libre. Je m'explique. Il y a en premier lieu comme une lecture officielle. L'une de nous, avertie quelques jours à l'avance, présente le résumé ou l'analyse d'une lecture ; on choisit généralement un tract de « l'Action Populaire », un article d'une revue sociale comme *la Réforme sociale, l'Association catholique, la Démocratie chrétienne, le Devoir des Femmes Françaises, le Correspondant*... Pendant cette lecture beaucoup prennent des notes ; après les lectures, plusieurs interrogent, d'autres répondent sur les passages qui n'auraient pas été compris.

Ensuite lecture libre. Chacune est invitée à donner un court extrait, tout au moins une indication d'après ses lectures ordinaires. Ce point du règlement nous rend les plus heureux services : telle de nos amies, jusque-là grande lectrice de romans, a fermé ces livres frivoles, — au grand profit de son esprit et de son cœur.

Ensuite nous *écoutons*. Quelquefois l'on nous expose le but, la méthode, le mécanisme, les résultats d'une œuvre sociale bien comprise et bien dirigée. C'est ainsi que nous avons fait comme une promenade et une sorte d'inspection autour des caisses rurales, des maisons ouvrières, des syndicats du fil et de l'aiguille, des bibliothèques, des écoles ménagères. Tu ne saurais croire l'intérêt quelquefois passionnant de ces études, surtout lorsqu'elles sont prises sur le vif, lorsqu'elles sont faites par une personne qui a fondé l'une ou l'autre de ces œuvres.

Quelques exemples.

M. le Curé de Saint-Brice nous a conté l'histoire de sa paroisse tout entière groupée dans les œuvres syndicales, les plus petits de l'école sont des mutualistes déterminés, les plus âgés sont des rentiers grâce à la caisse de retraite ; tous les cultivateurs font partie du syndicat agricole ; ils y gagnent un peu d'argent, un peu de bien-être ; ils y gagnent surtout de mieux se connaître, de s'aimer et de s'aider.

Madame de Saint-Gaudens a fondé une coopérative pour les fruits. Il paraît que les plus beaux fruits du monde, des poires savoureuses, des pommes superbes, mûrissaient dans les vergers de sa paroisse et ne se vendaient pas ! On ne les connaissait pas ! Il n'y avait pas d'entente entre les bonnes gens. Isolés, ils étaient impuissants. Et voilà Madame de Saint-Gaudens qui parle à Pierre, qui parle à Paul, qui réunit Pierre, Paul, leurs frères et leurs cousins. Un petit syndicat de producteurs se crée et se développe. Il donne des leçons pour cueillir, empaqueter les fruits, exclure impitoyablement ceux qui ne seraient pas de qualité supérieure... Et maintenant ils font prime sur les marchés des villes voisines. Il est question de les conduire aux Halles et même de les exporter en Angleterre.

Madame Couturier est venue nous supplier de l'aider à fonder un syndicat du fil et de l'aiguille. Elle a déjà chez elle un bon nombre d'ouvrières excellentes, qui ne demanderaient qu'à bien faire; mais elle est sur le point d'en congédier plusieurs. Les commandes s'éloignent parce qu'elle refuse de travailler le dimanche ou de travailler la nuit. N'est-ce pas navrant?

Un autre jour, Baptiste Sans-le-Sou (je ne lui connais pas d'autre nom), nous est présenté par son Curé. Sans-le-Sou était rayonnant. Il ne possède pas encore un sou, mais il possédera une maison; son histoire est drôle, mais encore plus touchante. Lorsque M. le Curé lui proposa d'être un jour propriétaire d'une maison à lui, d'un jardin à lui, tout d'abord il crut à une plaisanterie; il ne comprenait pas Mais rien n'était plus réel; on lui offrait de quitter l'affreux gîte où lui, sa femme et ses dix enfants, blancs comme des morts, traînaient une existence vouée à la tuberculose, contre une maison large, commode, bien aérée, bien éclairée, avec vingt arpents autour, un four à pain, une minuscule basse-cour, et un appartement privé pour Dom Pourceau. Tout cela au même prix de location, et en plus la chance d'être propriétaire au bout de quinze ans, rien qu'en payant son loyer. Il est venu, il s'est établi, son jardin prospère, ses garçons et ses filles poussent en vigueur et en santé; il a du pain, il a des légumes, il a du lard, il songe à entourer son domaine d'une palissade et nous a quittés pour *plumer* quelques pieux dont l'écorce trop humide attaquerait et moisirait le bois. Il ira à la messe, nous a dit M. le Curé, lorsqu'il aura acheté un *complet gris-noir* avec lequel il sera beau comme un roi.

Je laisse les exemples, ils m'entraîneraient trop loin.

Après avoir écouté, nous *causons*. La causerie ne va pas tout à fait à l'aventure puisqu'elle a une règle très large et très sage : être utile. Telle fait part d'un propos qu'elle a surpris dans la rue ; telle d'une conversation avec un industriel ; celle-ci raconte les incidents d'une grève ; celle-là, les réflexions d'un ouvrier. L'une a un projet d'une campagne en faveur du repos dominical ; l'autre songe à quelques causeries familières qui seraient comme le rayonnement extérieur de notre petit Cercle. Autre chose est exposer ; autre chose proposer ; autre chose encore, imposer. On expose volontiers, on propose plus discrètement, on s'impose plus rarement une besogne nouvelle, on ne l'accepte qu'à la condition de la conduire à bien et sans surcharger personne. Le mieux, ce que je traduirai volontiers « toujours plus », est notre ennemi. Mais une idée qui dort ou qui attend n'est pas tout à fait inutile. Malgré son apparent sommeil elle attire l'attention, elle se répand. Depuis quelques mois je remarque le progrès de notre cause. C'est un mot qui tombe dans la conversation, comme au hasard ; c'est un livre qui est prêté ; c'est une misère, une souffrance que l'on signale. Serions-nous des *faiseurs d'opinion* ? Pourquoi pas. Ceux qui pensent, ceux qui étudient, ceux qui observent exercent nécessairement une influence que la masse docile finira toujours par subir.

Ah ! si notre exemple était suivi, si les jeunes filles de notre condition entraient dans la mêlée, la victoire serait à nous.

Au revoir, amie chérie, reçois mes plus tendres souvenirs.

Ton HÉLÈNE.

Elise de Valdespins à Hélène Montdoré.

Ah ! si notre exemple était suivi ! — C'était la dernière parole de ta lettre, chère, très chère et très noble ambitieuse. Eh bien, sois heureuse, non seulement ton exemple est suivi, mais, oserais-je le dire, tu es dépassée car vous en êtes encore à la théorie quand, dans notre Anjou, nous en sommes déjà à la pratique !

. Comme toujours, en arrivant dans une garnison, grande tournée de visites obligatoires. J'ai été étudiée, épluchée, pas de doute sur ce point. A mon tour, je ne me suis pas fait faute d'étudier et si je n'ai pas épluché, c'est par pure charité chrétienne.

Quant à avoir des préférences, j'en ai et de très nettes qui, de suite, sont devenues des amitiés. Sais-tu quel en a été le lien ? La question sociale ! Ciel ! quelle exclamation d'effroi pousserait M. du Moustier « en nous « voyant monter sur cette galère ». Eh bien, non seulement nous ne nous sommes pas pris aux cheveux, comme il nous en menaçait, mais peu s'en fallut qu'au grand ébahissement de nos parents, nous ne nous précipitions dans les bras les unes des autres.

— Ces petites filles, disaient-ils en nous voyant si animées, parlent sans doute toilette ou danse.

Non, chérie ! elles parlaient catéchisme et patronage, dispensaire et école ménagère ! Grâce aux théories développées dans notre cercle d'études, j'ai pu apprécier ce qu'elles faisaient et ne pas me trouver dépaysée dans leur groupe intelligent.

Bien plus, j'en veux faire partie et me joindre à elles ! Comme il y a beaucoup de bien à faire de part et d'autre, chacune cherche à faire de moi une recrue.

— Les catéchismes, me disait l'une, œuvre unique, indispensable, la première de toutes ! — Evidemment, mais les ouvrières ne manquent pas à cette œuvre que toutes comprennent.

— Venez à notre patronage, me disait l'autre tout tout bas. Nos petites sont si gentilles, si reconnaissantes de ce que nous faisons pour les amuser et cela les préserve de tant de dangers ! — Oui, c'est parfait ! et là je donnerais volontiers mon concours, mais je le donnerais plutôt à celui qui ne se contente pas d'amuser les petites filles mais qui cherche à les entraîner et à les développer dans le sens de leurs devoirs futurs. C'est d'ailleurs par là surtout que cette œuvre rentre dans la question sociale qui me tient au cœur.

— Le dispensaire, me disait une ardente et sympathique jeune fille, mais c'est passionnant. Quelle étude intéressante et puis quels services il vous met à même de rendre, que de maux nous pouvons soulager ! et puisque une des plus belles formes de la charité est la visite des pauvres malades, quelle joie (écoutez cela, ô Monsieur du Moustier), quelle joie de savoir qu'on est à même d'y porter non seulement son cœur, mais son intelligence et ses connaissances !

Elle a raison, tout à fait raison, et pourtant ce n'est pas de ce côté que j'irai, au moins pour le moment. Je recule devant un genre d'étude qui me déconcerte un peu et je remets la chose à plus tard.

Il y a aussi l'école ménagère qui m'ouvrirait ses portes à deux battants. Là, je puis, tout de suite, jouer un rôle actif et, tout en faisant des études théoriques et pratiques très intéressantes, je seconderais les maîtresses en dirigeant les groupes d'enfants qui font, après leur temps d'école, cet utile apprentissage de la vie et des devoirs de la femme.

J'y ai déjà été un peu, et nous nous retrouvons là un certain nombre de jeunes filles de milieu et d'éducation divers ; grâce à leur concours, le nombre des élèves peut être beaucoup plus considérable que .si l'excellente directrice était seule à conduire ce petit monde indocile, ignorant, turbulent et... malpropre que l'enseignement ménager rend étonnamment vite discipliné, soigné et conscient de ses devoirs.

Te l'avouerai-je! une chose me faisait reculer : la fréquentation par trop intime du fourneau, des légumes et du pot-au-feu. Brandir la casserole et la poêle, pour la défense de la question sociale, me faisait penser à Samson et à sa mâchoire d'âne! Et puis il me semblait que du coup mes mains sentiraient l'oignon jusqu'à la fin de mes jours.

Mais ce sont là des enfantillages, n'est-ce pas, en présence du bien merveilleux que ces mains peuvent édifier par l'enseignement ménager. La famille ouvrière se trouve instruite, élevée dans la personne de ces fillettes en qui nous formons la future femme de l'ouvrier, en lui apprenant ce qui peut l'aider à rendre le logis sain et agréable, les enfants bien élevés et bien portants !

Quelle plus belle œuvre sociale peut se présenter à nous, jeunes filles! Oui, décidément, c'est à elle que mon cœur me porte, et je sens qu'outre le bien que je ferai à ma sœur, la jeune ouvrière, je me prépare lumière et expérience pour m'aider à remplir mes futurs devoirs de maîtresse de maison et de mère de famille.

Il y a aussi un point de vue assez curieux dans notre

organisation : nos rapports avec les jeunes filles qui sont avec moi à l'enseignement ménager sont tout autres que ceux qu'auraient amenés les circonstances ordinaires de la vie. Les filles d'une marchande de porcelaine, d'un cultivateur et d'une couturière en grand partagent notre tâche charitable et sont devenues pour nous des amies. Voilà une forme de l'union des classes qu'un cercle, purement théorique, eût peut-être amené fort difficilement. Au contraire, si nous voulons en faire un, nos élémen., à nous sont merveilleusement préparés.

D'ailleurs, chère initiatrice, si la pratique mène ici à la théorie, je suis sûre que chez vous, par la force même des choses, un beau jour de la théorie vous passerez à la pratique, et c'est ce que je vous souhaite de tout mon cœur.

Ton ELISE.

Mlle M.-L. ROCHEBILLARD

MES IDÉES

Premier aperçu.

La condition de la femme ouvrière en France s'est tellement modifiée depuis trente ans, qu'en ce moment les
Françaises, voulant s'occuper d'œuvres sociales, ont un
immense champ d'activité ouvert devant elles.

La chose n'est plus très neuve ; déjà elle a fait couler
des flots d'encre.

Les journaux d'Amérique nous communiquent souvent
les impressions de celles qui se sont faites ouvrières pour
explorer, à leur aise, ce continent trop ignoré du travail
de la femme. Toutefois, nombreux sont ceux qui estiment
que, dans cette affaire, le snobisme dresse par trop l'oreille,
et que cela ne rend pas exactement l'état d'âme de ces
millions de femmes rivées au travail industriel pour leur
vie durant, auxquelles on enlève, d'autre part, la foi qui
soutient et qui console.

Il y a aussi le travail des employées, de ces femmes
dirigeant un grand ou un petit magasin, parfois avec
une véritable ténacité, et toujours avec une bonne grâce
toute française, soutenue par des qualités de courage,
d'économie et d'ordre qui se retrouvent jusque dans les
plus modestes emplois de vendeuse.

C'est encore le petit atelier de couturières, de brodeuses, de modistes, que sais-je, où s'accomplissent des prodiges de bon goût.

Tout ce travail féminin repose sur des millions de têtes. Et, cependant, qu'elles sont peu nombreuses, celles ayant compris la nécessité du groupement ! Sur 6,500,000 travailleuses, il n'y en a encore que 90,000 qui soient syndiquées (suivant les dernières statistiques), ce qui revient à dire trois femmes sur 200... c'est une misère !

Et cette abstention se produit au moment où l'opinion publique, d'accord cette fois avec les esprits les plus éclairés, se tourne d'instinct vers l'orientation syndicale.

Je vois donc, d'un côté : transformation dans la méthode de production ; de l'autre : isolement, ignorance ou égoïsme, de la part des travailleuses.

Et l'on me demande quelles sont mes idées ?

Depuis huit ans. je les ai fait connaître de tous côtés : à Lyon, à Besançon, à Paris, à Marseille, à Nice, à Toulon, à Moulins, à Saint-Etienne, à Roanne, à Dijon, à Roubaix, à Lille, à Reims, etc., j'ai parlé nettement et franchement, et je me répète ici, en me résumant, dans un premier aperçu, me réservant de compléter, plus tard, ma pensée.

Une Semence.

Qu'on me permette d'abord un souvenir.

Pour ma part, rien ne m'est plus consolant que de songer que ce fut mon père qui fit jaillir dans mon cœur la première étincelle de mon attrait et de ma pitié pour le pauvre ouvrier.

J'avais sept ans, et nous habitions une ville devenue depuis fort industrielle, mais qui occupait déjà de nombreux métiers à la main pour le tissage de la cotonne ; la fabrication se faisait dans des ateliers humides, sombres. Quoique bien petite, j'accompagnais mon père dans les visites qu'il faisait à ces braves gens, et durant la promenade qui suivait, mon père profitait de ce que nous avions vu ensemble pour éveiller dans mon âme le respect de l'ouvrier. L'amour du travail devait venir plus tard. Et je me souviens de ces ateliers obscurs, comme on se souvient de certaines cryptes, où ont été déposés des ossements de martyrs. Chrétiennes, qui me lisez, faites en sorte, vous aussi, de communiquer autour de vous, même aux plus petits, ces pensées si fortes et si puissantes, sur la noblesse et le mérite du travail. Le mot d'une mère peut également faire naître un apôtre (je ne sais pas, si je le suis, mais je voudrais bien l'être).

Or, la veille de ma première communion, lorsqu'on m'essayait ma robe blanche, et que j'eus remercié notre couturière, maman me rappela, devant elle, que « je ne devais pas l'oublier dans mes prières du lendemain. » — Je vis une larme dans les yeux de cette dernière ! Elle demanda à maman la permission de m'embrasser. Quelqu'un a dit : « Il y a tout un monde dans une goutte d'eau, toute une âme dans une larme ». La veille d'une première communion, l'âme est bien pure · or la vérité aime le cristal de la pureté. J'entrevis alors, dans ma sensibilité d'enfant, quelques-unes des mélancolies, des tristesses navrantes que connaissent ceux qui travaillent. J'entrevis aussi de ces exquises délicatesses qu'ils ont au cœur et qui parfument souvent les souvenirs de ceux qui les obligent. Je compris, dans l'étreinte de notre brave ouvrière, que l'attention de ma mère l'avait profondément touchée. Et tout bas, je me promis, lorsque je serais grande, de rendre aux ouvrières amour pour amour. Le lendemain, je n'eus garde d'oublier la demande qui m'avait été faite : mon voile de communiante reçut, sans doute, les confidences de ma première prière pour ceux qui travaillent. Cette inspiration, je la devais à ma mère. C'était peut-être bien simple, mais c'était déjà du devoir social.

Lyon et ses collines.

Ce n'est pas un milieu négligeable, a-t-on dit, que le milieu géographique où germe, croît et fructifie « la plante humaine ». Or bien des rapprochements aussi sûrs que délicats ont été déjà faits, à propos du travail à Lyon.

Dans notre ville, il y a deux collines, celle de Fourvière et celle de la Croix-Rousse, l'une peut être appelée la colline du travail et l'autre celle de la prière; mais l'une et l'autre dominent notre vieille et chère cité. Oui, bien que dans les brouillards, le Lyonnais n'est pas un utopiste : il est un peu froid, un peu rêveur, un peu baigné dans l'idéal, mais c'est un idéal superbe qui donne des ailes à l'âme, qui l'enlève au-dessus des réalités écrasantes de la vie pour la baigner dans d'invincibles espérances. Or, quand, au-dessus de tous les tarifs du monde, on voit toujours Dieu, quand on comprend son *Pater*, on est très fort, on ne désespère jamais de la question sociale, ainsi envisagée. C'est précisément cette puissance de conviction et cette solidité de principe qui font des Lyonnais une race persévérante, en dépit des difficultés qui ne manquent pas d'assaillir les organisations ouvrières à base chrétienne comme la nôtre. Mais, à part le paysage, n'y a-t-il pas encore bien des villes en France pouvant revendiquer un même état d'âme ?

La Lyonnaise a donc des qualités héréditaires, et dans

notre entreprise ces qualités héréditaires apparaissent bien nettement.

L'idée Syndicale.

Dans la tourmente actuelle, je crois que l'une des planches de salut pour le travail de la femme, c'est le syndicat, et surtout le syndicat ouvrier englobant les petites patronnes occupant cinq ou six ouvrières ; car les intérêts, dans ce cas, sont similaires.

M'en a-t-on voulu pour l'adoption de ce mot « Syndicat »!... Que d'amis et de personnes bien intentionnées sont venues me supplier de changer l'étiquette : « Vous vous faites tort ; le syndicat sonne la charge du socialisme, » me disait-on. Je l'avoue, les démarches ont échoué et l'idée a persisté, et les femmes de cœur et de tête se sont groupées autour. Autres preuves en sa faveur. Pour que l'idée ait ainsi germé, il faut qu'elle ait en elle un principe de vie : qu'on le demande aux syndicats indépendants de Lyon, de Paris, de Marseille, de Saint-Etienne. De l'idée, nous arrivons donc au fait. Des syndicats indépendants de femmes ont été créés et les résultats sont excellents. Mais que conclure ?

Tout simplement : que partout, dans chaque ville industrielle, on devrait créer des syndicats indépendants. C'est encore là qu'il y a un point d'arrêt... avec exclamation : « C'est trop difficile, nous ne savons pas » — ou encore : « Mais les syndicats ne font pas de bien, j'aime mieux les œuvres » — et ceci et cela...

Chacun son goût bien entendu. Toutefois, je répondrai facilement aux objections : rien n'est aussi simple que de créer les syndicats. Ce qui est difficile et délicat pour les femmes, c'est de prendre contact les unes avec les autres,

autrement que pour parler chiffons, ou dans un autre
ordre d'idées, pour autre chose que pour faire de la littérature, de la musique, etc., etc. Ceci·dit pour les femmes
riches. On·voit que je reste dans les généralités.

Mais, faire de la sociologie pratique, c'est plus que rare
parmi les femmes. Ombre de Le Play, voile-toi la face !...

Et lorsque nous sommes en plein mal de socialisme,
nos intelligences féminines remplies d'intention, de
compréhension ne se tourneraient pas du côté de la
misère morale de la masse, pour compatir et pour soulager ! Mais c'est de la belle charité cela, de la véritable
fraternité chrétienne, ni plus ni moins. A ce métier, on
ne se nimbe pas, même d'héroïsme : non, mais on est une
Française de bon sens et de son temps, comprenant le
devoir des temps nouveaux. Et nous devons, et nous pouvons toutes nous y mettre.

Pour ma part, je constate journellement des frissonne-
ments douloureux, inconscients, et même des haines si
farouches que pour mieux les dépeindre je ne puis donner
à ma parole une allure doucement poétique ou froidement
théorique. Car, dans la question, il s'agit, ne l'oublions
pas, de lutter contre les ferments redoutables du socialisme, et quand ce mal s'attaque à la femme, c'est terrible,
croyez-moi. Or, il s'attaque à nous, soit par l'influence
d'une presse répudiant à plaisir toute hiérarchie, toute
justice, toute pudeur même; soit par des tarifs de misère
que l'on ne sait comment dénoncer, ou par un régime de
protection à outrance détruisant notre individualité ; soit
par la faiblesse des moyens qui nous sont laissés à nous,
pauvres femmes, pour résister à d'aussi redoutables
fléaux.

Avec des idées, il faut encore notre histoire. Eh bien la

voilà et je crois qu'elle en vaut la peine. Car si elle est
modeste, si elle ressemble par sa simplicité à l'herbe du
chemin, du moins elle évoque une idée nouvelle, en
laquelle nous avons, nous, Lyonnaises, appartenant à
ce mouvement de travail, une foi absolue ; et si méthode
il y a, elle est fondée uniquement sur la nature même
de la femme, sur les revendications si justes, si ration-
nelles des travailleuses, tout aussi bien que sur les nécessités sociales de l'heure présente et sur des faits d'observation incontestables. C'est qu'un des mérites de notre
organisation, est de n'avoir pas tenu compte de la routine.
Nous ne sommes pas immobilisées dans le passé, estimant qu'à l'heure présente ce que j'appellerai les musées
de vertu ou de travail n'ont pas de portée sociale dans le
peuple ; car son âme souffre et gémit, et, pour qui sait
l'entendre, elle nous demande à nous toutes qui avons la
prétention d'être des militantes, des actes, des faits.

Histoire et première organisation.

Notre organisation de travail à Lyon, rendue méthodique par l'organisation syndicale ou corporative, repose,
en effet, sur le travail et sur le développement de l'initiative personnelle. Et ce qui est vrai pour Lyon est vrai
pour toute la France.

Il faut que nous soyons assez fortes, assez instruites
pour élever, encourager, fortifier. Or nous apprendrons
cette grande science non dans un isolement qui nous
tue, mais au contact mutuel, dans des organisations bien
dirigées, bien comprises. Ce que nous aurons reçu, nous
le donnerons à notre tour.

Nous dominerons la misère ; et des vies, qui peuvent être

très cachées en apparence, auront un but magnifique, un charme incomparable, je vous l'affirme, chères lectrices. Chez nous, nous estimons encore que c'est le travail qui qualifie la personne : à nos yeux, une blanchisseuse, une dévideuse, une tisseuse, une couturière, une simple employée, accomplissant vaillamment leur tâche journalière, ont droit à autant d'estime qu'une doctoresse ou une femme de lettres.

Ah ! je m'en souviens. La première fois que j'eus l'honneur de développer cette idée dans une de nos réunion de travail, il y eut dans mon auditoire comme un frissonnement d'orgueil. Et quand ma petite conférence fut terminée, je vis ces chères compagnes de travail s'avancer vers moi, émues, les yeux pleins de douces larmes : « Comme vous nous comprenez, me dirent-elles, nous sommes vôtres. — C'est bien, leur dis-je dans ce cas, pour faire les choses sagement, faisons-les légalement; car il est bon de prendre les lois par leurs côtés pratiques. » Et, de confiance, toutes, nous allâmes de l'avant. L'organisation syndicale répondant à nos aspirations, à nos besoins du moment, et nous offrant le terrain nécessaire à notre évolution, nous l'adoptâmes. Vous voyez donc, chères lectrices, que la constitution d'un syndicat est chose très simple.

Mais, comment, allez-vous me dire, aviez-vous réuni cet auditoire ?

Rien ne se perd dans la nature; dans le monde moral c'est la même chose. Le contact du travail, le voisinage, des riens inconscients en apparence, ajoutés à l'action de la Providence qui enchaîne, qui juxtapose les idées du moment, qui fait retomber pour ainsi dire, comme une rosée bienfaisante sur la tête du travailleur, les larmes que la douleur arrache à sa résignation : voilà comment nous nous sommes groupées, en premier lieu, une vingtaine pour nous aider et nous épauler.

Comment aviez-vous acquis cette influence relative ?

C'est toujours la même chose. Demandez, par exemple, à l'électricité comment et pourquoi elle est une force ? Or, le peuple, homme ou femme, est une force : force immense ! Demandez à l'électricité comment elle s'est mise en mouvement ? Elle vous répondra : *Sous l'influence de certaines lois de la nature*, après des siècles d'observation, et de préparation sous la direction de la science. De même pour ce qui nous regarde : les syndicats ont remplacé les vieilles corporations. Or toujours et partout les associations ouvrières sont d'immenses énergies, plus ou moins conscientes d'elles-mêmes à vrai dire, mais une fois mises en mouvement, pour en tirer parti, il s'agit de savoir s'y prendre. Tel est le secret de notre modeste influence, à nous qui, parce que Françaises, parce que catholiques, nous voudrions être pour quelque chose dans ce mouvement en avant pour le travail.

Comment réunissez-vous vos adhérentes ?

En principe, si puissantes étaient nos convictions, que nous n'eûmes pas besoin de palais pour abriter d'aussi nobles idées. Elles avaient pour elles la voûte des cieux. Et nous appartenons à une école où il est d'usage d'admettre, commé un abri pour les berceaux, une humble crèche; nous étions décidées à nous unir dans un grenier, dans une mansarde, n'importe où. Une modeste demeure fut notre premier local. Nous nous aperçûmes alors que nous ne savions pas grand'chose, mais il nous fallait un enseignement spécial très net, très ferme, très pratique. L'enseignement syndical reconnu et approuvé par un des paragraphes de la loi sur les syndicats était tout indiqué, puisque cette loi nous dégageait de l'étreinte par trop théorique et pédagogique de Sa Majesté l'Université.

Nous avons donc créé trois syndicats, savoir : des employées de commerce, des ouvrières de l'aiguille lyonnaise, des ouvrières de la soie.

Leur fonctionnement depuis sept ans va toujours en s'affermissant et en grandissant.

L'Enseignement Syndical et le rapprochement des classes.

Les syndicats, pour être forts, devraient se préoccuper sérieusement de compléter l'éducation de leurs adhérents. En agissant ainsi, une certaine sûreté de vue s'établit pour l'emploi des moyens, en raison du but à atteindre. Du reste, en faisant œuvre d'éducation on fait œuvre de rapprochement des classes.

De plus, une telle manière de procéder a une remarquable portée économique.

Par son initiative, par sa façon d'être, l'enseignement syndical emprunte aux races anglo-saxonnes le côté éminemment pratique qui les rend si fortes (je suis trop française pour dire « supérieures » à nous) dans les questions de travail. Enfin, le travail étant une des lois suprêmes de l'humanité, quelle répercussion peut avoir, dans cette matière, l'initiative corporative, à base de travail, par conséquent !

Je viens de dire que l'éducation syndicale doit faire également une œuvre de rapprochement des classes. A ce propos, j'appelle l'attention du lecteur sur les quelques passages ci-dessous qui lui feront connaître sommairement dans quels termes fut formulé notre premier appel lyonnais au dévouement des jeunes filles des classes élevées et aisées en faveur des jeunes filles des classes laborieuses :

« Si, comme nous en avons la ferme conviction, leur disait cet appel, vous appréciez l'utilité de cette institution et les services qu'elle est appelée à rendre, nous espérons que vous voudrez bien lui prêter votre concours, en la faisant connaître autour de vous. Elle se propose d'utiliser les immenses ressources d'énergie qui se trouvent dans le cœur des jeunes filles riches en les inclinant vers les jeunes filles pauvres. Et, grâce à ce rapprochement des âmes, au dévouement des unes, à la reconnaissance des autres, des filles de France seront heureuses de porter à leurs sœurs de la classe ouvrière, filles de France comme elles, lumière, amour, dévouement et services, A l'exemple de Jeanne d'Arc, la grande Française, dont elles sont les héritières, elles sauront aller en avant « avec bon courage,» en observant la tâche indiquée par le programme de l'union. Cet appel est jeté par notre Comité à toutes bonnes volontés, si modestes qu'elles soient ; car nous n'oublions pas que c'est la grandeur du cœur et non la puissance de l'or qui donne naissance aux élans généreux, aux fortes vertus, seules capables de faire des prodiges. Cette organisation est destinée par ses différentes sections à assurer la protection économique, intellectuelle et morale, en un mot, de la jeune fille du peuple. »

Par cette simple lecture, vous vous convaincrez que cette association était, en effet, destinée à mettre en rapports directs deux facteurs de rapprochement dans la question sociale, la femme riche et la femme pauvre, facteurs qui s'ignorent trop dès qu'ils ne se rencontrent plus sur le terrain de la charité proprement dite, alors qu'ils sont de première importance cependant dans les œuvres sociales de femmes, exigées par les besoins de notre société contemporaine.

En effet, chez nous, Lyonnaises, comme dans tous les syndicats, il nous fallait des dévouements gratuits, car nous n'avions aucun budget pour soutenir cet enseignement qui comprend, d'une part : l'écriture, la correspondance commerciale, la comptabilité, première, deuxième et troisième année, l'étude des langues appliquées au commerce, le dessin d'ornement pour les brodeuses et couturières, la sténographie, la dactylographie, le calcul commercial; la géographie industrielle, la couture, le raccommodage, etc., etc... et, d'autre part, les arts d'agrément. Oui, l'art ! il peut être, il doit être populaire. Non seulement il adoucit, il élève, il embellit l'existence, mais il facilite l'exécution de nombreux travaux. Il ne faut pas qu'il soit le monopole de quelques privilégiés, mais, dans la mesure du possible et sans déclasser la jeune fille du peuple, il importe de s'en servir comme un moyen d'élévation morale et de le lui faire aimer. Du reste, notre grand Ozanam a dit : « L'art est dans le peuple comme le grain dans le sillon : il faut le faire germer. » Eh bien ! nous le faisons germer : nous avons des cours de dessin tout aussi bien que des cours de chant, de solfège, de mandoline, etc...

Tous ces cours, sauf les cours manuels, ont lieu le dimanche. Jusqu'à présent les locaux nous ont été offerts gratuitement ou à peu près. Le fonctionnement les a répartis dans différents quartiers de la ville, moyennant 1 franc d'inscription par cours et par an. En 1904-1905, 850 jeunes filles adultes de 13 à 25 ans ont répondu à notre appel, avec le concours de 120 professeurs, sous la conduite de plusieurs directrices. Nous marchons un peu énergiquement, car nous avons emprunté à l'organisation militaire quelque chose de sa virilité, afin de mieux nous encadrer. Enfin nous avons rencontré dans la classe supérieure des dévouements à outrance, des âmes d'élite, des intelligences superbes, qui sont venues à nous le sourire sur les lèvres, le cœur largement ouvert. Nous les aimons en sœurs, elles nous le rendent avec usure. Dans le corps professoral se coudoient la simple couturière et les filles de patrons, la comptable, professeur de comptabilité, et la virtuose, professeur de chant, mademoiselle de X..., possédant plusieurs quartiers de noblesse, et la petite plébéienne au cœur haut. Jamais un mot, un froissement. Une grande idée nous anime, nous conduit. Toutes, nous ne voyons qu'elle. Et des susceptibilités de castes ou de femmes, nous en faisons litière. Il n'y a qu'une hiérarchie reconnue chez nous : celle du dévouement.

Le gros du travail est pour le Secrétariat général, c'est vers lui que convergent les feuilles de présence, les résultats des concours, les ordres du jour, les budgets des différents groupes, la caisse centrale des Syndicats, la Société de Secours Mutuels.

Donc, à la base, on atteint déjà dans nos syndicats de femmes un double but : l'enseignement professionnel, préparant le syndicat et, par l'association spontanée entre élèves et professeurs, le rapprochement des classes. Nous nous sommes parfaitement rendu compte qu'avant de nous organiser, il fallait nous instruire, et que nous remplissions, comme femmes, une mission de paix, en luttant par l'exemple que nous donnions contre l'horrible guerre des classes, vers laquelle les syndicats d'hommes se laissent si facilement entraîner.

Bulletin, Bibliothèque, Conseils.

Notre enseignement professionnel syndical devient donc le « bureau de recrutement » pour nos syndicats. Comme cela nous procédons dans le peuple par l'élite ; nous connaissons notre monde, et pour nos Chambres Syndicales c'est un puissant appoint. Mais il n'est pas le seul.

Outre nos conférences, toujours faites à des femmes par d'autres femmes, nous avons, notre bulletin de travail : *Le travail de la Femme et de la Jeune Fille*. Tout cela se répand, dans le peuple, doucement : nous procédons un peu par « infiltration » puisque nous n'avons pas de ressources et que nous ne voulons pas aller trop vite.

La lecture du bulletin nous a amené de nombreuses syndiquées, car nous ne dévions pas de notre programme : associer dans une collaboration active l'intelligence qui conçoit, le dévouement qui réalise. Il s'adresse à tous : à l'homme qui, jeté dans l'âpre mêlée des intérêts publics, est capable, par ce fait, de conseils spéciaux au point de vue économique ; à l'humble femme qui, ne trouvant au dehors ni aide, ni appui, vient au sein de notre association chercher conseils, assistance, direction. Notre ambition est de créer ou de développer ces institutions dont ni l'utilité, ni les bienfaits ne sont aujourd'hui contestés par personne : syndicats, mutualités, enseignement professionnel, enseignement ménager.

Notre bulletin est cédé aux organisations ouvrières avec baisse de prix.

Ainsi nos syndicats découpent dans le peuple des

tranches variées, permettant de grouper ensemble, les personnes du même métier, ayant des intérêts communs à défendre ; les nôtres s'appellent : Syndicat des Dames employées de commerce ; Syndicat des Ouvrières de l'aiguille lyonnaise et de l'habillement, professions similaires ; Syndicat de la soie. Nous préférons aller doucement afin qu'un esprit étranger ne se glisse pas dans notre fédération.

Nous avons créé notre société de secours mutuels ; nous nous occupons de l'organisation d'un bureau technique pour l'étude des nouveaux procédés de travail (soit à la machine, soit à la main) pouvant être utilisés par des femmes.

Notre bibliothèque syndicale est constituée également. Il nous en fallait une, car les lectures saines sont si utiles pour les jeunes filles.

Enfin nous avons encore une grande chose : le dévouement d'hommes de cœur qui ne regardent ni à leur temps, ni à leurs peines pour nous former un Comité consultatif, nous laissant la liberté de tous nos mouvements, mais ayant ce coup d'œil sûr, cette perspicacité, cette connaissance des hommes, des lois et des choses que rien ne remplace. Ce Comité fonctionne à Lyon et à Paris. Aussi notre reconnaissance lui est acquise.

Au sujet de notre budget des doutes pourraient s'élever dans votre esprit. Peut-être vous dites-vous, vous qui êtes habitués à jongler avec les millions : « Ces femmes doivent disposer de sommes énormes ». Il n'en est rien. Nos ressources sont plus que modestes. Mais j'estime que les syndicats doivent équilibrer leurs recettes et leurs dépenses.

C'est là le point délicat, mais avec beaucoup d'ordre, beaucoup d'économie on y arrive.

Conclusion.

Et grâce à cette union, et à l'administration, notre organisation syndicale lyonnaise fait son chemin tout en vivant au jour le jour, il est vrai, mais comptant invinciblement sur la Providence qui dit aux petits grains de blé : « Croissez et multipliez. »

Sans doute, le peu que nous avons fait ne s'est pas accompli sans difficulté. La veille, parfois, tout semblait perdu, le lendemain, au contraire, tout s'épanouissait. Après tout, hommes et choses doivent supporter les vicissitudes, les fluctuations humaines. Je ne m'attarderai donc pas à ce récit, tous ceux qui font quelque chose de sérieux et de collectif le connaissent d'expérience. L'essentiel c'est de prendre un parti et d'aller toujours et quand même vers sa destinée, se disant que, pour les organisations comme pour les individus, les obstacles sont un exercice salutaire en faveur du développement de l'énergie et de l'initiative, qu'en somme le succès n'est dû à personne, et que toute créature, pour arriver à sa fin doit pratiquer l'effort. Mais il est des terrains plus ou moins propices au genre de culture qui nous intéresse, et je dois reconnaître que le sol lyonnais est particulièrement fécond dans ce sens. Espérons donc que de nombreuses associations de travail entre femmes feront pousser sur notre terre de France des moissons superbes ; trop heureuses si notre organisation lyonnaise offrait à nos sœurs, les travailleuses, et à nos lecteurs de bonnes semences pour l'expansion et le développement d'un vaste groupement d'union pratique entre femmes, par les syndicats indépendants.

Comtesse de DIESBACH.

L'Enseignement ménager

Taudis et maisonnée.

— Bonjour, Marguerite ; on me dit votre petite plus malade ; je viens la voir. Comment va-t-elle, ce matin ?

— Tout à la douce, Madame la Comtesse, elle en a fait un train, ces jours-ci ! Elle ne crie plus aujourd'hui. Tant plus qu'on lui fait, tant moins que ça va.

— Qui sait ? peut-être ne lui faites-vous pas ce qu'il faudrait, ma bonne Marguerite ; conduisez-moi donc près d'elle.

Ce dialogue avait lieu un jour de mai, devant la grille d'un jardinet à moitié inculte, qu'une jeune femme venait d'ouvrir. Elle paraissait avoir vingt-cinq ans, et aurait été jolie si les traces d'une évidente malpropreté n'avaient brouillé les lignes de son visage. D'épais cheveux blonds s'échappaient en désordre d'un mouchoir blanc à fleurs rouges, noué sous le menton ; une jupe très courte, de couleur indécise, faisait suite à un corsage rose décousu sous le bras et mal ajusté. Une certaine aisance semblait régner autour d'elle ; pourtant il y manquait ce quelque chose d'indéfinissable qui réjouit la vue et dénote la douceur de vivre.

La maison qu'elle habitait s'étalait au soleil, coquette de blancheur, au fond d'une petite allée carrelée en briques qui traversait le jardin. Ses volets, peints en vert, mettaient une note gaie dans le paysage ; mais le balai de chiendent couché sur un tonneau vide appuyé près de la porte d'entrée, les assiettes ébréchées, éparses sur le sol, qu'un épagneul léchait, les poules qui picoraient dans un chaudron de fonte où des pommes de terre à demi épluchées trempaient dans une eau sale, les loques étendues sur un fil de fer le long de l'allée, donnaient au tableau un aspect miséreux et décevant.

La même impression, rendue plus désagréable encore par l'absence de la lumière crue du dehors, attendait le visiteur dans l'intérieur de ce taudis, où les objets les plus disparates étaient entassés pêle-mêle. Ici, du linge empilé sur une chaise ; là, sur un fourneau, une paire de souliers ferrés pleins de boue. Sur une table, près d'une fenêtre aux rideaux défraîchis, une cruche de grès, un litre d'eau de vie, des verres à moitié vides, une miche de pain entamée, et près d'une assiette pleine de fromage, un inextricable fouillis de fil blanc et noir emmêlé, de lacets, d'aiguilles et de laine à tricoter. Les murs servaient aussi d'affiches à l'incurie de la maîtresse de cette maison : un fusil de chasse pendait entre des habits d'homme ; sous une image d'Epinal, aux couleurs vives, était accroché un essuie-mains de propreté douteuse ; enfin, près de la porte ouverte d'une chambre à coucher, s'agitait une peau de lapin, dépouille encore fraîche du fricot du dimanche.

Dans cette chambre, près d'un lit de noyer en désordre, reposait le petit être, objet de ma sollicitude. Comme tout le reste, son berceau était sale; il disparaissait sous un amas de chiffons qui avaient dû s'appeler au temps de leur fraîcheur première : draps et couvertures! C'était pitié d'observer l'empreinte de la souffrance sur cette figure d'enfant de dix mois. Ses petites mains maigres et crispées, son visage pâle, vieillot, creusé de rides précoces, ses yeux ternes et rougis par les larmes, sa physionomie réfléchie et grave, propre à l'enfance maladive, indiquaient, hélas ! que la vie s'en allait peut-être à défaut de bons soins !

Instinctivement je portai la main sur une écuelle pleine d'une sorte de colle faite de pain, de lait et de pommes de terre, placée près du berceau. Si telle est la nourriture de la pauvre petite, pensais-je, rien d'étonnant de la voir disparaître comme tant d'autres !

— Elle aime fin bien sa soupe, dit Marguerite, assez intelligente pour deviner ma pensée ; mais elle n'en a mie voulu hier soir.

— Je le crois sans peine ! De grâce, ne lui donnez pas autre chose que son biberon ; où est-il?

— Là, pour qu'il se tienne chaud, dit-elle, en écartant du doigt la couverture pour me le montrer couché près de l'enfant.

Je pris le biberon au bout duquel pendait un long tube de caoutchouc ; je l'examinai : il était à moitié rempli de lait qui paraissait caillé. J'ôtai le tube... horreur ! Une odeur aigrelette de punch frelaté en sortit !

— Qu'avez vous mis dans le lait? dis-je à Marguerite qui suivait mes mouvements de l'air le plus naturel du monde.

— Oh ! rien qu'une chetiote goutte pour lui donner du cœur, me répondit-elle.

— Malheureuse ! m'écriai-je rouge d'indignation, vous voulez donc tuer votre enfant? Vous ne savez donc pas que l'eau-de-vie est un poison pour ces petits êtres si délicats ? Vous entendez, Marguerite, non seulement pour les enfants, mais pour tout le monde !

Un sourire incrédule vint s'épanouir sur ses lèvres.

— C'est-y bien vrai, Madame la Comtesse, dit-elle sans s'émouvoir ? Pour sûr alors qu'Emile serait mort depuis longtemps.

Emile, c'était le mari.

— Eh bien ! dites-lui de ma part qu'il aille chercher le médecin sans tarder si vous voulez conserver l'existence à votre fille. Ne lui donnez, en attendant, que du lait bouilli mis dans ce biberon après l'avoir bien lavé à l'eau chaude. Surtout n'ajoutez rien dedans. Adieu, Marguerite. Et je quittai le taudis.

Je m'éloignai les larmes aux yeux, le cœur serré. Que lui aurais-je dit de plus ? L'heure n'était pas aux reproches et pour porter des fruits, je sentais qu'il fallait une base solide à mes explications. Cette jeune femme ignorait ses premiers devoirs. Mauvaise épouse et indigne mère, sans contrainte sur elle-même, sans réflexion, elle se laissait vivre au gré de son caprice. Gaspilleuse de son temps et du gain de son mari péniblement acquis, elle égrènerait les belles années de sa jeunesse jusqu'au jour, peut-être prochain, où la maladie et le chômage ouvriraient les portes à la misère. Que deviendrait-elle alors sans la conviction de ses obligations, sans affection dévouée pour les siens, sans *l'habitude* d'utiliser, au profit du bien, les détails vulgaires dont se compose la vie de famille?

Je l'avais connue jeune fille, bonne et honnête. Qui sait si le désordre volontaire dont je la voyais entourée ne l'entraînerait pas un jour sur la pente du vice?

Ces pensées se pressaient dans mon esprit le long du

trajet sur l'allée de briques. Le soleil était haut à l'horizon, et l'heure du dîner allait bientôt ramener le mari au logis. Tout y était repoussant, et personne ne semblait l'attendre. Le fourneau était éteint ; sans doute sa nourriture se composerait, au lieu d'une soupe chaude et réconfortante, du pain et du fromage aperçus sur la table ; il se servirait des mêmes verres sales, peut-être ajouterait-il à son maigre repas un œuf cru, un oignon, qu'il arroserait d'eau-de-vie : ce serait probablement tout ! Il était courageux, dur au travail et à lui-même, mais enfin ! les forces s'usent et il y a des pertes à réparer quotidiennement ! La rumeur publique disait qu'il stationnait longuement au cabaret depuis quelque temps. Fallait-il s'en étonner ?

— Quand la maison est triste, on va s'égayer ailleurs, disait Rousseau.

De l'enfant, ma pitié s'arrêtait sur la tête du père.

Il m'apparaissait douloureux de laisser un tel état de choses sans chercher à l'améliorer. Ne pourrait-on pas de ce vilain taudis faire une riante maisonnée? Après tout, Marguerite agissait comme elle voyait agir autour d'elle, elle n'était pas une exception ! Déjà, plus d'une fois, les plaintes de certains ménages d'ouvriers étaient arrivées jusqu'à moi. Le nombre d'intérieurs mal tenus et de femmes bavardant dans les rues pendant de longs instants, prouvait que beaucoup d'entre elles vivaient dans l'ignorance de la valeur et du bon emploi du temps.

Si tant d'enfants n'arrivaient pas à leur deuxième année ; si tant d'hommes se pressaient dans les cabarets ; si tant de jeunes gens se trouvaient fauchés par la tuberculose ou d'autres maladies de langueur ; qui sait si la principale cause de ces plaies sociales ne devait pas se trouver entre les mains des femmes, des mères de famille ?

Des années se passèrent après la visite chez Marguerite. D'autres occasions d'enquête creusèrent les sentiments de compassion qu'elle avait fait naître. Aussi ma joie fut grande au jour de la découverte des écoles ménagères belges. L'étude d'un rapport sur les œuvres de femmes en Belgique, demandé pour un de nos Congrès, fut la circonstance providentielle qui me fit rencontrer le moyen, cherché depuis si longtemps d'atteindre *d'une manière pratique* la classe ouvrière. Promouvoir l'amélioration morale, matérielle et économique de la famille était mon rêve ; je le voyais possible à réaliser après la lecture de ces lignes écrites au ministère de l'Industrie et du Commerce belge :

« L'Enseignement de l'Economie domestique et des travaux du ménage doit non seulement habituer les jeunes filles au travail manuel, mais développer en même temps en elles les qualités *morales* de la femme et celles de la *bonne ménagère.* »

La réunion des connaissances que je souhaitais à la jeune fille était complète. Le taudis se transformerait en maisonnée !

Elle apprendrait donc à faire proprement et économiquement aux siens un bon repas, servi en temps voulu, avec un visage gai, aimable, sans se mettre en colère aux heures difficiles, sans tyranniser sa famille. Elle saurait tirer des choses le meilleur parti et économiser l'argent péniblement gagné ; éviter les maladies, grâce à la connaissance de précautions hygiéniques que tout le monde devrait connaître ; et au besoin les soigner à temps, excellent moyen de les empêcher souvent de dépasser les bornes d'une indisposition ; elle saurait la manière d'élever les enfants. Il n'y aurait donc plus à craindre de voir se renouveler l'ignorance de Marguerite ; sous son gouvernement, on ne verrait plus inculte le moindre coin de terre mis à sa disposition ! Elle serait honnête, laborieuse et de bonne humeur ; sa tenue, son langage, attireraient à elle, et seraient autant de causes de moralisation. La base solide que je sentais nécessaire aux explications à donner, je la trouvai dans cet enseignement lui-même, dans le programme, dans la méthode, dans l'habitude de former la jeune fille *sans manuel*, par des observations prises sur le vif qui indiqueraient le pourquoi explicatif de chaque chose. L'appel fait à son intelligence répondait à une autre préoccupation de ma part : désormais la place laissée libre aux idées malsaines serait prise par la connaissance du devoir rendu attrayant. On aurait des femmes sérieuses, de vraies mères de famille.

C'était bien l'œuvre attendue ! Mais comment la rendre française ? Comment la rendre assez universelle, assez populaire pour l'épanouir en dehors de quelques personnalités ?

Les bonnes volontés ne s'effraieraient-elles pas de la simple énumération de tant de qualités ? Ne jugeraient-elles pas téméraire de transporter tout à coup, sur le chemin de la perfection, des êtres enclins à suivre la route opposée ? Beaucoup d'entre elles ne prétexteraient-elles pas que la femme française n'a pas les qualités requises pour devenir bonne ménagère ? Pourtant il était indispensable de les gagner à ma cause par des marques indiscutables pour m'assurer leur concours.

On s'expose à commettre des erreurs si l'on parle d'une Œuvre dont on a négligé d'étudier toutes les faces ; et lorsqu'il s'agit de l'établir pour en assurer le succès, il est prudent de la connaître d'abord par la pratique.

Avant donc d'être sérieuse propagandiste, il fallut se faire maîtresse, s'initier aux moindres détails pratiques ou théoriques de l'organisation, suivre des cours, se soumettre à toutes les épreuves exigées des maîtresses éducatrices du peuple en Belgique, acquérir un diplôme qui soit une sanction, et devienne un appui pour les initiatives de l'avenir.

La foi, nous est-il dit, transporte les montagnes. Il est doux d'en faire l'expérience !

J'ai cru dans la bonté de l'Enseignement ménager, *rationnellement* établi en France, par ses résultats déjà acquis à l'étranger. J'ai cru à la confiance des volontés généreuses lorsqu'elles auraient compris la valeur sociale de cette Œuvre. J'ai cru à l'entraînement des familles vers elle, par le moyen d'un dévouement attaché à la défense de leurs intérêts, sans souci d'autre récompense que de faire le bien parce qu'il est bien et bon.

Cela dit, le lecteur comprendra mieux l'opportunité des remarques qui suivent.

Sa raison d'être.

Dans un livre profondément suggestif où M. Jules Méline nous montre la nécessité de « revenir à la terre (1) » et à son travail laborieux, nous trouvons le passage suivant :

« Nous vivons dans un temps où chacun cherche avant tout, même avant le bien-être, la sécurité, la tranquillité d'esprit ; ce sentiment s'accentue d'autant plus que la

---

(1) *Le retour à la terre*, par M. Jules Méline.

lutte pour la vie est devenue plus âpre, plus pénible, plus livrée aux hasards et à l'incertitude du lendemain. »

Ces lignes sont une véritable introduction à l'Enseignement ménager.

La recherche du bien-être, rendue plus facile par les moyens de locomotion dont nous disposons à notre époque, est entrée dans nos mœurs à tous les degrés de l'échelle sociale, et nous cherchons à pallier les tristes effets de l'état fiévreux dans lequel nous consentons, à vivre, en introduisant, dans notre existence, des adoucissements ignorés de nos grands-parents. Mais il n'est pas aussi pleinement en notre pouvoir de réaliser le rêve suprême qui met le cœur au large et l'esprit au repos. Nos efforts tendent à l'atteindre, il est vrai. Toutefois la diversité des moyens d'action que nous employons à cet usage, prouve assez l'existence d'obstacles sur le chemin, et peut-être toucherions-nous plus vite le but désiré si, avant de céder à nous mettre à sa poursuite, nous examinions le terrain sur lequel il faut d'abord mettre le pied pour le rencontrer.

Il y a, dans toute existence humaine, un petit coin qui sert à l'homme de refuge, que sa pensée habite, que son imagination peuple de désirs, et souvent aussi de rêves chimériques : c'est le foyer ! Le monde entier est, pour lui, concentré dans sa demeure ; il y renferme ses joies, ses affections, ses plus chers espoirs ; il y rencontre la paix ou la guerre, le repos ou la lutte, l'amour ou la haine, car il n'y vit pas seul.

Dans un temps qui s'efforce de désagréger la famille et de pousser hors de sa maison celle qui a la mission d'en être la base, il était utile d'établir une œuvre dont le programme se trouve renfermé en deux mots : *l'Étude du Foyer*. L'Enseignement ménager ne connaît pas d'autre mobile. Mais deux pensées, différentes l'une de l'autre, se dégagent de la conception de son application : la première, collective, embrasse l'étude des êtres et des choses qui remplissent le foyer domestique destiné à devenir le nid de la famille ; la seconde, individualisée, s'arrête sur la tête et le cœur de la femme dont l'intelligence et l'amour auront le devoir de l'éclairer.

Quelle que soit l'indépendance de ses tendances, de son caractère ou de sa situation, la femme a toujours, par le fréquent rappel des circonstances, l'occasion de se souvenir qu'elle est d'abord faite pour donner. Elle ne peut écarter cette pensée de son esprit sans volonté consciente ; et si la part de l'homme, dans la lutte pour la vie, est grande, celle de la femme est encore peut-être plus pénible à supporter quand, à la charge de sa personnalité, vient s'ajouter son rôle d'auxiliaire. Destinée, par création, non pas à établir son existence sur le modèle de celle de l'homme, mais à devenir sa compagne, elle apporte la joie ou la peine au foyer domestique, selon la connaissance qu'elle a de sa mission. Dans son cœur se trouve le baume qui adoucit, le charme qui soutient, la perspicacité qui fait découvrir les détails au delà des grandes lignes. Mais elle n'a pas reçu tant de qualités charmantes pour elle seule. Dieu voulait compléter, en elle, la création de celui qu'il instituait son chef pour faire des deux un ensemble parfait. La formation de la famille est son œuvre capitale. Marquer une place spéciale à chacun, fixer les devoirs à remplir par les différents membres de cette institution divine et humaine à la fois, ce n'était pas seulement un droit pour Dieu, son créateur, c'était aussi établir la vitalité de la famille en y faisant régner l'harmonie. Par ses conditions purement extérieures, la famille reste dans le domaine des choses qui passent ; elle demeure exposée aux erreurs, et risque de perdre en tout ou en partie ses forces, lorsqu'elle se laisse imposer par les passions humaines des lois ou des coutumes. Par sa racine, elle plonge dans l'immuabilité de l'Eternel. Les siècles peuvent s'égrener dans le temps ; les traditions familiales, unies par les liens du sang et cimentées par l'amour, sont des choses qui ne passent pas. Antiques comme le monde, elles demeurent toujours fraîches, toujours jeunes, toujours remplies de cette même saveur vivifiante qui fait l'homme et qui augmente d'autant plus sa virilité qu'il aura été plus profondément pénétré par elles.

Les intérêts matériels de la famille seront un jour en partie confiés à la femme qui l'élèvera. Elle aura à répondre par une sage prudence de l'administration des revenus du chef de la maison, peut-être acquis au prix de durs labeurs. Les relations avec les personnes du dehors, soin si important pour l'honneur de la famille entière, reposeront en grande partie sur elle. Comment, alors, sans danger pour le succès de son œuvre, pourra-t-elle ignorer ses droits et ses devoirs vis-à-vis de tous et vis-à-vis d'elle-même ? Si elle ne sait pas ce que la loi divine défend ou commande, comment comprendra-t-elle son mandat dans la vie, comment pourra-t-elle le remplir ?

L'enseignement ménager est l'étude approfondie de cette grave question ; il ne suppose pas seulement la connaissance des principes ; il en exige encore l'application exacte dans la pratique. Il veut que la femme révèle à la maison qu'elle habite, une âme grande, forte, élevée ; qu'elle imprime à tout ce qu'elle touche son cachet personnel, depuis l'arrangement des meubles dans sa chambre, le salon, la table ou la cuisine, jusqu'à la fleur qu'elle cultivera et cueillera. Sa demeure sera ce que son idéal et sa vie la feront. Rien ne parle autant de l'intime de nous-mêmes que ce point de ralliement où tous les chemins nous ramènent et qui s'appelle : le toit familial. Nous avons besoin de nous créer un monde qui nous ressemble, qui nous aide à affirmer ce que nous sommes et à rester fidèles à nous-mêmes. Le résumé de ce monde, c'est l'endroit que nous habitons. Le salon élégant de la femme mondaine, la chambre de la couturière ou la mansarde de la pauvre ouvrière porteront toujours l'empreinte de celle qui en aura fait sa demeure. L'esprit des lieux se respire, se sent, s'impose de mille façons. Si la maîtresse de maison ne met pas la physionomie de son goût et l'allure de sa volonté dans celui qu'elle habite, elle ne sait pas cultiver son art ! Sa mission est de se consacrer à lui avec une patiente énergie. Elle doit demander à sa vertu d'être le principal ornement de la maison, où elle mettra partout le sourire de sa bonté et la chaleur de son cœur. Ainsi s'exhalera d'elle une sorte de parfum, une puissance de pensée qui gagnera son entourage, parce que son *art* c'est sa vie propre, intime, la vie de sa vertu, le secret de sa force et le principe de toutes ses grandeurs futures.

Mais pour répondre à sa mission, la femme doit remonter à plusieurs sources. Elle doit trouver les éléments de la grande étude destinée à lui faire connaître son métier d'épouse et de mère. C'est, hélas ! pour avoir trop longtemps négligé de poser, à la base de notre éducation féminine, les vrais principes *formateurs* de nos aïeules que nous assistons à l'amoindrissement de plus en plus grave de *l'esprit de famille*, et que nous le voyons trop souvent remplacé par cet esprit égoïste et étroit qui déclare dépourvu d'intelligence quiconque ne possède pas ses goûts et ses idées.

Comment s'étonner si l'esprit du monde se ressent à son tour de l'affaiblissement du lien de famille ?

Quand l'esprit de cohésion se relâche et disparaît d'une famille, petite cellule de la grande société, du même coup le lien social, qui unit entre eux chaque membre de la famille humaine, subit forcément à son tour un contre-coup fâcheux. C'est ainsi que la négligence de nos devoirs de famille engendre la plupart de nos misères publiques. Grande est la responsabilité de la femme dans cet amoindrissement des liens puissants qui unissent les membres d'un même foyer !

« Veut-on savoir, disait Henri Pereyre, ce qui fait une nation? C'est le cœur des femmes, c'est le cœur des mères, des sœurs, des fiancées. Donnez à un peuple de fortes et courageuses mères, et l'on répond de ce peuple. »

Dès qu'un problème social attend, pour trouver sa solution, une impulsion partie du foyer, il appartient à la femme, comme premier devoir, de la donner elle-même. Ce sont les vertus et les joies du foyer qui font naître l'esprit de famille. Celui-ci puise son principal élément vital dans le cœur, dans l'intelligence, dans la volonté de celle qui en est l'âme, et surtout dans la manière dont elle comprendra l'éducation des enfants confiés à sa charge. Assurément, les occupations qui appartiennent aux fonctions de la femme *nourrice* sont indispensables à connaître de nos futures mères, mais le côté moral de leur métier restera-t-il dans l'ombre ? et le plus intéressant de tous, le côté psychologique, ne sera-t-il pas étudié avec bien plus de soin encore, puisque le rôle de la femme, dans sa mission, consiste autant à élever les âmes de ses enfants et à les préparer à la lutte pour la vie, qu'à veiller au parfait développement de leur corps? Ah! la vie! C'est cette grande école que la mère doit avoir devant les yeux dès que le petit être, si chèrement attendu, prend possession de son berceau.

Former cette jeune créature au combat de l'existence dès l'époque du biberon donné avec une régularité insensible aux pleurs et aux cris; élaguer, au cours des années, les branches folles de cette plante intéressante qui s'appelle l'enfant, pour concentrer toute la sève dans un tronc élancé, vigoureux, capable de résister plus tard au vent des passions; fuir la conception individualiste de l'éducation qui consiste à faire de l'adolescent un être passif, défiant de la vie; lui inspirer le goût de *l'acte personnel ;* développer son initiative en l'instruisant simultanément des dangers de la route, réduire son éducation morale à quelques principes *fondamentaux* en faisant naître en lui la certitude qu'il ne saurait s'en écarter sans danger : voilà le cadre d'une éducation vraie, capable de former un caractère, et digne de la mère préoccupée de remplir le double devoir social de sauver son enfant, et, par lui, de sauver sa race.

Il n'est pas habituel à la pensée de l'enseignement ménager, dira-t-on, de contempler d'aussi vastes horizons. Le ménage, après tout, n'est qu'une sorte de train de maison; il suffit d'en parler à nos filles pour les amuser et leur faire faire la dînette. C'est une erreur grave! Qui pourrait contester qu'un train de maison, même des plus modestes, ne soit dirigé par un *esprit* quelconque, et qu'il ne faille *penser*, d'abord, pour entretenir l'existence d'un certain nombre de personnes? De même que toutes les pierres agglomérées dans la construction d'une maison sont si étroitement liées l'une à l'autre qu'en enlever une, ce serait compromettre la solidité de l'édifice, de même aussi, aborder les questions matérielles, si nombreuses au foyer domestique, sans toucher aux questions morales dont les premières ne sont en réalité que l'achèvement, c'est compromettre l'action qui demeure imparfaite sans le concours de l'intelligence. Un enchaînement admirable de logique suit la pensée de l'enseignement ménager. Ce n'est pas une révolution dans leur mode d'action qu'il propose aux femmes, mais une évolution, de nature à combler certaines lacunes d'éducation moderne, résultats des mœurs actuelles.

Son mode d'action.

Faire connaître à la jeune fille ses futurs devoirs d'épouse et de mère est le premier échelon gravi dans le programme ; le second, plus difficile à monter, l'amène à se familiariser avec le travail manuel dont on a perdu de vue l'obligation morale, dont on ne soupçonne même pas la valeur hygiénique.

A une époque où tout ce qui gêne est impitoyablement refoulé, il faut une certaine hardiesse pour chercher à arrêter le mouvement qui pousse la femme de toutes les classes vers l'unique jouissance ; et, faire admettre que la loi du travail doit avoir sa part effective dans l'existence de toutes les femmes, serait impossible à obtenir si l'enseignement ménager ne frappait d'abord à la porte de l'intelligence. Il la saisit quand elle est encore sous l'influence de l'habitude du raisonnement, acquise dans l'instruction primaire, vers l'âge de treize ou quatorze ans. Il amène alors la jeune fille à la vérité des choses; de déduction en déduction par la réflexion, elle peut comprendre un programme d'existence, avant l'heure fatale où les circonstances la jettent dans la mêlée de la vie. Mettre sans cesse une pensée à la base de l'acte le plus simple, c'est assouplir la jeune fille, jeter une note grave dans son esprit et dans son cœur qui l'aide à ne plus repousser les côtés sérieux de la vie de famille. Notre enseignement n'atteint ses facultés que peu à peu et graduellement, en allant du facile au difficile, du simple au composé; ce qui explique non seulement la nécessité d'un programme, mais la formation spéciale de maîtresses capables de l'appliquer. On frappe de nullité l'instruction ménagère par l'absence d'influence morale. Quand on la confie à de simples professionnels, l'école ménagère ne devient plus, au contact d'esprits sans culture, qu'un atelier où la jeune fille apprend, non sa mission, mais un métier capable comme les autres, et peut-être encore davantage, de lui inspirer la lassitude et le dégoût.

La formation des maîtresses est donc le point capital de l'Œuvre. L'école ménagère sera ce que la directrice la fera. Son rôle de mère de famille, transformée en professeur, est trop propice à faire naître l'abus pour ne pas exiger d'elle une douce fermeté. La difficile mission de développer l'initiative personnelle de ses élèves par tous les moyens intuitifs dont elle dispose, l'oblige à des connaissances pédagogiques sérieuses; et son instruction doit être assez approfondie pour lui permettre d'organiser plusieurs *intéressantes* leçons sur un *même* sujet. C'est, par l'intermédiaire d'un cours normal, spécialement continué pour sa formation, que la maîtresse obtient les ressources intellectuelles nécessaires à sa tâche. Sa durée relativement courte, puisqu'il est terminé en six semaines, fait l'objet de l'étonnement d'un grand nombre. Comment, dit-on, est-il possible de former une maîtresse en six semaines ? Ce n'est pas sa formation que l'élève-maîtresse trouve dans le travail assidu qui la poursuit pendant cette période : ce sont les moyens de l'obtenir et cela suffit. Il est même indispensable qu'elle n'y rencontre pas autre chose que le cadre dans lequel se développeront ses facultés, lorsqu'elle sera maîtresse de son action. Le premier soin de l'enseignement ménager est de se plier aux exigences de lieux, de situations et de natures. Notre caractère français, propre à saisir promptement, et remarquable par sa facilité d'adaptation, s'arrangerait mal de longues études sur une question nouvelle non encore touchée par la routine. Que la nécessité des études ménagères entre d'abord dans nos mœurs, c'est le premier point à établir ; et pour l'atteindre il faut attirer l'attention par les faits eux-mêmes, sur le côté social de l'œuvre qui ne peut laisser insensible notre générosité nationale. La nature des sujets, heureux de venir à nous pour se dévouer aux écoles ménagères, ne varie pas dans le fond ; et l'expérience a permis d'acquérir la conviction que le plus sage était de les mener promptement d'étude en étude, sans leur laisser le temps de s'endormir sur des phrases de manuel. Chargées de faire de leurs élèves des petites femmes, avant l'âge, elles doivent commencer d'abord par porter à l'apogée de sa force leur initiative propre. C'est l'effort individuel qu'on leur demande sans le secours constant de l'appui des maîtresses, nécessaire au début des cours, il est vrai, mais attentif à s'éloigner d'elles progressivement. Il demeure dans leur horizon, comme surveillant, et les suit après le cours. Elles retrouvent ses conseils dans la revue périodique (1) qui leur porte des compositions mensuelles, à faire chaque quinzaine, sur un des sujets du cours ; et même, après les examens, quand la sanction d'un jury sérieux (2) les a encouragées par la remise d'un diplôme, l'appui du cours normal leur demeure encore acquis. Quand elles sont attentives à utiliser, à leur profit, les moyens remis alors entre leurs mains, la formation tant souhaitée arrive lentement, non pas après plusieurs mois d'étude et de travail, mais après *plusieurs années*. Les idées d'ordre et de précision acquises par une pratique longue et persévérante, pénètrent peu à peu jusqu'aux dernières profondeurs de l'intime, transforment les pensées et le jugement, impriment un caractère méthodique à leurs actes et enveloppent leur existence tout entière, en dehors même de toute occupation ménagère.

Ce sont elles qui bénéficient de l'ampleur des connaissances exigées dans la pratique de l'enseignement ménager.

Dans une mesure plus restreinte, après le cours normal, *les cours privés destinés aux jeunes filles du monde* les aident à profiter du programme. Une double raison individuelle et sociale rendait leur établissement nécessaire. Pour éviter les surprises de la vie, la jeunesse a tout

---

(1) *L'Enseignement ménager*, revue mensuelle, aux bureaux de la Revue, 11, avenue de Breteuil, Paris.

(2) Le jury qui a bien voulu assurer son concours à l'Œuvre de l'Enseignement ménager est composé de 7 membres : 1 président-médecin, 1 professeur de pédagogie, 1 professeur d'horticulture et 3 inspectrices qui examinent le travail manuel et les questions ménagères.

avantage, après avoir étudié l'histoire des autres, pendant les années de son instruction, de regarder sa propre his. toire, et de s'étudier elle-même dans l'intime de l'être. Il n'est pas de plus sûr moyen de fuir les faux pas que de se connaître et de prendre l'habitude de la réflexion. L'examen fait de nos propres défauts et qualités a, de plus, l'avantage de nous mettre sur le chemin de la paix dont le repos moral est le signe véritable. La connaissance de ce qui nous manque est moins pénible quand elle s'acquiert par l'examen, avant d'en avoir souffert par l'expérience. Aux jeunes filles du monde surtout, le souvenir du résultat effectif de la loi du travail doit être rappelé. C'est la liberté morale, sa récompense, que nous voudrions voir régner dans ces jeunes têtes de dix-huit ans, au lieu de les voir se courber sous le joug de coutumes malsaines où trop souvent le cœur perd sa fraîcheur, l'âme sa foi, et le corps ses forces. Pour un trop grand nombre d'entre elles, le temps, cette non-valeur des classes aisées, s'égrène sur le terrain de la frivolité où le culte du moi est seul reconnu. L'enseignement ménager leur demande de lui réserver trois heures par semaine pendant une partie de l'année scolaire. Il n'en faut pas davantage pour réveiller chez elles l'instinct du foyer caché au fond de toute âme féminine, pour leur faire reconnaître que tout travail, même le plus vil est infiniment honorable quand le but l'est aussi, et pour leur faire acquérir la certitude que l'exemple du travail manuel, donné à l'ouvrière, est un moyen sûr de regagner sa sympathie et de rétablir son influence trop négligée auprès d'elle. Il y a plus encore !

Les jeunes filles du monde profitent du programme pour elles-mêmes d'abord — ce n'est que justice, elles y ont droit comme les autres. Mais quand l'amour du bien a soufflé sur leur cœur, elles montent un degré de plus, elles ne veulent plus se contenter d'apprendre pour elles-mêmes, elles se font apôtres, elles veulent travailler au profit de leur entourage. Elles essaient leurs forces au patronage ou l'été au- village. Plus tard elles viennent au cours normal approfondir leurs connaissances et donner une base solide à leurs intentions généreuses. Ainsi ont déjà fait plusieurs d'entre elles, véritables piliers de l'Œuvre qu'elles répandent avec un admirable élan !

L'ignorance du meilleur moyen à employer pour lutter contre la vie, rend l'ouvrière particulièrement intéressante. C'est elle qui constitue le nombre. Aller à elle, c'est donner la main à la nation tout entière. Dans la pensée de l'Enseignement ménager, la jeune fille du peuple doit servir au relèvement moral de sa classe par les soins qu'elle apportera à l'amélioration de la vie matérielle au foyer domestique. Son programme n'entend pas l'aider assurément à connaître ce luxe de mauvais aloi qui pousse la jeune fille de la campagne vers la ville ou l'ouvrière des villes aux folles dépenses que ses moyens ne peuvent combler. C'est l'emploi judicieux et intelligent de ce qui appartient à chacune qu'il préconise ; c'est la volonté, assouvie par le devoir et non pas la réalisation d'un désir mauvais, qu'il propose comme terme de la meilleure joie. Chez elle également il cultive l'intelligence pour lui faire aimer le travail.

Le programme des leçons données à l'école ménagère suffira pour indiquer la variété des connaissances utiles qu'on cherche à lui inculquer. Je le trouve à la dixième page d'un petit recueil d'apparence modeste, fruit d'un long et persévérant· travail qui s'appelle :

Plan de direction des cours ménagers (1). A la suite du premier cours normal, ouvert en France, à Paris, le 15 juin 1902, 42, rue de Bourgogne, l'établissement de plusieurs écoles ménagères fut décidé. L'opportunité de donner à toutes une même orientation me semblait s'imposer, grâce à la formation trop récente des futures directrices, élèves de ce cours. Je pensai leur rendre service en entrant dans les moindres détails d'une école ménagère *parfaite*, et composai, à leur intention, ce plan soumis ensuite à l'approbation de l'Inspecteur général de l'Enseignement professionnel et ménager, en Belgique, M. Rambaut, dont la compétence en la matière est connue de tous ceux qui s'occupent d'enseignement ménager. Composé de trois parties, — le règlement, l'horaire, le programme, — il entre dans le détail des douze premières séances et se termine par le programme suivant, destiné à être affiché dans l'école afin de porter à la connaissance des parents les études faites par leurs enfants..

Programme à afficher à l'école.

Economie domestique. — Qualités d'une bonne ménagère. Conseils relatifs à l'achat des denrées, à leurs altérations et falsifications.

Alimentation. — Nécessité d'une bonne alimentation selon le régime alimentaire. — Conseils pratiques relatifs à l'alimentation. — Détails sur les substances alimentaires. — Description de l'appareil digestif et respiratoire de l'homme.

Hygiène. — Etudes sur l'air, l'eau, le chauffage et les

(1) En vente aux bureaux de la Revue, 11, avenue de Breteuil.

différents combustibles, l'éclairage au point de vue de l'hygiène. — L'habitation, ses conditions de salubrité. — Sur la propreté corporelle : bains, lotions, vêtements. — Notions générales sur les devoirs de la garde-malade ; soins à donner aux malades, enfants, vieillards ; symptômes des principales maladies à reconnaître.

Pharmacie domestique à établir.

Comptabilité domestique. — Institutions de prévoyance. — Etude du budget. — Comptes spéciaux d'une mère de famille.

Horticulture. — Etude du sol ; des principales opérations culturales. — Connaissances suffisantes pour savoir entretenir un jardin.

Travail manuel. — Préparations culinaires pour ménage d'ouvrier, avec prix de revient.

Exercices de blanchissage, repassage, couture, raccommodage.

Le lecteur, ignorant l'Œuvre de l'Enseignement ménager, admettra sans peine, à l'exposé de ce programme, que la question ménagère est complexe, et qu'elle entre dans un domaine dont les limites semblent indéfinies. Beaucoup trop de personnes s'enferment à tort dans un fourneau ; elle a son heure pour s'en occuper. Mais, de même que la bonne ménagère trouverait blâmable de dépenser son temps et ses forces au milieu de sa cuisine, en dehors du moment des repas, de même aussi la directrice d'école ménagère et ses élèves la quittent également pour passer à un autre sujet, quand les instants réservés pour cette question sont écoulés.

Le reproche fait au programme d'être trop théorique, trop scientifique ou même trop élevé pour la classe populaire tombe devant les faits réalisés. Il n'est pas une

directrice *intelligente* — cette condition est obligatoire !
— qui n'ait constaté, de la part de ses élèves, un redou-
blement d'ardeur au travail, et un plus grand désir de
bien faire quand elle a su vraiment les intéresser par ses
leçons. Leurs doigts marchent seuls quand ils sont guidés
par une intelligence éclairée et satisfaite. Volontiers ils
boudent quand la routine seule les fait agir.

Son existence.

Les œuvres ont, comme la vie humaine, des phases de
développement à traverser. Les mois du premier âge ne
ressemblent pas aux années de l'adolescence ; et la
période nécessaire au lancement d'une idée n'exige pas
les mêmes attentions que son époque de perfectionnement.

Dans un pays où l'on ne connaît pas le retard en matière
de dévouement, il n'est pas à craindre de voir une idée
généreuse étouffer par manque de lumière; plus ou
moins lentement, elle arrive à se faire connaître.

Toutefois, naître ne suffit pas pour vivre, et *créer* est
autre chose que *maintenir*. Il serait oiseux de s'illusionner à l'égard de l'Enseignement ménager et de s'imaginer
que cette œuvre sociale de premier ordre peut subsister
en vivotant, et doit participer au mode d'existence d'autres
œuvres, plus connues, où le nombre des élèves est de
rigueur. Certaines personnes reculent d'effroi à la vue
d'un groupe de 6 ou 8 élèves dans une école ménagère ;
à les en croire celle-ci ne peut exister sans le concours de
50 jeunes filles ! Elles ne s'expliquent pas davantage
l'intransigeance d'un programme déterminant leur âge,
et trouvent naturel de s'encombrer de gamines de 7 ans.

Pour les réjouir en faisant la dînette : parfaitement ! mais pour arriver à en faire des femmes sérieuses : jamais ! Exiger d'une enfant de 9 ans l'attention et le sérieux que l'on est en droit d'attendre d'elle, après ses 14 ans révolus, est aussi injuste que de prétendre obtenir d'une pauvre maîtresse entourée de 50 élèves le résultat acquis auprès de 10 enfants ! La surveillance est forcément défectueuse, les détails, si nécessaires à connaître pour la maîtresse, lui échappent et les élèves, trop nombreuses, passent à côté du but, parce que, plus facilement livrées à elles-mêmes, avant d'être prêtes à agir seules, elles travaillent sans réflexion, sans ordre, et sans méthode.

Il faut admettre, en principe, que l'Enseignement ménager est une œuvre dont l'entier développement ne peut être atteint avant une ou peut-être même plusieurs générations ! Elle fera son chemin comme la tache d'huile qui se répand sourdement et s'étend sans bruit. Ce serait l'empêcher de prendre racine que de chercher à la faire marcher vite. Si une sage lenteur est obligatoire pour l'acclimater, observer l'intégrité de son programme ne l'est pas moins. Au moment où beaucoup d'initiatives se préoccupent surtout de prendre la surface, le *vernis* de l'Œuvre, alors que la vogue cherche à s'en emparer, nous souhaitons qu'on le comprenne.

C'est dans le but d'offrir à toutes les bonnes volontés une orientation sûre que l'Association de l'Enseignement ménager a été décidée. La pensée de les grouper devait naître le jour où le développement des écoles ménagères à Paris ou en province rendrait la tâche trop lourde à une *unité*. Il n'est pas de meilleur moyen de rendre une œuvre solide que de la mettre à l'abri de la disparition de ses meilleurs soutiens ; et, du reste, le sentiment de l'éternel, si vivant dans l'intime de notre être humain, nous pousse sans cesse à établir des choses durables de nature à défier le temps.

L'Association, non seulement groupe les esprits sous un même drapeau, mais étend leur influence. Elle attire à elle, car on cède volontiers à l'attrait du nombre. L'Enseignement ménager est une œuvre qui devrait, avant tout, intéresser la famille française, puisqu'elle vise à la sauvegarde de ses prérogatives; l'union de ses membres, en faveur de la pensée du relèvement social qui constitue le but réel de l'école ménagère, aidera, nous voulons l'espérer, au rétablissement de l'esprit de famille, et à celui du respect dû au foyer domestique.

A toute association, il faut un siège social. Celui qui devait servir d'abri à l'Association de l'Enseignement ménager avait une double raison d'existence : il devait être également un centre, le point rayonnant où seraient représentées les différentes branches de l'Œuvre, où chacune pourrait non seulement exister, mais se perfectionner.

Le cours normal destiné à former les futures directrices doit être l'objet de la plus grande attention. Pour combler les lacunes d'éducation qui ont insensiblement amené la femme de notre époque à fausser sa mentalité, il y a certaines études qu'il est utile d'approfondir, certains détails inaperçus qu'il serait bon de signaler. La liberté d'action, de local, de temps est indispensable pour former nos élèves en dehors de toute crainte d'une organisation défectueuse, propre à les entraîner au découragement. Ce local existe aujourd'hui, 11, avenue de Breteuil, où l'air et la lumière se sont réunis pour en faire un des plus beaux quartiers de Paris. Là fonctionnent tous nos

cours, les uns à certains jours (1), les autres quotidiennement ou à époques déterminées, comme le cours normal.
Celui-là a été remanié avec soin ; des professeurs spéciaux
dans les branches du programme nous aident à obtenir
chez nos élèves la formation sérieuse, profonde que nous
rêvons ! La dernière semaine de leur séjour au cours est
employée à prendre part au fonctionnement d'une des
écoles ménagères qui ont été organisées d'après nos
conseils dans Paris. Ainsi les élèves-maîtresses ne retour-
neront chez elles qu'après avoir pris connaissance du rôle
de directrice par une expérience personnelle.

On comprendra notre désir d'être visitées à l'Institut de
l'avenue de Breteuil chaque fois qu'on voudra se rendre
un compte exact des effets, des résultats aussi bien des
exigences de l'Enseignement ménager. En cherchant à
l'acclimater en France, nous avons voulu, avant tout,
faire œuvre sérieuse, et nous nous sommes rendues
compte de l'impérieuse nécessité de creuser profondément
le sol d'abord pour asseoir sa fondation. Besogne pénible,
tâche ingrate, reconnue d'urgence par tous ceux que
l'effroyable bouleversement des idées et des mœurs
actuelles a émus, à peine entrevue des bonnes volontés
toujours pressées de réaliser leurs intentions, dédaignée
du public qui ne comprend que ce qu'il voit.

Les murs s'élèvent promptement quand les assises d'un
bâtiment commencent à sortir de terre. Ainsi en sera-t-il
pour notre œuvre, nous en avons la ferme confiance. Elle
entre cette année dans une nouvelle période d'existence ;

---

(1) Le cours des jeunes filles du monde a lieu le mardi, un premier groupe le matin, de 9 heures à midi, un second dans l'après-
midi, de 2 heures à 5 heures.

on la connaît, c'est beaucoup ; demain on l'appréciera. Mais, toujours, nous souhaiterons qu'on l'adopte sans indécision, et seulement après l'étude de ses avantages, de ses difficultés, et surtout de ses chances de succès et de ses différentes causes d'insuccès.

Comtesse DE DIESBACH.

Mme la Baronne BRINCART.

LES ENQUÊTES FÉMININES

I. — *Le rôle des enquêtes dans l'étude des questions sociales.* — « La proposition que pour faire quelque chose il faut d'abord l'apprendre, paraît évidente à tous ; elle est admise pour tous les genres d'activité ; nous en faisons le principe directeur de notre vie ; elle est pourtant immédiatement méconnue quand il s'agit d'*Assistance* (1). »

Celui qui parle ainsi, M. Münsterberg, est à la tête de l'Assistance publique à Berlin et participe, en même temps, comme administrateur, à plusieurs œuvres de bienfaisance privée. Il parle donc avec l'autorité que donne l'expérience personnelle et il faut savoir tenir compte de ses jugements, même lorsqu'il observe que « les défauts dont les hommes font preuve trop souvent, — spécialement un certain dilettantisme d'amateur, — se rencontrent à un degré encore plus élevé chez les femmes... » « Ce dont l'indigent a surtout besoin dans sa maison, ajoute-t-il, c'est qu'on lui enseigne à observer les règles de l'hygiène, de la salubrité, les soins à donner aux enfants, la tenue du ménage, la recherche du travail,

(1) *L'Assistance*, par Münsterberg ; traduite de l'allemand par R. Bompard. Masson et Cie, édit., 1902.

l'emploi judicieux du salaire, toutes choses dont la culture esthétique qu'on donne aux jeunes filles dans nos écoles dites supérieures, ne leur permet même pas de se douter. »

Ce que l'auteur dit ici des écoles allemandes peut, tout aussi bien, s'appliquer aux nôtres où, d'ailleurs, l'éducation ne fait qu'accentuer les prédispositions naturelles. A quoi bon s'illusionner sur soi-même ? Ne vaut-il pas mieux avoir le courage de considérer en face la réalité des choses ? Et n'est-ce pas déjà être à demi corrigé que de connaître ses défauts et de les déplorer ?

Avouons donc, avec bonne grâce, que les femmes sont fantaisistes, qu'elles manquent de discipline et de méthode, sinon de persévérance, dans l'effort. Il leur répugne de soumettre au raisonnement les impulsions de leur cœur. Elles craignent aussi que leur bonne action n'ait plus la même générosité, lorsqu'elles sauront à qui elles donnent et pourquoi elles donnent. C'est cependant la seule façon de rendre cette bonne action efficace.

D'ailleurs, les âmes scrupuleuses peuvent se rassurer ! Elles auront plus de mérite à étudier, avant d'agir, qu'à se laisser aller à leur premier élan. Il leur faudra d'abord pour cela se vaincre elles-mêmes et aussi la tournure particulière de leur esprit auquel répugnent la réglementation, la coordination des faits, la subordination à des lois générales. Puis, elles découvriront, bien vite, que la connaissance plus juste, plus pratique, moins sentimentale, des souffrances humaines, loin de dessécher leur cœur, ne fera qu'y multiplier les sources du dévoûment et de la pitié.

Aucun livre, aucun discours, aucune tirade lue ou entendue, si éloquente soit-elle, ne vaut, en émotion féconde, le petit fait pris sur le vif, l'impression toute simple, mais vécue. Et lorsque, de plus, ce fait isolé est immédiatement enregistré, classé d'après un plan d'ensemble, lorsqu'on sait le faire rentrer dans des cadres établis à l'avance, il devient la petite pierre ajoutée à l'édifice d'une grande science : celle de la misère humaine, des causes qui la produisent et des moyens qui peuvent y remédier.

Sans doute, pour arriver à un résultat, il ne suffit pas que toutes les personnes de bonne volonté récoltent, pour elles seules, les documents qui peuvent les intéresser. Il faut encore que leurs observations soient centralisées, qu'elles les groupent autour d'un noyau bien constitué. Elles devront donc s'affilier à une société, choisir de préférence celle qui existe déjà et a fait ses preuves, plutôt que d'en constituer de toutes pièces une nouvelle, y accepter la place qu'on leur proposera, que ce soit la seconde ou la troisième ou même la dernière. Toute fonction peut devenir glorieuse par la manière dont on s'en acquitte, tandis que la prétention de toujours diriger et de n'être dirigé par personne provoque la création d'une foule de petites œuvres, beaucoup plus coûteuses et moins utiles que ne le serait un petit nombre d'organisations puissantes. Ces grandes organisations, à leur tour, ont intérêt à se fédérer entre elles, pour bénéficier mutuellement des forces acquises par chacune.

Initiative individuelle, et subordination à une autorité directrice : telles sont les deux conditions auxquelles les femmes doivent s'attacher, avant tout, si elles veulent que leurs efforts dans le domaine charitable et social soient couronnés de succès.

Nous n'avons pas à nous occuper ici de la façon dont se

crée une direction centrale. La question est déjà résolue en bien des cas. Les chefs ne manquent pas. Il s'agit plutôt de leur fournir des soldats, à la fois disciplinés et entreprenants, qui rapportent chaque jour le butin des observations faites et des expériences acquises par l'enquête.

II. — *Comment se fait une enquête.* — Hélas ! ce mot d'enquête a dans sa résonnance un je ne sais quoi de pédant qui met les femmes en défiance. Elles se représentent aussitôt quelque rat de bibliothèque, un lorgnon sur le nez, une serviette bourrée de paperasses sous le bras, guettant le patient qui voudra bien fournir des réponses à toute la série d'articles d'un aride questionnaire. Cette vision les épouvante et elles se disent avec découragement : « Comment ferais-je jamais une enquête ? »

Cependant, vous toutes, Mesdames, en avez déjà fait plus d'une fois, comme M. Jourdain faisait de la prose : sans le savoir ! Il n'existe pas de femme au monde qui n'ait acheté des objets de lingerie pour elle, pour ses enfants, pour sa maison, qui n'ait commandé un chapeau, essayé une robe. Quand l'essayage se prolongeait, la dame s'est mise à causer avec l'ouvrière qui lui piquait des épingles le long de ses coutures. « Combien faites-vous d'essayages par jour ? Cela doit être bien fatigant de rester ainsi pendant des heures à genoux, pour arrondir le bas des jupes !... Etes-vous au moins bien payée ? Ne veillez-vous pas trop tard ? »

L'ouvrière a été flattée de ce témoignage de sympathie. Elle s'est mise à bavarder. Elle a expliqué que les époques de presse sont dures, mais qu'au moins on y gagne des heures supplémentaires, tandis que la morte-saison, la terrible morte-saison, mange les économies péniblement amassées et réduit aux privations de toutes sortes, à la nourriture malsaine et insuffisante : malgré cela, les dettes arrivent, et quelquefois l'expulsion, au jour du terme, quand il a été impossible de payer le loyer en retard. « Après tout, conclut-elle, nous autres ouvrières en atelier, nous sommes encore plus heureuses que celles qui restent chez elles, travaillant pour la confection. J'ai vu cela de près, moi dont la mère s'est usé la santé, à faire tourner sa machine des douze et treize heures par jour sans arriver à gagner plus de 40 francs par mois. Elle est morte tuberculeuse ; et il a fallu nous débrouiller tout seuls, de bonne heure. »

Cette conversation a duré quelques minutes. Elle s'est établie sans qu'on sache comment, elle a créé une atmosphère de bienveillance réciproque entre les deux femmes qui s'ignoraient auparavant ; elle a distrait l'ouvrière et fait réfléchir la cliente : voilà une très bonne enquête.

Une autre fois, quand cette même cliente reviendra essayer une nouvelle robe, elle remarquera que l'ouvrière a mauvaise mine ; elle lui demandera des nouvelles de sa santé ; peut-être même lui promettra-t-elle un flacon d'huile de foie de morue ou de vin de quinquina. Ce sera alors un prétexte pour aller voir cette jeune fille dans son intérieur, pour faire connaissance avec sa famille, s'enquérir des professions qu'exercent les parents, les frères et sœurs, se rendre compte si les dépenses et les recettes s'équilibrent et pourquoi elles ont tant de peine à s'équilibrer. Plus d'une fois on trouvera le budget lourdement grevé par des « abonnements » : déplorable système qui revient à payer cher des objets de qualité inférieure ; mais il est si difficile d'amasser à l'avance les quelques pièces blanches nécessaires pour les achats courants qu'on se laisse aller à la séduction de l'achat à crédit. Il faut ensuite se libérer par versements successifs de mois en mois, sous peine de rendre l'objet, sans compensation pour les versements antérieurs, si une cause imprévue nous oblige à les suspendre avant l'entier paiement. Une petite somme avancée, une pièce d'étoffe ou une paire de draps données à propos, libéreront cette famille de la servitude des abonnements.

D'autres fois, c'est le chômage involontaire de l'un qui a mis toute la famille dans la gêne. Si la visiteuse trouve le moyen, par ses relations, de procurer un emploi, cela suffira pour tirer d'embarras de braves gens.

Ou bien encore, l'un des parents est malade à l'hôpital : ne perdons pas alors l'occasion de faire connaissance avec ces tristes casernes où la souffrance humaine gémit sous l'indifférence administrative, dans la routine bureaucratique. Quand nous aurons vu de près quels soins on peut attendre d'infirmiers et d'infirmières, aussi mal recrutés et mal payés que surchargés d'ouvrage, quand nous aurons constaté que les services les plus indispensables ne s'obtiennent qu'à coups de pourboire, nous n'affirmerons plus avec la même conviction, le soir, dans notre salon, que « les pauvres gens ont vraiment bien tort d'avoir des préventions contre l'hôpital où ils sont traités par les maîtres de la science. »

C'est ainsi qu'une conversation avec l'ouvrière qui essaye votre robe peut être le point de départ d'une foule d'acquisitions dans le domaine des connaissances pratiques. Nous en pourrions dire autant d'une conversation avec la blanchisseuse qui nettoie votre linge, avec le petit marmiton qui apporte votre dessert, avec la vendeuse qui vous sert dans un magasin. Qu'on nous permette de rapporter ici, comme exemple, un souvenir personnel.

Un jour, arrivant dans un grand magasin à une heure où il y avait fort peu d'acheteurs, nous remarquions, avec étonnement, toute une file de demoiselles de magasin alignées debout, héroïquement, le long de leurs comptoirs déserts. La loi des sièges n'avait-elle pas ordonné que des chaises seraient mises à la disposition des vendeuses pendant les intervalles où elles n'auraient personne à servir ? « Pourquoi donc ne vous asseyez-vous pas, Mademoiselle ? » A cette question, la jeune fille que nous interrogions prit l'air effaré, regarda anxieusement autour d'elle pour s'assurer qu'on ne la surveillait pas et répondit à mi-voix : « Cela nous est défendu. »

Ainsi les enquêtes sont utiles, même lorsqu'elles s'exercent sur un terrain où l'intervention légale paraît avoir apporté une solution satisfaisante. Les lois ne peuvent être appliquées qu'à la condition de se concilier tout un ensemble de bonnes volontés parmi le public ; et chaque fois qu'un commerçant se trouvera pris entre les exigences de sa clientèle (dont il dépend absolument) et celles de la loi, c'est la loi qui invariablement sera sacrifiée.

Un enquête (assez facile à mener, celle-là) nous a convaincus que les grands couturiers de la rue de la Paix, à Paris, aiment bien mieux faire veiller, dans leurs ateliers, au-delà des limites permises et payer les amendes qu'ils s'attirent ainsi, plutôt que de mécontenter la cliente qui commande beaucoup de robes à la fois.

Pour créer les mouvements d'opinion sans lesquels les meilleures lois ne valent pas beaucoup mieux que la jument de Roland, pour secouer l'oreiller de vieilles habitudes et de vieux préjugés sur lequel nous aimons tous à nous endormir, pour forcer les insouciants à réfléchir, et les paresseux à agir, pour entretenir même le zèle des cœurs dévoués, il faut leur présenter des faits précis, il faut, par l'enquête, faire vivre sous leurs yeux les conséquences de leurs actes.

En s'accoutumant à regarder autour de soi, à passer, avant la représentation, derrière le rideau pour se rendre compte comment fonctionnent les décors savants, ce ne sont heureusement pas toujours des abus que nous découvrirons. Il y a longtemps qu'on l'a dit : « Le bien fait moins de bruit que le mal. » Aussi ne s'impose-t-il pas à l'attention et il faut le chercher attentivement pour le découvrir. C'est là un des bénéfices de l'enquête, bénéfice qui dédommage de bien des peines, que d'être mis en présence d'admirables dévoûments, de désintéressements héroïques et généralement inconscients. Nous venons de dire que l'industriel et le commerçant étaient à la merci des caprices de la clientèle ; y résister, c'est, pour eux, risquer de faire baisser le chiffre de leurs affaires, dont dépend l'excédent ou le déficit de fin d'année. Et cependant, il y a des patrons que n'intimide pas ce risque à courir, quand il s'agit de sauvegarder les conditions qu'ils jugent essentielles pour le bien-être physique et moral du personnel qu'ils emploient. Il y a des couturières qui refusent la commande faite au dernier moment, parce qu'elle entraînerait la veillée de leurs ouvrières. Il y a des magasins qui ferment le dimanche, se privant ainsi de toute une catégorie d'acheteurs, pour sauvegarder le repos hebdomadaire de leurs employés. Il y a des patronnes, couturières, corsetières, modistes, qui font les frais d'un « coursier » pour éviter à leurs petites apprenties la fatigue et le danger moral des livraisons à domicile ou des rassortiments dans les maisons de gros.

Auprès de ces actes d'abnégation, combien facile et peu méritoire paraît notre pratique de la charité qui consiste à réjouir notre conscience en consacrant à ceux qui souffrent le superflu de notre temps et de notre argent ! N'aimerions-nous pas du moins témoigner à ces patrons et à ces patronnes modèles l'admiration que nous inspire leur façon d'agir ? C'est ce que nous pourrons faire, quand l'enquête nous les aura désignés, en leur réservant la plupart de nos commandes. Si peu importantes que soient ces commandes, et lors même qu'elles ne constitueraient pas pour le fournisseur un sérieux appoint matériel, elles lui apporteront un encouragement, elles lui prouveront qu'il est compris par quelques-uns, qu'on lui sait gré de ses efforts et qu'on désire le voir réussir.

Laissez-nous terminer en vous citant l'opinion, à ce sujet, d'un industriel qui a lutté toute sa vie pour ses convictions sociales. Voici comment il s'exprimait, il y a quelques mois, en remerciant de leur appui les membres de la Ligue Sociale d'Acheteurs : « Mesdames, je voudrais vous remercier au nom de certains (disons qu'ils ne sont pas ici et m'ont choisi pour leur très indigne interprète).

« C'étaient, il y a longtemps déjà, des âmes jeunes, vaillantes, éprises d'un idéal de justice sociale, non la justice stricte guidée par la seule raison, mais la justice généreuse, adoucie par l'amour. Pauvres rêveurs, jetés trop tôt dans la mêlée industrielle, ils allaient, gardant au cœur une invincible espérance; mais dans le vague sentimentalisme qui les entourait, ils cherchaient vainement cette logique qui pousse à mettre les actes en conformité avec les principes et l'inutilité de leurs recherches pesait lourdement sur eux.

« Tenus en suspicion par les ouvriers, combattus à outrance par les patrons, leurs confrères, écrasés par la concurrence sans limite et sans frein, leur vie était dure ; et sans être des découragés, des désillusionnés, sans jamais courber la tête, ils souffraient parfois cruellement.

« C'est au nom de ces hommes que je voudrais vous remercier. Sans doute, la Ligue est et restera toujours trop faible pour les libérer de la concurrence; ils le savent et ne l'ont jamais demandé. Mais vous faites pour eux mille fois plus que tout cela, Mesdames, car vous libérez leur esprit, leur cœur surtout, en fortifiant leur espoir dans un avenir de plus de justice et de logique sociale (1). »

(1) Communication faite par M. Emmanuel Rivière, ingénieur-imprimeur, à l'Assemblée générale de la L. S. A., le 8 mars 1905.

Madame **CHANGEUX.**

Dans une ville de l'Est

Un Essai de l'Action Sociale de la Femme à Reims

POINT DE DÉPART

Au mois de novembre 1901, à la suite de la réunion annuelle de la Société des Jardins ouvriers de Reims, quelques dames s'attardaient à causer dans une des salles de l'Union Rémoise des Œuvres.

Elles échangeaient leurs appréhensions sur une situation dont s'inquiétait leur âme de chrétiennes et de mères : la loi des Associations votée dans le mois de juillet précédent commençait à dessiner à l'égard des congrégations ses arbitraires et déplorables conséquences. Les craintes exprimées étaient diverses et les points de vue différaient selon les tempéraments et les situations. L'une s'inquiétait du sort douloureux qui menaçait les congrégations religieuses ; l'autre tremblait pour la foi de ses enfants en face de la destruction de l'enseignement chrétien.

Et tandis qu'une de ces dames était impressionnée par l'âpreté de la lutte engagée contre la religion elle-même, la dernière s'alarmait de la ruine successive des libertés les plus nécessaires, et de la désorganisation sociale dont était menacé le pays.

Toutes déplorèrent, d'abord, leur impuissance en face de tant de menaces, de tant de ruines ; puis, l'idée de la lutte s'imposa, et nous pouvons affirmer que ce fut l'irrésistible voix de leur conscience qui les poussa à affronter cette lutte et à se jeter dans l'action.

Certes, il fallait du courage pour *oser* agir, pour *oser* se mettre en avant. Mais l'heure des grands périls n'est-elle pas l'heure des grands dévouements ? — Il ne suffisait plus de pleurer et prier en silence. En face d'un danger si proche, si palpable, les femmes, menacées dans leurs croyances, dans leurs affections, dans leurs intérêts les plus sacrés, n'avaient-elles pas l'impérieux devoir d'élever la voix et d'apporter à la défense de causes qui les touchaient de si près, non seulement l'aide de leur influence et de leurs prières, mais le concours de leur intelligence, de leur dévouement et de leur vaillante activité ?

Tout à l'heure, en passant devant le portail de notre incomparable cathédrale, nous avions pu contempler la belle statue de Jeanne d'Arc de Paul Dubois ; les yeux levés vers le ciel, il est vrai ; mais aussi le bras étendu pour l'action !

Comme au temps de « Jehanne » c'est grand'pitié au pays de France.

A l'exemple donc de la grande Française, les Femmes Rémoises prirent la résolution d'agir.

MARCHE EN AVANT

De la résolution il fallait passer à l'action, et cette action devait être collective.

En effet, si l'action individuelle est indispensable, elle était ici insuffisante ; cette action prend précisément sa force des concours qu'elle s'adjoint ; « car, suivant une parole célèbre, les concours ne s'additionnent pas, ils se multiplient ; dans cet ordre d'idée 10 et 10 ne font pas 20, ils font 100 ! »

Le Comité, formé immédiatement des personnes présentes et de quelques autres dont le consentement était assuré, se préoccupa donc de fonder un groupement dont il provoquerait, guiderait et coordonnerait les efforts.

Il ne voulait pas faire œuvre politique. Il faut avouer pourtant que la politique, actuellement, touche les femmes d'assez près, leur impose assez de sacrifices, les effraie d'assez de menaces, pour qu'elles ne puissent s'en désintéresser ! Mais la politique divise, et la Ligue des Femmes Rémoises voulait être avant tout une œuvre d'union. Elle chercha donc à former seulement ce que d'aucuns ont si justement appelé « un syndicat de résistance (1). »

C'est donc en ce sens et dans un esprit très large, qu'un pressant appel fut adressé à toutes les femmes rémoises soucieuses de notre relèvement national et désireuses de défendre la Religion, la Famille, la Patrie et la Liberté :

« Nous ne voulons pas que l'on chasse Dieu de l'école !

« Nous ne voulons ni proscriptions, ni confiscations !

« Nous voulons que notre terre de France soit avant tout

« une terre de liberté ! »

Cet appel, envoyé à des adresses aussi nombreuses et aussi étendues que possible parvint dans toutes les classes de la Société rémoise, satisfaisant les uns, éton-

(1) J.-B. Piolet.

nant les autres, faisant sourire quelques-uns, mais suscitant aussi, grâce à Dieu, un sympathique élan.

Pour adhérer à la Ligue il suffisait de donner son nom et un franc : sanction pratique, moyen de former une modeste caisse de propagande. En deux mois nous avions 2,000 adhésions et de généreuses offrandes nous permettaient, en outre, de faire jusqu'aux élections une large distribution de tracts et de journaux.

Cette action s'étendit à tout l'arrondissement : dans 60 communes (sur 130), de dévouées correspondantes secondèrent intelligemment notre effort.

Enfin et surtout une grande conférence organisée par la Ligue eut sur l'opinion une réelle influence et contribua puissamment à propager le mouvement à peine ébauché. Elle fut faite par M. Bertrand de Mun devant plus de 1,000 femmes de la ville et des environs.

Le jeune et brillant orateur, dont Reims est le pays d'adoption, développa le but de la Ligue et justifia son initiative avec un talent oratoire, un charme d'élocution et une sûreté de jugement dignes du nom qu'il porte.

« La Ligue des Femmes Rémoises, dit-il d'abord, veut profiter de l'intérêt exceptionnel qui s'attache aux élections, et du mouvement d'idées qui les accompagne, pour faire pénétrer la vérité et la bonne parole dans une quantité de foyers où, sans vous, Mesdames, elles n'auraient point accès ; pour éclairer une quantité de femmes honnêtes et sensées sur l'importance pour le pays, pour elles-mêmes, pour leurs enfants, des questions sociales dont on parle si souvent sans les connaître ; enfin pour jeter une semence féconde d'union pour la défense de vos droits, de vos intérêts et de vos libertés !

« Mais, est-ce bien là, diront certains, un programme

dans les attributions de la femme? La femme n'a qu'un devoir : vaquer aux soins de son ménage ; qu'un dévouement : la charité.

« Le croyez-vous vraiment? Croyez-vous que dans les temps que nous traversons, en l'état actuel de la société, la femme, en raison même de sa situation de chrétienne, de Française et de mère, ne tourne pas nécessairement son esprit vers les graves problèmes économiques et sociaux qui préoccupent tous les esprits sérieux ?

« Et partant, ne voyez-vous pas que la Charité dont l'exercice lui est reconnu, doit *se transformer* pour avoir une action réellement bienfaisante et pour répondre à des besoins nouveaux !

« La Femme dans son ménage... s'écriait plus loin l'orateur, mais, Mesdames, c'est un rêve qui malheureusement ne se réalise qu'exceptionnellement ; et il serait curieux vraiment d'y vouloir borner son horizon dans un temps où les travaux autrefois réservés à l'homme sont devenus les siens, et où, chaque jour, elle acquiert en même temps qu'un droit, une charge et une responsabilité nouvelle.

« La Femme dans son ménage! Mais, hélas! je l'y cherche et ne l'y trouve pour ainsi dire pas ! Je la trouve en revanche partout où l'homme peine et travaille, partageant son labeur, ses misères, ses ambitions aussi. Je la rencontre partout où s'exerce la lutte quotidienne pour l'existence de soi-même et des siens.

« Et pensez-vous que pour ces femmes qui sont aujourd'hui le grand nombre, les peines, les soucis, les passions, les ambitions, se circonscrivent sur le terrain de leur ménage! Pensez-vous qu'elles ne s'associent pas à toutes les préoccupations que l'on voudrait réserver aux

hommes, et qu'elles ne se sentent pas directement intéressées dans toutes les questions graves soulevées de nos
jours : questions de salaire, de réglementation du travail,
questions de chômages, de retraites, de mutualités !

« Savoir comprendre ces angoisses et ces aspirations
des souffrantes et des déshéritées et approprier son
dévouement aux conditions économiques modernes : telle
doit être, Mesdames, l'œuvre sociale de la Femme, *l'expression actuelle de la Charité.*

« Elle exige un effort personnel, et un esprit d'initiative auprès duquel, le don de quelque argent, forme ordinaire et très insuffisante de la Charité, est infiniment peu
de chose. Mais combien plus haute est sa portée ! Combien
plus féconds sont ses résultats ! Cet effort, Dieu et la
France nous le demandent.

« En passant par vos esprits et par vos cœurs l'*Action
Sociale* prendra ce je ne sais quoi de sympathique que
vous savez mettre à tout ce que vous touchez et qui sera
le meilleur gage de l'union tant désirée des classes ! »

Nous nous sommes étendues sur ce vibrant et énergique exposé, parce que par la force même des choses,
et sans idées préconçues, l'orientation future de la Ligue
s'y trouve énoncée et que son action définitive sur le terrain social y reçoit une claire et éloquente justification.

CHANGEMENT DE FRONT

Les élections de 1902 sont faites. Les courageux efforts,
tentés avec entrain, ont échoué ou n'ont obtenu que des
résultats partiels. Mais du moins, on a lutté !

Les tristes évènements de l'été suivant justifièrent,
d'ailleurs, l'opportunité des groupements féminins. C'était

le commencement du lamentable exode que nous avons vu se poursuivre depuis lors, hélas !

Qui donc oserait dire, maintenant, que les *femmes* n'ont pas le droit d'élever la voix et d'agir pour défendre les grandes idées de religion et de liberté, quand ce sont des *femmes* qui furent les premières victimes de l'intolérance sectaire ? Serait-ce vous, Messieurs, qui n'avez ni pu, ni su les sauver !

Ah certes ! il fallait soutenir le mouvement féminin déjà engagé et faire vivre la Ligue d'où était déjà sorti, quant à ce qui concerne la cité rémoise, un réel mouvement d'opinion et d'utiles initiatives. Nous ne pouvions ni ne devions, avec une force en main, rester inactives en présence des ruines qui s'accumulaient autour de nous.

Nous avions soulevé une poussière de bonnes volontés et de bonnes volontés admirables ; il fallait maintenant les coordonner et les orienter. Mais sur quel terrain se placer ? Dans quel sens marcher ?

Nous avions expérimenté, en cette première année, combien est délicat, et dangereux pour des femmes, *le terrain politique*, cotôyé avec infiniment de prudence pourtant : terrain, où malgré son droit strict, la femme française, étant donné nos mœurs actuelles, ne peut se risquer sans grand dommage pour sa dignité et sa réelle influence.

Le terrain social au contraire est essentiellement et incontestablement du domaine de la femme. Là, son influence est mieux acceptée ; son action, plus efficace, correspond bien au génie patient de son esprit. Il s'agit d'un travail plus profond qui reprend les choses par la base : si les résultats sont plus lentement obtenus, ils sont aussi plus solides et plus durables.

D'ailleurs, les questions d'assistance par le travail, les syndicats, les mutualités, les salaires de femmes, les écoles ménagères et professionnelles, les œuvres post-scolaires, la bonne presse, les questions de liberté d'enseignement et de liberté de conscience, sont des matières auxquelles nous avons, nous, femmes chrétiennes, non seulement le droit, mais le devoir de nous intéresser.

Voilà un champ suffisamment vaste pour nos études et nos efforts. Bien groupées et bien instruites sur ces points sociaux, nous construisons en quelque sorte un camp retranché où nous serons à même de nous défendre si jamais la politique y faisait invasion pour attaquer nos convictions et nos libertés. C'est en obéissant à ces idées que la Ligue des Femmes Rémoises est devenue *un groupement féminin pour l'éducation sociale des femmes de toutes les classes de la société, et pour la mise en pratique, par des œuvres féminines sociales et ouvrières, des principes que cette éducation a posés.*

LA VOIE TRACÉE

Dès la seconde année donc, la Ligue des Femmes Rémoises, orientée vers *l'Action sociale*, se donnait une sérieuse organisation. Sous la direction du Comité, deux groupes se sont constitués.

Organisation. — Le premier formé de *Dames patronnesses* et des *Sociétaires* fournit le nerf de la guerre. La cotisation de la sociétaire (minimum 1 franc) lui vaut l'entrée gratuite aux trois grandes conférences organisées, chaque année, par la Ligue. Les Dames patronnesses versent 20 francs, ce qui leur donne droit à trois places pour chacune de ces mêmes conférences.

Le deuxième groupe se charge de la diffusion des idées. Les *Dames dizainières* font passer successivement le Bulletin du Devoir des Femmes Françaises à leur neuf *adhérentes*.

Le Comité. — Le Comité se réunit tous les mois et comprend neuf membres ayant chacun un rôle actif.

L'une est chargée de la distribution du *Bulletin* et de la direction des dizainières ; une autre — naturellement la trésorière — des rentrées des cotisations des patronnesses et des sociétaires. Une troisième s'occupe des grandes conférences. Une quatrième organise les causeries-conférences pour les femmes de la classe ouvrière ; une autre se tient en relation avec nos correspondantes de la campagne ; la sixième est présidente de l'école ménagère, les dernières s'intéressent à la diffusion de la bonne presse et étudient l'organisation d'une Mutualité.

Chacune a, dans sa sphère, une salutaire initiative ; chacune choisit ses collaboratrices, les réunit et les dirige selon les nécessités de la partie qui lui incombe. Cette manière de procéder, sorte de fédération, procure à nos diverses œuvres sociales des concours qui eussent craint de se mettre en avant pour l'action centrale et directrice.

Nous pourrions, nous semble-t-il, comparer le rôle du comité à celui d'un générateur central d'électricité, cherchant à développer les forces utiles sans les absorber ni les annihiler, mais les dirigeant, les soutenant de son influence et de son énergie propre.

Cette forme de groupement ne s'est développée que peu à peu. Il était à peine ébauché que *les circonstances* appelées aussi spirituellement que chrétiennement (1)

____

(1) Madame de Diesbach.

« les bons anges de la Providence », nous orientèrent vers les œuvres à faire et les efforts à tenter.

Notre but, nous l'avons dit, étant *l'Education sociale* des femmes de toutes les classes de la société, nous y avons travaillé, en ce qui concerne les femmes de la classe aisée, par le livre et la conférence.

Bulletin. — Tout d'abord, le *Bulletin du Devoir des Femmes Françaises*, passé de main en main par nos adhérentes, ainsi que nous l'avons vu, donne sur tout ce qui touche aux œuvres féminines et sociales des notions intéressantes et précises à des femmes qui n'auraient ni le temps, ni le goût de s'en instruire ailleurs.

Grandes conférences. — Puis viennent les grandes conférences que nous organisons trois fois par hiver. Leur but « est de renseigner les femmes des classes dirigeantes sur « leur rôle dans la société au moment où se posent des « questions d'un intérêt décisif pour notre pays : c'est de « lui faire mieux comprendre comment son action peut « s'exercer dans la famille, dans l'éducation, dans la « profession, dans la cité : c'est de l'aider à défendre les « principes sur lesquels a reposé de tout temps notre « vie française (1). »

Ici, nous nous sommes inspirées de *l'Action sociale de la femme* à Paris.

Nous avons regardé comme un devoir et un bonheur d'entrer en rapport avec ce groupe de femmes d'élite. — L'isolement ne fut jamais une bonne chose. Rien de plus fécond que ces rapports dictés par le désir de s'entr'aider pour bien faire.

De Paris l'on rapporte un élan et un prestige fort utile

______

(1) A. Vandal.

pour l'action en province. On y peut importer par contre des idées pratiques et des formes d'organisation qui ont leur valeur.

Grâce donc à *l'Action Sociale de la femme* nous avons pu entrer en relation avec les maîtres de la parole ; leur éloquence sait donner un attrait à ces questions sociales dont se désintéressèrent trop longtemps les femmes de la classe dirigeante.

Nous n'épargnons rien pour donner à ces réunions prestige et intérêt et nous avons la satisfaction de grouper autour de nos orateurs, dans une des plus belles salles de conférences de la ville, un nombreux et intelligent auditoire.

La société rémoise, la bourgeoisie modeste et les travailleuses d'élite se trouvent réunies pour entendre, sur la famille, l'éducation, le devoir social de la femme, les écoles ménagères, la liberté d'enseignement, etc., les paroles *les plus instructives*, les plus entraînantes et *les plus autorisées*.

Causeries-Conférences. — Notre tâche d'éducation sociale nous imposait le devoir de ne pas laisser en dehors de notre action, les femmes de la classe ouvrière. Elles aussi, demandent à être instruites et éclairées ; elles ont, dans leur sphère, l'importance que nous avons dans la nôtre, car dans toutes les classes de la société, la famille est ce que l'a fait la femme et la mère.

Or, il n'est personne, connaissant bien la famille ouvrière, qui ne constate tristement que la grande généralité des femmes n'y soient notoirement au-dessous de leur tâche.

Elles n'ont trop souvent nulle notion de cuisine, nulle notion d'hygiène ; les enfants sont mal soignés, mal nourris : d'où résulte une effrayante mortalité infantile. Et le mari, lassé d'un foyer sans propreté, sans attrait, devient l'hôte du cabaret et la victime de l'alcoolisme.

N'avons-nous rien à faire en présence de cet état de chose ? L'aumône, par laquelle notre bon cœur se plaît à adoucir, au jour le jour, une misère qui nous émeut, sera-t-elle l'accomplissement suffisant du devoir social qui nous incombe, à nous femmes chrétiennes de la classe dirigeante ou mieux encore de la « classe responsable? » Ne le croyons pas ! Et si l'aumône reste une des formes de la charité, la plus facile peut-être, ce n'est, sachons-le bien, ni la plus haute ni la plus utile.

Pour le cas qui nous intéresse, travailler à reconstituer la famille, n'est-ce pas bien une œuvre de femme ?

Employer notre temps et notre influence à faire disparaître le triste état de chose que nous signalons plus haut, n'est-ce pas faire un juste et noble emploi de notre cœur et de notre intelligence? Allons à la femme du peuple, non comme une bienfaitrice dont elle ne verra trop souvent que la main généreuse qui peut à son gré s'ouvrir ou se fermer, mais comme une sœur et une amie dont elle apprendra à connaître le cœur toujours prêt à la soutenir et à la conseiller.

Cette sympathie, ces encouragements, si nécessaires à toute âme féminine au milieu des difficultés de la vie, où les femmes du peuple les rencontrent-elles ?

Il faut remarquer, en effet, que dans les écoles et les patronages on s'intéresse à l'enfant, à la jeune fille. Dans les cercles on s'intéresse aux hommes et aux jeunes gens, tandis que du jour où elle est mariée, la femme de l'ouvrier est moralement abandonnée. Nulle ne s'intéresse à elle, à moins qu'elle ne soit dans la misère — c'est dire que les plus méritantes sont souvent les plus isolées, — et si elle oublie le chemin de l'église, pas une parole amie ne viendra l'encourager et la soutenir dans le labeur écrasant qui constitue sa vie de chaque jour.

La pauvre femme, poussée par la nécessité, agit impulsivement et au jour le jour, sans réflexion, sans esprit de suite, sans vue pratique, et aussi hélas ! sans que son esprit et son cœur trouvent autour d'elle de quoi prêter à ses actes et ses pensées, à ses douleurs, un sens élevé et religieux qui leur donne leur raison d'être et souvent aussi leur adoucissement.

Dans ces conditions, porter à la femme du peuple des paroles de sympathies et d'encouragement, des conseils et des enseignements pratiques, n'est-ce pas faire œuvre de bonnes chrétiennes et de bonnes Françaises?

C'est ce qu'ont tenté de réaliser les Dames de la Ligue des Femmes Rémoises, lorsque pendant l'hiver de 1902-1903, elles commencèrent les Causeries-Conférences qu'elles ont régulièrement continué.

Leur initiative n'a pas été sans soulever quelques critiques, sans provoquer quelques sourires. Et pourtant nous sommes bien à notre place auprès de ces pauvres femmes. Il y a beaucoup de choses qu'elles ne peuvent apprendre que de femmes comme elles, bien des conseils qu'elles n'entendent nulle part ailleurs et qui prennent en passant par notre bouche une forme pratique qui les met à leur portée. — Où ont-elles appris les règles les plus élémentaires d'hygiène et d'économie domestique ? Où entendent-elles parler des principes qui doivent les diriger dans l'éducation et l'instruction de leurs enfants ? Que de réformes à introduire dans ces pauvres ménages, que de préjugés à détruire !

Quoi de plus naturel que, sur ces points, des femmes enseignent des femmes ?

Sur bien des sujets, les hommes sont plus compétents ; mais ici il y a beaucoup de choses qu'ils ignorent, quelques-unes qu'ils connaissent mal. Et ce n'est pas une présomption de croire que parlant à des femmes, à des épouses, à des mères, nous possédons mieux le moyen d'éclairer l'intelligence et de toucher le cœur de femme de ces mères et de ces épouses.

Nous n'avons nulle prétention à l'éloquence ; mais nous avons une éducation soignée, une connaissance pratique des choses de la vie, l'expérience du ménage, du mari, des enfants. Pourquoi ne pas faire participer la femme de l'ouvrier à cette expérience, comme le ferait une sœur aînée pour une sœur plus jeune et plus inexpérimentée ?

Remarquons, d'ailleurs, que le nombre très restreint d'idées où elles se meuvent donne plus de portée à celles que nous leur suggérons, qui prennent par là même qu'elles sont nettement formulées, une place considérable dans leur mentalité.

Si quelqu'un a bien compris le but et le sens de ces causeries, ce sont ces pauvres femmes elles-mêmes : c'est près d'elles que nous avons senti l'utilité de notre effort ; c'est leur sympathie qui nous a convaincu que notre initiative était bonne. L'une d'elles résumait tout cela lorsqu'elle nous disait avec émotion : « Madame, il y a des choses auxquelles nous n'avons pas le temps de penser ; et cela fait du bien de se les entendre dire. »

Nous sommes encouragées par leur assiduité et touchées par leur physionomie attentive dont l'expression mobile, sourires ou larmes, correspond aux paroles prononcées.

Elles ont d'ailleurs, en général, un sens très droit qui

leur fait comprendre juste et bien. Une de nos dames eut l'occasion de s'en convaincre : N'ayant pu lire sa causerie elle-même, elle eut le plaisir de l'entendre discuter et apprécier par un groupe de femmes qui, dans un ouvroir, peu de jours après, lui rendirent compte à elle-même de ce qui les y avait frappé et intéressé. Tout avait été bien compris et les conséquences tirées étaient justes et droites.

Nous avons vu, réunies autour de nous, des dames en chapeau, des femmes en capeline et en bonnet, d'autres nu-tête, des mères, leur enfant dans les bras ; et plus d'un nourrisson, après nous avoir interrompu par ses cris, a été apaisé séance tenante. Beaucoup sont intéressées et reviennent régulièrement. Ainsi, quelques femmes, demeurant dans un faubourg un peu séparé de la ville, s'organisèrent pour garder les enfants à tour de rôle et venir en groupe à la Causerie. Certaines même trouvent convenable de s'excuser en cas d'absence. — Un jour, la Causerie commencée, la porte s'ouvre, un bras s'allonge : c'est un mari apportant de la part de sa femme une lettre avec cette suscription : « Pour la Dame qui parlera ». La lettre disait : « Madame, j'ai été bien contente l'autre jour de vous entendre et si je ne viens pas aujourd'hui, ce n'est pas mauvaise volonté, mais, c'est parce que je ne peux pas, ayant eu mon neuvième enfant, il y a deux jours. Je vous dis cela, afin qu'on n'oublie pas de me prévenir la prochaine fois. J'espère que je pourrai y aller, ce qui me fera bien plaisir. »

Un jour, on leur avait parlé « du devoir et de la satisfaction du devoir accompli. » Elles entourent la conférencière : « C'est bien court aujourd'hui, Madame ! » (Que d'orateurs n'en ont jamais entendu autant.) « Vous parle-

« riez pendant une heure que cela ne nous lasserait pas ;
« et vous, si vous étiez fatiguée, nous vous apporterions
« des pastilles. »

L'une d'elles voulait décider sa voisine à venir à la
Conférence : « Moi, dit celle-ci, je ne vais que là où on
distribue des secours. — Ah ! reprit la première, on nous
distribue là de bonnes paroles qui font plus de bien que
tous les secours ! »

Ceci répond à ceux qui nous disent : Voilà de pauvres
femmes, et vous n'avez que des paroles à leur donner !

Eh bien! si ces paroles sont comme un rayon de soleil
dans leur terne et sombre existence, elles ne sont point
perdues !

Un fardeau matériel ou moral n'est-il pas plus facile à
porter quand une sympathie ou une joie rend l'âme
légère?

L'utilité et l'opportunité des Causeries-Conférences une
fois établies, quelques mots ne sont peut-être pas inutiles, pour indiquer comment les Dames de la Ligue des
Femmes Rémoises se sont organisées afin de réaliser cette
œuvre dont la hardiesse — malgré la droiture de leurs
intentions, — les fit trembler au commencement.

Vers la fin du printemps, celles de nos dames qui ont
accepté de faire ces causeries (elles sont quatre actuellement) se concertent pour choisir les sujets qui seront
traités l'hiver (1). Ils sont combinés de manière à porter
sur des points pratiques et variés : chacune en choisit
deux, en rapport avec ses goûts et ses aptitudes, sur

(1) Dans la première série qui a été publiée, les sujets sont les
suivants : Que ferons-nous de nos filles? — De l'importance d'un
vote. — Du devoir et de la satisfaction du devoir accompli. —
L'hygiène de la peau, alimentation des enfants. — Instruction et

lesquels porteront ses études et ses lectures de l'été. Pendant les mois de villégiature elles composent et écrivent soigneusement leur conférence.

Ces causeries, en effet, sont lues, au moins jusqu'ici. Cela garantit contre l'impression trop forte et les troubles de mémoire ; mais, on les sait presque par cœur. et les feuillets sont bientôt un simple point de repère qui n'empêche ni l'observation de l'auditoire ni les digressions placées à propos.

Il ne faut pourtant pas se dissimuler que l'on doit au commencement s'armer de courage. La première fois que l'on prend la parole devant un auditoire si modeste soit-il. notre propre voix nous fait peur, et l'on sent la parole expirer sur les lèvres. Mais ce trouble surmonté, on reprend bien vite son sang-froid, encouragée que l'on est par la sympathie qui accueille ces paroles qu'on laissait tomber en tremblant (1).

éducation. — Pourquoi il faut aimer la France. — Comment et pourquoi les femmes doivent lutter contre l'alcoolisme?

Voici quelques sujets traités depuis :

Du respect dans l'éducation. — Notre cathédrale — Le dimanche de l'ouvrier. — Liberté, égalité, fraternité. — Des premiers soins à donner en attendant le médecin. — L'hygiène du logement. — Travail et distractions, épargne et mutualité, etc.

(1) Ce genre d'apostolat ayant intéressé quelques femmes dévouées de diverses parties de la France, on nous a demandé des détails, des renseignements ; on nous a affirmé que la publication de quelques unes de nos Causeries-Conférences apporterait un aide sérieux à celles qui désireraient en faire elles-mêmes. Nous avons donc réuni huit de ces Causeries en une brochure. (Huit Causeries-Conférences faites aux femmes de la classe ouvrière par des Dames du Comité de la Ligue des Femmes Rémoises. Imprimerie Coopérative, 24, rue Pluche, Reims.)

L'Action populaire en a publié deux.

Ces Causeries ont été demandées de diverses parties de la France et de l'étranger ; et même à Buckarest, elles ont suscité des imitatrices.

Pour donner à nos Causeries la note voulue, nous avons cherché, sans nous départir de la simplicité nécessaire en parlant à ces femmes du peuple, une forme correcte, élégante si possible, ce qui charme toujours une oreille française. Nous ne parlons pas leur langage, mais un langage à leur portée.

Nous avons soin de témoigner à l'occasion, l'estime où nous les tenons pour leur travail courageux et leur dévoûment quotidien ; rien n'ouvre le cœur comme cette « nourriture d'amour-propre », comme dit Nicole. Puis, nous ne perdons pas l'occasion de placer une petite plaisanterie et d'intercaler dans la causerie une ou plusieurs anecdotes, pour délasser ou émouvoir.

Nous nous gardons de faire des sermons ; mais l'esprit chrétien qui inspire et anime nos conférencières se sent partout sans s'imposer nulle part.

Ces causeries se font simultanément tous les quinze jours, pendant les mois d'hiver, dans quatre locaux situés dans les divers faubourgs de la ville. Chaque dame pouvant faire deux causeries et les répéter dans quatre endroits différents, cela fait un total de trente-deux conférences.

Il y a là un effort de propagande considérable. Mais si l'on réfléchit qu'il suffit à chaque dame, pour l'accomplir, de donner deux heures de son temps, pendant huit dimanches de l'année, on verra que la part de chacun n'a rien d'incompatible même avec les devoirs d'une mère de famille.

Le local de la conférence est modeste : un magasin non loué ou une salle d'école libre, un poêle, quelques lampes, des chaises louées par les soins de la *Dame de quartier*, laquelle est chargée de l'organisation matérielle de la conférence.

C'est elle aussi qui recueille les cartes d'entrée, qui les classe et se rend ainsi compte de l'assiduité des assistances. Habitante du quartier, figure de connaissance que les auditrices retrouvent à toutes les séances, elle est le lien entre l'auditoire et la conférencière. Son rôle est extrêmement important. — La conférencière amenant généralement avec elle une amie de son choix, l'on se trouve toujours ainsi trois personnes de connaissance sur la très modeste estrade.

Les invitations — personnelles — sont adressées à toutes les femmes du quartier dont les enfants font leur première communion dans l'année. Chacune, avec la lettre d'invitation, reçoit une carte d'entrée qu'elle est priée de donner à une voisine ou une amie et sur laquelle elle écrira le nom et l'adresse.

Les cartes et lettres recueillies à l'entrée sont remises au secrétariat. L'on note les adresses nouvelles et des lettres d'invitations sont envoyées pour la causerie suivante. A la fin de l'année, celles qui n'ont pas répondu à nos invitations sont rayées de la liste, à laquelle s'ajoute par contre, le nom des mères dont les enfants font leur première communion dans cette année nouvelle. Ainsi s'étend le cercle de notre influence, en dehors des listes ordinaires, et nous joignons à l'auditoire ancien un élément nouveau. Ces auditoires sont de 30 à 80 femmes, — en moyenne 60. Nous ne les désirons pas plus nombreuses ; ce serait enlever à nos causeries le caractère intime qui est l'une des conditions de leur utilité. C'est de parti-pris aussi que nos conférences sont faites, sans projections. Les projections font les auditoires nombreux, mais non pas les auditoires convaincus. On emporte chez soi un enseignement et non pas une vision.

Nous ne cherchons pas à attirer par la curiosité ; les auditrices que nous réunissons, ne se pressent autour de nous, que parce qu'elles sentent que ce que nous disons est bon, vrai et utile, et que nous le disons avec cœur et conviction. Rien ne peut les attirer en dehors de cela : ce sont donc des cœurs de bonne volonté, des âmes intelligentes et droites. Là, il y a un vrai bien à faire. Et puis, fidèles aux maximes de *l'Action populaire*, nous cherchons partout à former une élite.

Après la causerie, on distribue, outre quelques images (genre d'Epinal) morales ou patriotiques, *un résumé* de la conférence, qui sera un précieux point de repère, lorsque de retour au foyer, nos auditrices voudront y réfléchir ou en parler.

Cette distribution, nous mêlant tout naturellement à leurs groupes, est comme le prolongement de la causerie. Il a les plus heureuses conséquences, car il en résulte un échange de pensée et un rapprochement des cœurs. L'une de nous ayant parlé sur l'hygiène de l'enfance, plus de dix mères de famille l'attendaient à la sortie pour lui demander des explications et des conseils qu'elles n'eussent jamais songé à solliciter ailleurs.

Nous nous servons enfin de nos conférences pour faire connaître aux mères de famille notre *Enseignement ménager*. Plus tard, elles nous serviront à les grouper pour la formation d'une mutualité qui est à l'étude.

Mais, en dehors de cela, on demandera peut-être si nous avons constaté déjà les résultats de ces causeries. Oui, en vérité, nous pouvons le dire: à plusieurs reprises, nous les avons touchés du doigt d'une façon qui nous a surpris nous-mêmes. D'ailleurs est-ce toujours celui qui sème qui récolte ? Nous nous en remettons à Dieu qui, voyant notre effort, voudra bien bénir et féconder la semence répandue.

Enseignement ménager.

Le complément de notre œuvre d'éducation sociale pour la classe ouvrière est l'*Œuvre de l'Enseignement ménager*. Il a été organisé à Reims au mois de mai 1904, à la suite d'une conférence de Madame de Diesbach et avec les conseils de son dévouement expérimenté.

Cette appellation d'*Enseignement ménager* est beaucoup plus exacte que celui d'Ecole ménagère qui n'indique qu'une des branches de cet Enseignement.

Son but est de travailler à la restauration de la famille en mettant la femme au courant de ce qui peut favoriser la prospérité du foyer : *cuisine, économie domestique, hygiène,* etc., et de mettre dans ce travail manuel l'intelligence qui le rend intéressant, l'adresse qui le rend profitable et le dévoûment qui le vivifie. Cet enseignement s'adresse à la femme ouvrière, si dépensière, si routinière et si ignorante dans sa grande généralité. Il concerne aussi la jeune fille du monde, car il est une formation morale et matérielle indispensable à la femme appelée à devenir un jour mère de famille et maîtresse de maison.

Inspirons-nous, pour comprendre les nécessités de cet enseignement, de celle qui a été en France la promotrice de ce mouvement dans lequel la Belgique et la Suisse nous ont précédés :

« La base de notre programme, dit Madame de Diesbach, est la formation morale et matérielle de la femme appelée à devenir un jour mère de famille et maîtresse de maison. Tout ce qui touche à la vie d'un ménage est donc traité :

« L'économie domestique, c'est-à-dire la connaissance de la composition, la provenance, la valeur nutritive ou marchande, l'emploi, la conservation de toutes les denrées alimentaires, des agents de nettoyage, des tissus, des objets mobiliers.

« L'hygiène sous tous ses différents aspects, c'est-à-dire l'étude de ses modifications physiques, comme la chaleur, la lumière ; chimiques comme l'air, les aliments ; biologiques, comme l'âge, le tempérament ; sociologiques où la profession, la nation, la civilisation de chaque individu trouve sa place.

« La comptabilité ménagère, — oh très simple ! — telle qu'elle doit être comprise par toute femme de bon sens, animée de l'esprit d'ordre. Savoir établir un budget, tenir des comptes généraux et particuliers, connaître les ressources de l'épargne, sont autant de questions intéressantes qu'une femme doit posséder parfaitement.

« L'horticulture enfin, pour diriger un jardin, soigner des plantes d'appartement, fleurir son intérieur avec un grain de fantaisie, cette note artistique qui est si bien dans l'âme française.

« Ajoutez à cet ensemble de connaissances la pratique régulière de cuisine, de lavage, de repassage, de raccommodage et de coupe usuelle de vêtements, et vous aurez l'ensemble du programme de l'*Enseignement ménager* (1). »

Convaincue que tout cela ne s'apprend pas d'intuition,

(1) Compte rendu fait par Madame de Diesbach au Congrès de Jeanne d'Arc, mai 1901.

mais demande une étude sérieuse appropriée aux diverses conditions de vie des jeunes filles et des femmes, la Ligue des Femmes Rémoises a établi un cycle complet d'Enseignement ménager par la fondation des *Cours du Ménage, des Cours du Foyer, des Cours de Patronages*.

Premier cours du Ménage. — Ces cours s'adressent aux jeunes filles de la classe ouvrière. Nous les prenons à partir du moment où l'école ne les réclame plus. L'éducation ménagère leur est donnée, pendant six mois, tous les jours de 8 h. 1/2 du matin à 4 heures du soir, sauf les jeudis et les dimanches. Trente enfants environ font ainsi chaque année cet utile apprentissage : leur nombre pourra s'augmenter avec nos ressources.

Dans la personne de nos élèves, nous formons *la future femme de l'ouvrier*. Nous voulons en faire de bonnes ménagères sachant retenir leur mari au logis par leur bonne cuisine et leur bon caractère, et élever leurs enfants avec intelligence et hygiène. Nous ne cherchons donc pas à former des professionnelles; mais cette instruction donnée à des jeunes filles, sur les occupations qui sont si particulièrement du domaine de la femme, a plus d'une fois dévoloppé chez elles des aptitudes spéciales, et permis de les diriger vers les professions de leur choix.

Le cours complet est de six mois : on ne peut demander davantage aux familles qui ne comprennent pas encore la nécessité de cet enseignement et qui ont hâte de trouver à leurs enfants une occupation lucrative. Mais il est certain qu'un an est nécessaire pour une formation complète et durable. Certaines mères intelligentes le comprennent en voyant le changement qu'opère en leurs filles la fréquentation des cours du ménage ; elles demandent à ce qu'elle soit prolongée, ce que l'on accorde avec empressement. Mais si courte soit-elle, d'ailleurs, cette période marque pour la jeune fille un point de départ important pour son avenir. Elle prend goût à la propreté, à l'ordre et l'introduit dans sa famille. Telle fillette de seize ans est plus capable au bout de ses six mois de cours, que bien des femmes de journées après des années de pratique routinière.

Le cours de ménage est gratuit; mais les fillettes peuvent moyennant 0 fr. 10 (plus le pain et la boisson) prendre à l'école le repas de midi préparé, à tour de rôle, par le groupe préposé à cet effet. Presque toutes le font : la maîtresse déjeune avec elles, leur apprenant la tenue et la propreté à table.

Les exercices sont variés : cuisine, lavage, repassage, nettoyage, raccommodage, sans parler des cours théoriques, économie domestique, hygiène, prix de revient et composition rationnelle des menus qui doivent toujours comprendre trois plats et dont le prix de revient ne doit pas dépasser 0 fr. 30 par personne.

Les enfants aiment tellement leur école qu'elles ne savent quel subterfuge inventer pour retarder l'heure du départ. « Mademoiselle, disent-elles à leur maîtresse quand vient le moment de la quitter, donnez-nous n'importe quoi à faire, mais laissez-nous rester ici. » La maîtresse, éducatrice aussi expérimentée que dévouée, sait profiter du travail manuel pour élever et diriger vers le bien l'esprit de ses enfants. L'influence que l'on peut acquérir sur elles, en donnant à cet enseignement matériel une portée morale, est extraordinaire.

Elles nous arrivent comme de vraies petites sauvages, qui rêvent de l'usine et s'embarquent dans la vie sans la moindre orientation morale. Quelques mois passés au cours de ménage les changent d'une manière étonnante : elles prennent conscience des devoirs de la femme et de son rôle au foyer. Et comme ces notions sont tout imprégnées de l'idée religieuse, il en résulte une véritable transformation de l'âme de ces enfants.

Une fillette de quinze ans, Marcelle S***, prit après, un an de cours, la direction du ménage familial, afin de permettre à sa mère, honnête femme, mais fort médiocre ménagère, d'aller travailler en ville. En trois mois les dettes arriérées de la famille étaient soldées et le père ravi disait à l'une de nous en parlant de sa fille : « Ah ! Madame, l'a-t-on bien éduquée chez vous ! depuis que c'est elle qui tient les cordons de la bourse, nous dépensons moins, nous mangeons mieux, et puis... on mange à l'heure. »

Telle autre enfant de quinze ans en quittant le cours a reconstitué à son père un intérieur honorable, et tient fort bien sa maison, tout en faisant son apprentissage de couturière. Sa patronne, touchée de son courage, lui donne un peu de temps libre pour lui permettre de mener cette existence qui ferait honneur à une femme.

Le cours de ménage, qui procure aux jeunes filles l'intelligence du devoir familial et les connaissances pratiques pour le remplir, contribue aussi à fortifier leur santé. La nourriture abondante, saine et rationnelle qu'elles y prennent, un exercice varié et modéré, l'habitude de l'hygiène et de la propreté, transforment, en ces quelques mois, les pâles et chétives fillettes qu'elles étaient à leur arrivée en fraîches et vaillantes jeunes filles qui promettent pour l'avenir des mères de famille fortes et bien portantes.

Enfin si, par la reconstitution de la famille auquel il travaille si puissamment, l'Enseignement ménager est une *œuvre sociale* au premier chef, il l'est encore à un autre point de vue dont on ne saurait trop faire ressortir l'importance.

L'on s'inquiète, à juste titre, du salaire ouvrier, des moyens de l'augmenter dans des proportions aussi larges que le permettent les situations économiques : — Et personne ne s'inquiète d'assurer le *bon emploi* de ce précieux salaire ! Une augmentation ou une diminution de quelques centimes soulèvera une grève ou ruinera une industrie... et l'incurie de la ménagère ignorante gaspillera cet argent sans profit pour la famille !

La même somme qui aux mains d'une femme négligente ne suffit pas à assurer la *subsistance* des siens, sera parfaitement suffisante pour subvenir au *bien-être* de la famille, si elle est administrée par une ménagère économe, soigneuse et bien dressée.

Combien donc il importe, non seulement à la famille, mais à la société, de former la jeune fille aux occupations et aux habitudes qui seront la sauvegarde matérielle et morale du foyer qu'elle est appelé à fonder !

Deuxième cours du Foyer. — A côté des cours du ménage ont lieu les cours du Foyer destinés à nos filles. Elles y apprennent tout ce qui peut contribuer à les préparer à leurs futurs devoirs de maîtresses de maison et de mères de famille. Ils sont payants et nous aident à subvenir aux frais du cours de ménage.

Il y a aussi pour les jeunes femmes un cours de cuisine et d'hygiène très pratique et très apprécié.

Enfin il nous faut mentionner une des plus heureuses extensions de notre Enseignement ménager : les cours de Patronages.

Troisième cours de Patronages. — Ces cours : cuisine,

lavage, repassage, raccommodage, nettoyage et hygiène, sont donnés dans les patronages des paroisses, par les jeunes filles de la société qui, après avoir suivi les cours du foyer, ont fait sous la direction de notre éminente èt dévouée directrice, un stage de deux mois au cours de ménage pour apprendre à diriger à leur tour cette école en miniature. Détail touchant, nos filles sont secondées par de jeunes ouvrières sorties de notre école ménagère, qui, apôtres à leur tour, consacrent leurs jeudis à cette œuvre de dévouement en reconnaissance du bien que l'Enseignement ménager leur a fait à elles-mêmes.

Déjà en pleine activité dans la paroisse Saint-André, cette organisation se prépare ou se complète dans plusieurs autres paroisses de la ville (1).

Jardins Ouvriers.

A l'action sociale de la Ligue, se rattache intimement l'œuvre dite *Société des Jardins ouvriers de Reims.*

C'est dans une réunion de cette œuvre, ainsi qu'on l'a vu, que la Ligue a pris naissance. La direction est la même, et les principaux membres du Comité de l'une, se trouvent dans le Comité de l'autre.

L'Œuvre des Jardins ouvriers de Reims a pour but :

1° De mettre gratuitement pendant un temps déterminé à la disposition des familles ouvrières des terrains d'une

---

(1) Une initiative particulière aussi intelligente que dévouée avait inauguré, au patronage de la paroisse Saint-Thomas, ce genre d'enseignement : nous n'avons eu sur ce point qu'à étudier et à imiter.

contenance suffisante pour que celles-ci puissent en tirer leurs légumes de l'année.

2° D'apporter par là même à l'ouvrier, outre l'aide matériel, un intérêt moral qui le détourne du cabaret, l'engage à se suffire à lui-même, l'aide à sortir de la misère s'il y est, à n'y pas tomber s'il la côtoie.

Le premier principe de cette œuvre essentiellement moralisatrice, est le respect des traditions chrétiennes; l'idée religieuse est donc sa première inspiratrice. Mais son esprit est large, et dans la répartition du bienfait, elle demande seulement à celui qu'elle admet s'il est honnête, dans le besoin, et chargé de famille.

C'est l'activité et la charité ingénieuse d'une chrétienne de France, Madame Hervieux de Sedan, qui est à l'origine de ce mouvement chrétien et social qui a dépassé nos frontières.

L'assistance par le jardin ouvrier, une des formes les plus pratiques de l'assistance par le travail, est une véritable reconstitution de la famille par un *labeur* auquel tous prennent part, une *distraction* que tous partagent, un *bénéfice* dont tous profitent.

Nous voyons, chez nos ouvriers, les merveilleux effets du travail libre ; l'homme devient meilleur au contact de la terre ; son courage renaît, sa personnalité se développe : c'est un autre homme. « Madame, nous disait un ouvrier des Jardins Saint-Benoist, mon jardin est devenu la grande joie de ma vie ; ailleurs mon corps seul travaille, ici seulement je suis tout entier ; ici je revis. »

Dans le milieu sain et travailleur des jardins, les idées d'épargne, de solidarité, d'amour de la famille, renaissent et disposent son âme à un retour vers Dieu. Par des étapes successives le prolétaire se transforme en propriétaire, l'être malheureux et haineux en un voisin amical et fraternel. « Vous ne pouvez savoir, Madame, disait un ouvrier à la fondatrice de l'œuvre, tout le mal que nous ne faisons pas pendant que nous travaillons à notre jardin ! »

Ainsi comprise l'Œuvre des Jardins ouvriers est non seulement une œuvre d'assistance, mais une œuvre de préservation et de relèvement et l'on conçoit comment ceux qui s'en occupent arrivent à se passionner pour une institution qui améliore les conditions d'alimentation et d'hygiène de l'ouvrier, qui combat efficacement l'alcoolisme, la tuberculose, la mortalité infantile, qui enfin développe l'esprit de prévoyance, l'amour de la famille, et la charité envers le prochain.

L'Œuvre des Jardins ouvriers à Reims se rattache à notre groupe d'œuvres féminines par sa fondatrice et par son comité exclusivement composé de dames.

Au Congrès des Jardins ouvriers de 1903, M. Louis Rivière, secrétaire général, la qualifiait « d'œuvre importante et remarquablement organisée. » Fondée en février 1898, elle était approuvée l'année suivante. En 1900, à l'Exposition universelle, figurait un tableau explicatif de l'œuvre avec photographies, plans et légende.

C'est là qu'en prit connaissance M. Bielefeld, président de la commission des retraites ouvrières au Sénat allemand, qui correspondit avec nous, pour connaître nos principes, nos règlements et nos résultats. A la suite de cette correspondance, M. Bielefeld nous écrivait ces paroles qui ont fait battre notre cœur de Française : « Je vous félicite encore une fois pour l'énergie et l'intelligence tout à fait françaises, avec lesquelles vous et vos compatriotes ont su mener cette œuvre philanthropique.

J'essaierai de stimuler mes compatriotes par l'exemple des Dames Françaises. »

Nous avons créé 100 jardins divisés en cinq groupes situés dans cinq faubourgs de la ville. Chaque groupe de jardins est bien enclos et muni de pompes, puits ou conduites d'eau, choses indispensables dans nos terrains secs de la Champagne.

Nos 100 familles comptant 8 membres en moyenne, c'est un total de 800 personnes auxquelles l'œuvre procure les légumes de l'année avec la somme de 1,200 francs, montant total des cotisations. Ceci revient à dire que, une fois le jardin organisé, nous apportons à nos ouvriers une aide efficace, grâce à la modeste somme de 1 fr. 60 par personne et par an. N'est-ce pas la multiplication par la charité ! Pour exprimer le résultat matériel, sous une autre forme, nous pouvons dire que pour 10 francs dépensés par l'œuvre, 100 francs en moyenne sont acquis par l'ouvrier, grâce bien entendu au travail persévérant de celui-ci. C'est un point de vue qui a son importance à cette heure où les bourses chrétiennes sont si rudement grevées.

La première année nous donnons à l'ouvrier le terrain, le fumier, les graines ; la deuxième et la troisième année la terre lui est encore gratuitement concédée. La quatrième année il doit renoncer à son jardin ou entrer dans la société en payant sa cotisation de 10 francs.

C'est ainsi que notre œuvre devient une sorte de mutualité où par l'union de la forte cotisation du riche et de la modeste cotisation de l'ouvrier, la famille du travailleur trouve dans son petit jardin une importante ressource et une saine distraction.

Cette transformation d'un assisté en un membre de

mutualité a une portée morale qui n'échappera à aucun homme d'œuvre.

Admirable effet de l'assistance par le travail, la sélection entre le pauvre méritant et le professionnel de mendicité se fait d'elle-même ; le travailleur qui garde son lot de terre et le cultive, est nécessairement un méritant chez qui le bienfait est bien placé.

Sur la cotisation de l'ouvrier, la moitié est attribuée à l'œuvre que désormais il regarde comme sienne ; l'autre partie est remise tous les trois ans, sous forme de livrets de caisse d'épargne ou de mutualité, à l'aîné de ses enfants au-dessous de 15 ans, ce qui l'encourage à l'épargne.

La remise des livrets est l'occasion d'une fête qui réunissant nos souscripteurs et nos concessionnaires ouvriers, est une prise de contact aussi intéressante pour les uns que pour les autres.

Disons enfin que deux de nos jardins ont été les points de départ, et sont le centre de caisses rurales très prospères et très bien organisées, mais indépendantes de la direction de la société.

Nos ouvriers cultivent leur jardin avec soin et succès. Quelques-uns y mettent une véritable passion et obtiennent des résultats étonnants, soit par la valeur, soit par la beauté des produits.

Le rapport de 100 francs que je citais plus haut est celui de la moyenne des jardins. Mais il est souvent dépassé, grâce à une culture courageuse et persévérante. Nos évaluations ont été faites sous la dictée des ouvriers eux-mêmes, et j'ai été témoin d'un petit fait qui le confirme d'une façon assez humoristique.

Nous sommes au dernier dimanche d'octobre 1903. Les

chefs de famille sont réunis aux Jardins Saint-Joseph pour le paiement de la cotisation. L'un d'eux, Kaufmann, ne pouvait se décider à verser la seconde partie de la somme convenue.

— Tu n'es pas honteux de chicaner ainsi pour 5 francs, lui dit le père François ; regarde ton jardin, il y a encore pour 60 francs de légumes, et vous en avez déjà mangé cette année pour deux fois autant.

L'autre regarde son jardin avec fierté, sourit — et tire de son gousset la pièce d'argent qui y était toute prête.

L'évaluation du rapport de ce jardin est donc de 180 francs et elle est contresignée d'une façon dont il est difficile de contester la valeur.

Nous ne saurions passer sous silence l'effort courageux de plusieurs de nos ouvriers qui ont construit eux-mêmes leurs maisons dans leurs jardins (Ladeuil et Lefèvre à Saint-Joseph ; Lacatte à Saint-Benoit). D'autres y ont bâti une succursale de leur logement de ville. Dès le matin la ménagère s'y installe, y fait la lessive et la cuisine ; on y déjeune, on y passe la journée. Le logis urbain ne sert que pour la nuit. Un grand nombre ont, au jardin, un abri pour les jours de pluie ou bien une tonnelle où l'on vient dîner les soirs d'été et passer au calme les dimanches de la belle saison (1).

Dans notre œuvre rémoise, nous l'avons dit, le comité central est exclusivement composé de dames, mais les

---

(1) Un sixieme groupe de jardins est en voie de se constituer sur un plan nouveau. L'œuvre, propriétaire du terrain, le concèdera aux ouvriers qui voudraient y construire leur maison et en devenir propriétaires. La caisse rurale, dont il est ici question, fera les avances ; remboursées par annuités, elles assureront à l'ouvrier, au bout d'un certain temps la propriété du terrain et de la maison.

comités locaux sont mixtes. Un directeur — et dans deux des jardins le directeur est un ecclésiastique — est chargé des rapports matériels avec les ouvriers : distribution de graines, d'engrais, prélèvement des cotisations, entretien des clôtures et conduites d'eau, etc.

Les enquêtes et les visites des jardins sont indifféremment confiées à un monsieur ou à une dame selon les circonstances et les bonnes volontés.

Les dames, néanmoins, sont en majorité et, répétons-le, leur place est, là encore, parfaitement justifiée.

En effet, par leur esprit pratique et leur science des détails, les femmes sont particulièrement aptes à organiser ou à aider une œuvre qui touche de si près aux choses du ménage et à la pratique de la vie.

La femme de l'ouvrier, elle aussi, a son rôle tout indiqué au jardin. Elle a plus de loisir que l'homme. La culture en est pour elle aussi saine que lucrative ; les enfants à ses côtés s'ébattent au grand air ; ils y puisent force et santé. Plus encore que l'homme, la ménagère sait faire le compte des légumes, et apprécier cet apport au modeste budget.

Ce qui la touche encore davantage c'est que le travail du jardin éloigne son mari du cabaret. « Le plus grand profit de notre jardin, me disait l'une d'elles, n'est pas dans les légumes que nous avons mangés, mais dans les petits verres que mon mari n'a pas bus. »

A l'homme donc les forts travaux : à la femme l'entretien qui se combine si bien avec la garde des enfants au bon air. Si une dame passe alors, caressant les têtes blondes ou brunes, s'informant des santés et donnant ses conseils, l'influence exercée est autre — mais non pas moindre — que celle qu'exercerait un homme parlant au père de famille de son travail et de ses soucis.

On ne pourrait mieux terminer l'exposé de notre œuvre de Jardins ouvriers qu'en donnant cette appréciation d'une femme remarquable, qui dirige à Reims un grand établissement : « Je regarde que la possession du petit jardin préserve la famille ouvrière, non de la *pauvreté* sans doute, mais de la *misère morale* et *matérielle*. »

Des pauvres, il y en aura toujours parmi nous : mais béni soit l'instrument qui lutte victorieusement contre la misère !

Les campagnes. — La Ligue s'est efforcée de ne pas laisser les campagnes en dehors de son action. Nos correspondantes y sont toujours prêtes à répandre tracts et bons journaux. Dans quelques localités nous avons des groupes bien organisés pour la lecture du bulletin. Les sociétaires de la campagne invitées à nos grandes conférences y viennent très volontiers et nous nous préoccupons de porter à la campagne, pendant l'été, les Causeries-Conférences faites à la ville, pendant l'hiver.

Presse — La Ligue comprend trop bien l'influence et la nécessité de la bonne presse pour ne pas la soutenir de son effort si modeste qu'il soit. Elle vient donc d'ouvrir, dans le faubourg Cérès, un cabinet de lecture populaire où bons journaux et revues sociales sont mis gratuitement à la disposition de l'ouvrier qui ne trouve une semblable organisation que dans les Bourses du Travail, mais dans un autre esprit, il n'est pas besoin de le dire.

Mutualités. — Cette question est à l'étude et n'attend pour entrer dans le domaine de l'exécution qu'un moment opportun ou des ressources plus étendues.

L'action mutualiste, parfaitement comprise par nos femmes ouvrières, ne l'est pas encore suffisamment des femmes de la classe élevée. De ce côté les concours nous manquent et l'éducation sociale est, avant tout, nécessaire pour que nous puissions aller de l'avant.

Conclusion.

ESPRIT DE LA LIGUE DES FEMMES RÉMOISES

La Ligue des Femmes Rémoises est autonome ; elle a gardé jalousement, malgré bien des sollicitations, cette indépendance qu'elle regarde comme la condition d'un succès durable.

Rendons hommage à l'élan généreux des groupes du centre qui viennent réveiller et susciter les bonnes volontés éparses. Mais, encourageons les œuvres locales et indépendantes. « Ce sont des plantes du pays, rustiques mais vigoureuses, adaptées au sol : plus aptes que tout autres à produire des fruits durables (1).

Il n'est pas inutile, en terminant, de donner une idée générale de ce que l'on pourrait appeler l'esprit de la Ligue, et nous ne saurions mieux le faire qu'en nous inspirant d'un prêtre distingué (2). Ses paroles seront la meilleure justification de notre méthode.

La Ligue des Femmes Rémoises, nous l'avons vu, « n'est pas une œuvre politique, elle n'est pas non plus une œuvre confessionnelle.

« Ici, il faut bien s'entendre : les personnes qui l'ont

----

(1) M. Deglin, Rapport au Congrès de Jeanne d'Arc sur la Ligue des Femmes Lorraines (mai 1904).

(2) L'abbé J.-B. Piolet, Action sociale de la Femme. *Correspondant*, 10 juillet 1902.

entreprise sont catholiques et elles entendent bien que leur action ne soit pas accaparée par des adversaires de leur foi, ne tourne jamais contre leurs croyances, ne devienne à aucun prix une arme nouvelle contre l'Église. Seulement ces personnes sont des femmes du monde et il n'y a dans leur groupement aucun prêtre, aucun évêque, aucune religieuse.

« Que des prêtres leur donnent leur concours, que des évêques leur accordent leur approbation — et cela est — elles en sont très reconnaissantes.

« Elles ne se refusent pas non plus à entendre un conseil, ni au besoin à le solliciter, mais il est bien entendu qu'elles sont et veulent rester une association de femmes du monde.

« Elles ne s'occupent pas d'œuvres religieuses proprement dites. De ces œuvres-là il en faut, et de plus en plus, à mesure que la religion est de plus en plus en danger, nos congrégations religieuses persécutées ou proscrites, le clergé impuissant à faire face à tous les besoins.

« Mais il est aussi d'autres œuvres dont il serait souverainement imprudent d'abandonner le monopole à nos adversaires qui voudraient s'en emparer pour s'en prévaloir vis-à-vis d'un peuple ignorant.

« Telles sont les mutualités féminines scolaires et post-scolaires, les caisses dotales, les caisses de secours et de retraite.

« Il y a les œuvres connexes à l'enseignement tels que les cours professionnels, les bibliothèques roulantes, les écoles ménagères.

« Il y a aussi les œuvres de défense et d'organisation sociale comme les syndicats; les œuvres d'appui et de secours tels que l'assistance par le travail, les jardins ouvriers, les dispensaires, les consultations gratuites (1).

« Il y a les œuvres de protection en particulier, celle de la protection de la jeune fille, les maisons de famille, les restaurants féminins, les salles de travail et de correspondance.

« Il y a enfin des mouvements à propager comme la Ligue des acheteurs, et d'autres à enrayer comme celui qui amena la fatale loi du divorce « faite contre la femme et toujours exploité contre elle. Si les femmes l'avaient voulu et avaient su se grouper pour faire entendre la voix de leur protestation, cette loi néfaste n'aurait peut-être pu passer. Aujourd'hui où l'on veut créer un mouvement pour l'élargir, il faut que les femmes par un syndicat de résistance puissent réagir par un mouvement contraire. »

On ne saurait d'une manière plus large et plus lumineuse tracer la voie et montrer le but.

*
* *

Daigne Dieu — qui a donné à des mères de famille, à des femmes du monde la pensée de faire servir à la cause sociale, l'influence qu'elles doivent à leur éducation — bénir leur effort, leur initiative modeste, mais inspirée par le désir du bien, l'amour des déshérités, l'espoir de travailler au relèvement de notre France.

Mme CHANGEUX.

(1) Les Dames de la Croix-Rouge ont organisé à Reims depuis plusieurs années des cours de dispensaire très bien faits et très suivis, un dispensaire et des consultations gratuites. Mentionnons également les Dames du Secrétariat du peuple et leur bureau de renseignements si remarquable par la souplesse de son organisation, l'étendue et la diversité des services rendus à la classe ouvrière.

Mme la Comtesse de COSSÉ-BRISSAC.

LE FIL & L'AIGUILLE

Mars 1904

Chrétiennes de nos jours.

Le Christianisme en surnaturalisant le travail donna au moindre effort, à l'œuvre la plus simple, un mérite infini. En apprenant à l'homme qu'il avait été créé pour le ciel, il l'habitua à regarder en haut ; ce regard éleva sa vie.

L'art y gagna. Ce fut sous cette inspiration nouvelle que prirent naissance les chefs-d'œuvre restés la gloire du Moyen-Age.

Patrons et ouvriers rivalisèrent de zèle n'ayant en vue que l'honneur du métier, ne connaissant pas d'intérêts divisés. Les ouvriers faisaient leur « tour de France » pour s'inspirer des idées des maîtres. Les patrons pratiquaient la vraie fraternité qui devrait être l'apanage des chrétiens. Ainsi se formèrent les premières corporations, unissant tous ceux qui appartenaient à un même métier et leur donnant l'orgueil de leur profession. Elles groupèrent merveilleusement les petits capitaux, les dons de chacun et vinrent en aide aux isolés qui ne pouvaient se défendre contre les difficultés de la vie.

Nous étudierons, particulièrement, les groupements de femmes : ceux de l'habillement. Notre but est de montrer ce qu'ont fait et ce que peuvent encore faire des chrétiennes généreuses cherchant leur devoir à la lumière de l'Evangile.

L'opuscule dédié à l'Aiguille et intitulé « Papiers de famille » nous montre que les couturières ne commencèrent à jouer un rôle important que dans la première moitié du xviie siècle. Leur ennemi avait été jusque-là, le tailleur pour « dames ». Ce fut justement en se groupant que les aïeules de nos couturières parvinrent à mettre un terme à l'accaparement masculin.

Les grandes dames de l'époque, qui comprenaient leur « devoir social », prirent l'initiative « d'une requête à Sa Majesté ». Elle avait pour double objet de demander l'institution « d'une communauté de couturières, en tous ouvrages, pour femmes et enfants et l'interdiction de ce métier aux tailleurs ».

Louis XIV « daigna de sa personne, dit un mémoire du temps, s'occuper de l'affaire ». L'ayant examinée avec ce soin qu'il apportait à toutes choses de son royaume, il rendait, en 1675, un édit conforme à la requête des dames de la Cour et motivé en ces termes encore dignes d'attention :

« Il est principalement séant et convenable à la pudeur et à la modestie des femmes de ne se faire habiller que par des personnes de leur sexe. »

En conséquence les couturières de Paris, érigées en communauté « avec tous privilèges requis pour la conservation et la prospérité du métier », obtenaient, à l'exclusion de tous tailleurs, « le droit de façonner », vendre et faire vendre robes, parures, robes de chambre, jupes et corps de jupes, camisoles et tous autres ouvrages et étoffes pour femmes et filles. »

Les couturières et leurs nobles protectrices voulurent ajouter à une organisation professionnelle celle d'une confrérie. Elles en élaboraient les statuts et les soumettaient à l'autorisation de l'archevêque de Paris, François II de Harlay, lui demandant, en outre, d'établir la dite confrérie en l'église de Saint-Gervais, sous le patronage de saint Louis, en souvenir des bienfaits dus à son glorieux successeur.

L'autorisation était, bientôt après, octroyée dans les termes les plus encourageants.

Ils étaient vraiment mérités, surtout par l'article 7 et l'article 12 des statuts.

Le premier disait : « S'il arrive que quelqu'une de nos sœurs tombe malade, on le fera savoir aussitôt à l'administration. »

Le second portait : « S'il arrive que quelqu'une de nos sœurs devienne pauvre et dénuée de biens, elle sera secourue par la confrérie. »

« Nos sœurs seront en outre exhortées de l'assister en leur particulier. »

La prescription de l'assistance collective se double donc de la recommandation de l'assistance personnelle. C'est l'esprit de famille professionnelle dans sa très chrétienne expression.

Le baptême porte bonheur au berceau. — Aussi la « communauté », à l'instar de la confrérie, fait-elle une large place à l'assistance mutuelle. Les couturières bénéficient rapidement de leur organisation et s'attachent à développer leur fonctionnement administratif, à perfectionner la culture professionnelle et l'organisme économique.

Ainsi en 1716 était-il décidé que désormais « la communauté serait administrée par trois syndiques et trois adjointes autres que celles de la confrérie qui « devait demeurer » bien distincte pour la bourse commune et divers objets y attenant. »

Un document, non moins intéressant, nous transmet les décisions d'une assemblée des députés et du bureau où l'on voit ce qu'une corporation faisait de ses ressources en 1775. — On tomba d'accord, dit M. Levasnier, sur trois points « en rapport avec la situation et l'esprit de famille de la communauté » :

1ᵒ Fondation de deux lits de 150 livres chacun, en la Maison-Dieu, pour de pauvres veuves du métier mises par âge ou infirmité hors d'état de gagner leur subsistance.

2ᵒ Dotation de 200 livres et d'un trousseau complet d'habillé pour quatre jeunes personnes des plus méritantes de la communauté, âgées de 22 ans au plus, de 18 ans au moins, dont deux reçues maîtresses, toutes choisies, sur la présentation de Mesdames les syndiques et de Mesdames les députées, en l'assemblée générale de la fête patronale de saint Louis.

3ᵒ Prélèvement sur les recettes de la communauté et sur la réserve de la Confrérie pour l'apprentissage de quatre orphelines du métier.

Mais, hélas ! la crise de la France corporative allait commencer. Malgré le discours inoubliable de Séguier ; malgré les respectueuses doléances dûment motivées au sujet de l'édit de suppression et adressées à Sa Majesté ; malgré le rapport si remarquable de Lacroix, commençant par ce petit avant-propos caractéristique : « Jusqu'à présent nous n'avons encouragé les jurandes que du côté de l'intérêt du commerce et de la perfection de l'industrie ; une considération plus importante, celle des mœurs, s'élève en faveur de l'unique communauté d'ouvrières qui exerce à Paris une influence si tutélaire sur ses 1500 ouvrières et apprenties » ; malgré ces énergiques efforts, l'anéantissement de la grande famille professionnelle fut un fait accompli.

Il appartenait aux chrétiennes de nos jours de reprendre la noble tâche entreprise par leurs devancières.

Elles n'y faillirent pas. Comme au temps de Louis XIV, il y eut au xixe siècle des âmes généreuses qui comprirent les luttes et l'isolement des déshéritées de la corporation ancestrale.

L'histoire des journalières de la couture pendant trois quarts de siècle pourrait se résumer ainsi :

Martyre de l'existence professionnelle, en raison de la destruction d'un foyer si complètement hospitalier ; *martyre* causé par le marchandage, la concurrence et l'individualisme exploiteur qui les condamne à l'obsession de la maladie, du chômage, des vieux jours sans ressources ; *martyre* par le surmenage des journées de quinze heures, à certaines époques de presse.

Que de printemps mutilés par le labeur effréné, que d'étés moissonnés, quelle déperdition de qualités de cœur, de courage, de santé qui devaient faire le bonheur d'un foyer ! Ce qui donne le droit de le penser c'est qu'en ces fauchaisons de jeunesse se rencontre de tous côtés une merveilleuse vitalité de vertus.

Ce régime du travail moderne a été officiellement apprécié aux expositions de 1867 et de 1900, tant au point de vue des couturières patronnes que des ouvrières ; concurrence illimitée, avilissement des salaires par les grands magasins, exhibitions d'étalages qui hypnotisent la clientèle, ventes au comptant que ne peuvent imposer les maisons de bon aloi obligées à des crédits illimités, tandis qu'elles sont tenues de payer régulièrement leurs ouvrières. Celles-ci, en raison du marchandage, du chômage, passent d'un atelier à l'autre, d'où instabilité préjudiciable aux patronnes qui ne peuvent, le plus souvent, établir avec leurs auxiliaires les relations durables et fructueuses d'une organisation professionnelle.

Que dire de l'apprentissage indispensable à l'avenir des ouvrières et qui n'existe plus !

Les parents ont des exigences inadmissibles pour la vraie culture professionnelle. Ils veulent que leurs enfants soient de suite rémunérées.

Les grandes et moyennes maisons ne prennent que des ouvrières expérimentées.

L'apprentissage ne se rencontre plus que dans les petits ateliers et il y donne de pauvres résultats.

Le rapporteur du Jury ajoutait :

« Il n'existe aucune institution philanthropique particulière à l'industrie du vêtement de la femme. Rien n'a été tenté dans la corporation en vue d'une organisation sérieuse de la prévoyance et de la mutualité. »

Comment remédier à ce déplorable état de choses ? Fallait-il augmenter les difficultés des patronnes, en se contentant de plaindre les ouvrières, ce qui n'eut servi d'ailleurs qu'à leur rendre leur sort plus pénible ?

« Les œuvres de pure charité ne sont que des palliatifs », a dit Le Play.

Le Syndicat de l'Aiguille, fondé au lendemain même de cette exposition où venait d'être signalée la situation si critique du métier, répondait donc à un besoin essentiel et pressant. L'honneur en revient aux Dames Patronnesses de l'OEuvre des Cercles catholiques déjà initiées aux groupements professionnels mixtes. Elles firent appel à une élite de maîtresses d'ateliers qui les secondèrent avec élan.

L'entreprise était difficile. Il y avait à combattre les préjugés, l'inertie, les défiances. Que d'abnégation, d'esprit de suite, d'énergie, de dévouement manifestés au début de cette création si ardue ! Il ne fallait pas paraître imposer de direction, mais chercher à susciter, parmi les associés, l'esprit de solidarité, d'initiative, de responsabilité, mais les amener à comprendre que l'avenir de leur association est entre leurs mains et non dans celles d'un comité protecteur.

Nous pourrions montrer la part due à chacune des fondatrices du Syndicat de l'Aiguille.

Mais ce serait l'histoire intime de ce prosélytisme, profondément chrétien, dont l'admirable désintéressement tient à garder le secret.

Citons toutefois celles que Dieu a rappelées à Lui :

Madame la marquise de Saint-Chamans, première présidente d'honneur de l'Aiguille et Madame la marquise de La Tour du Pin.

Comme elles pratiquaient fidèlement le « Devoir social », ces vraies et intelligentes grandes Dames, s'intéressant à toutes les femmes qui peinent dans la vie ! Elles eurent, les premières, la pensée d'ouvrir une enquête sur la situation des ouvrières et leur obtinrent des défenseurs à la tribune parlementaire.

Elles encore, parmi les femmes du monde, provoquèrent une pétition en faveur des demoiselles de magasin, se répandant en démarches auprès des chefs de maisons pour les décider à accorder des sièges à leurs employées... et la liberté de s'en servir.

Elles, enfin, qui furent si généreuses pour la caisse des prêts, à laquelle Madame la marquise de La Tour du Pin voulut bien penser dans ses dernières volontés.

Nous devons aussi un souvenir de respectueux regrets et de reconnaissance à Madame la comtesse de Biron dont le cœur généreux sut faire naître les ressources nécessaires, non seulement à la création des œuvres de l'Aiguille, mais à tant d'autres œuvres similaires. Sa mémoire restera en bénédiction pour le bien qu'elle a fait et le grand exemple qu'elle a donné.

Voyons au bout de quatorze ans quel est le résultat pratique de cette grande pensée.

Dès la fin de 1892 l'Association se compose de 241 membres, dont 70 patronnes représentant, pour un tiers, le groupement mixte réalisé depuis, sur tant de points de la France. Aujourd'hui il s'élève à 1,200, dont 150 employées et 120 patronnes. L'union se fit sur le terrain religieux et sous la paternelle protection d'un cœur d'apôtre, resté le fidèle appui de l'Association, tout en ne se mêlant pas à sa vie syndicale.

Les statuts déposés, le conseil mixte organisé, les réunions syndicales régulières amenèrent la création des diverses œuvres d'assistance de l'Aiguille : bureau de placement gratuit, caisse de prêts gratuits, maison de famille, caisse de loyer, atelier de chômage, cours professionnels.

Le Bureau de placement place de 250 à 300 ouvrières par an, le plus possible dans des ateliers recommandables comme moralité et travail. Beaucoup de maisons ne faisant pas partie du syndicat lui demandent des ouvrières.

Caisse de prêts gratuits pour celles des membres qui peuvent offrir des garanties de remboursement. Fondée au capital de 10,000 francs, au moyen de parts souscrites par les patronnes, des dons et d'un legs de 5,000 francs laissé par M. Worth, cette caisse rend les plus grands service aux ouvrières dans les moments d'épreuve. Elle prête de 2 à 3,000 francs, par an, remboursables à dates prévues. Sauf de rares exceptions, les rentrées se font régulièrement.

La Caisse de loyer encourage l'épargne en ajoutant 20 0/0 aux sommes versées par les syndiquées pour les loyers ou parts de loyers ne dépassant pas 240 francs.

La Maison de Famille, 19, *cité du Retiro*, semble être le cœur de l'Association de l'Aiguille dont elle résume le caractère de solidarité et de protection. Elle est destinée à venir en aide à la légion de jeunes filles, isolées dans Paris et réduites à la vie si dangereuse des « garnis ».

M. Georges Picot signale que, pour cent mille d'entre elles, il n'existe que mille lits honnêtes, pas un de plus. Où aller, que devenir en face des dangers qui les guettent ?

Le foyer offert par l'Aiguille à ses syndiquées est maternel et doux. Il leur assure pour la modique somme de 55 francs par mois une nourriture saine, un logement vaste et salubre ainsi que l'affection discrète et clairvoyante qui veille sur elles, et leur tend la main à l'heure où elles ont besoin d'appui. Il élève aussi leur intelligence et leur cœur par des distractions honnêtes et souvent instructives. Le meilleur éloge à faire de cette maison est l'attachement que lui gardent ses pensionnaires même après leur mariage. Elles y reviennent avec joie, comme on revient au « home » familial.

Elles ont à leur portée les *cours* professionnels, offerts gratuitement à toutes les associées, qui, chaque soir, réunissent au siège social les ouvrières les plus courageuses et désireuses d'augmenter utilement leur instruction trop souvent interrompue avant l'âge. Elles recueillent là, de la part de professeurs dévouées, les leçons d'anglais, de comptabilité, de dessin. C'est vraiment à leur éloge de savoir ajouter ces heures d'études à leurs journées de travail déjà si longues.

L'Atelier de chômage dont l'honneur revient à la dévouée patronne trésorière. Son cœur généreux se souvient de ses débuts dans la vie, comme ouvrière, et se penche vers celles qui travaillent et luttent à leur tour. Son inlassable persévérance a eu raison de toutes les résistances que provoquent cette tâche ingrate : trouver de l'ouvrage qui ne soit pas une concurrence pour les patronnes et qui, cependant, assure le travail quotidien de l'ouvrière pendant les longs mois d'interruption. N'est-ce pas la plus belle forme de l'assistance, que celle qui s'offre par le travail ? Elle mérite d'être aidée, encouragée par les dames du monde qui, en faisant effort, peuvent envoyer du linge à réparer, des ouvrages à finir, des layettes, des vêtements de pauvres ; elles emporteront, dans leurs villégiatures, la satisfaction de l'aide laissé à celles qui ne peuvent se reposer.

En moyenne, 300 ouvrières s'adressent chaque année à l'atelier de chômage ; elles y sont rémunérées à raison de 20 à 30 centimes l'heure, pour huit heures, soit 1 fr. 60 à 2 fr. 40 et quelquefois davantage.

Ce prix n'est pas à dédaigner quand on connaît le budget moyen d'une ouvrière :

310 jours de travail par an à 4 francs (1).   1,240 fr.
A déduire 130 jours de chômage .   .   .   520 fr.

Soit 60 fr. par mois. .   .   720 fr.

Enfin l'effort actuel porte sur *l'apprentissage* qui n'existe plus, ce qui explique la rareté des ouvrières sachant travailler. De tous côtés l'attention est en éveil sur ce point. La Chambre syndicale de la couture s'en émeut. Les écoles professionnelles, déjà créées, sont insuffisantes, et au dire des patronnes expérimentées ne remplacent pas l'enseignement familial de l'atelier. L'Aiguille a, une des premières, signalé cette grave lacune ; elle veut tenter, dans sa modeste part, de la combler par le retour aux livrets d'apprentissages, par des concours et des récompenses pécuniaires qui faciliteraient aux familles les moins fortunées, l'apprentissage de leurs enfants.

Le rôle des Dames est là encore tout indiqué : elles peuvent chercher des apprenties au sortir des écoles, les amener au syndicat qui les placerait, les suivre dans leur apprentissage et s'intéresser aux concours annuels qui donneraient de l'émulation aux patronnes et aux apprenties. La patronne aura à cœur que l'apprentie de sa maison lui fasse honneur et le diplôme acquis par l'apprentie lui sera un bon point de départ. C'est pour arriver à ces nombreux résultats qu'il faut multiplier nos efforts, les unir surtout. C'est cette union chrétienne qui fera notre syndicat grand et fort, selon la belle parole de Madame la marquise de Saint-Chamans.

Le Syndicat de l'Aiguille est *mixte*, en ce qu'il n'exclut

(1) Chiffres pris à Paris ; en province le salaire est très inférieur.

aucun élément de la hiérarchie professionnelle, estimant que les intérêts généraux de la profession sont communs aux uns et aux autres et, par conséquent, doivent être étudiés et défendus dans un esprit de solidarité qui permet l'entente équitable.

Ce principe n'exclut pas les réunions distinctes de patronnes et d'ouvrières lorsque des questions spéciales se posent et peuvent être ainsi discutées plus librement. Mais le groupe des ouvrières, lui-même, a émis le vœu formel que l'esprit fondamental de l'Aiguille ne fut pas modifié et que tout avis, émis par un des groupes, fut, en dernier ressort, soumis au conseil syndical mixte.

Nous tenons à dire, en terminant, que, tout en étant fondation catholique, l'Aiguille respecte la liberté religieuse de ses adhérentes. La plupart assistent à des réunions pieuses faites à leur intention, mais elles s'y rendent en toute liberté et spontanéité. Leurs sentiments personnels, le bon exemple guident seuls leur volonté dans les questions de conscience.

La vie expansive du syndicat s'affirme dans les fêtes et réunions générales : chaque année plus nombreuses, plus vivantes, elles sont un véritable trait d'union entre les différents groupes.

Les promenades à la campagne, offertes par de gracieuses hospitalités, la fête patronale de sainte Anne, l'Assemblée générale, suivie d'une partie artistique toujours remarquable, affirment l'union des cœurs et l'attachement des syndiquées à leur famille professionnelle.

Des témoignages plus touchants encore sont rendus par celles d'entre elles que l'épreuve atteint plus cruellement et qu'il est donné aux dames déléguées de soulager un peu. Dernièrement, une enfant de vingt ans, qui attend avec impatience à l'hôpital son entrée à Villepinte, sa dernière étape vers le ciel, disait à l'une de nous : « Ah ! Madame, qu'il fait bon retrouver une mère quand on n'a pas connu la sienne ! Je ne saurai jamais assez bénir le syndicat qui me l'a rendue. »

La province a suivi, et même devancé, Paris dans ces organisations féminines : Plus de cinquante associations analogues se sont fondées sous l'impulsion des dames patronnesses de l'œuvre des Cercles : Carcassonne, Cherbourg, Rennes, Mayenne, Mamers, Flers, Angers, Cognac, Niort, Angoulême, Poitiers, etc., réalisent les plus heureux résultats. La dernière éclosion est celle des dentellières de l'Aiguille à la campagne, ou « Travail au foyer », fondée par Mademoiselle de Marmier et ses dévouées acolytes venues de plusieurs points de la France.

Ces grandes dames ont compris la grande portée de l'idée qui tend à attacher les jeunes filles au foyer et à arrêter leur émigration vers Paris.

L'heure est propice de multiplier et de fortifier nos cadres syndicaux, tandis que le socialisme est loin d'avoir organisé les siens. Dirigée par une influence éclairée, la femme peut demeurer la sage conseillère de l'ouvrier, exercer son rôle social personnel, défendre ses intérêts sans recourir à la violence. Pour l'organisation de tant de forces éparses, les œuvres pies ne suffisent pas Il faut ajouter l'*Association professionnelle* qui seule est vraiment forte, consciente des droits et devoirs sociaux et peut ramener l'union là où règne le désordre de l'individualisme.

La Présidente d'honneur :
Comtesse Pierre DE COSSÉ-BRISSAC.

Résumé de l'Assemblée générale de 1904.

Mademoiselle de MARMIER.

TRAVAIL AU FOYER
DANS LES CAMPAGNES DE FRANCE

Le désir d'arrêter l'émigration des femmes dans les villes et les grands centres, et de les maintenir dans leurs foyers a été la cause originale de l'œuvre.

Fondée en 1895, l'œuvre employa seulement cette année-là, trois jeunes filles qui voulaient quitter leur village ; elles restèrent et commencèrent à tricoter des bas à la machine, que l'on vendit tant bien que mal à la ville voisine.

En 1896, plusieurs autres se joignirent à elles, et l'on fabriqua pour 5,000 francs de tricot. Cette somme, distribuée dans un village, y apportait le bien-être ; d'autres villages limitrophes envoyèrent des jeunes filles qui, faute d'occupations salariées, voulaient aussi se placer à la ville. L'œuvre, encore dans son embryon, connut à ce moment, une période fort critique : il fallait acheter de nouvelles machines, ce qui était trop onéreux, l'article fabriqué n'étant pas de vente assez facile pour répondre à tant de demandes de travail.

Nous eûmes alors l'idée de consacrer la bonne volonté des ouvrières, à une autre sorte de travail ; à cette époque, la *dentelle française* traversait une crise pénible, dont toute trace est loin, hélas! d'avoir disparu. En particulier, l'industrie de la dentelle à la main périclitait ; on ne trouvait plus d'ouvrières sachant leur métier et disposées à travailler.

Si étrange que cela puisse paraître, le fait n'en est pas moins rigoureusement exact. En 1851, dans le seul département du Calvados, il y avait 50,000 dentellières, et la dentelle faisait entrer dans la région, une recette d'environ 12 millions ; aujourd'hui, à peine y pourrait-on compter 1,000 dentellières, et dans la plupart des régions où cette industrie était jadis prospère, on pourrait constater la même baisse.

La principale des raisons de cette baisse, c'est après la concurrence du travail à la machine, dont la facilité tente l'ouvrière, la diminution des salaires. En veut-on la preuve irréfutable ? Qu'on nous permette de citer un de nos confrères :

« Entre la paysanne qui fabrique la dentelle et celle qui la porte, il y a parfois cinq intermédiaires et même plus ! Naturellement, chacun de ces intermédiaires réclame son gain et le prélève ; ce qui reste à la travailleuse est singulièrement minime.

« Que le marchand de dentelles, qui doit composer des modèles nouveaux, qui doit à crédit déposer, chez des couturières, des stocks de marchandises précieuses, atteignant parfois une somme mensuelle de 5 à 10,000 francs, et qui doit enfin courir le risque des capricieuses fluctuations de la mode ; que ce marchand s'indemnise du péril qu'il court et qu'il tire un sérieux bénéfice de son esprit inventif, c'est là une chose naturelle et nécessaire.

« Mais ce marchand s'adresse à des fabricants, lesquels recourent à des entrepreneurs en gros, lesquels font appel, dans chaque village, à la collaboration de quelque sous-entrepositaire, et vous voyez d'ici se glisser dans l'industrie de la dentelle, entre la paysanne qui produit et le marchand qui vend, un interminable parasitisme.

« Sans avoir d'autre fatigue que celle de distribuer, chaque semaine, un peu d'ouvrage aux paysannes, puis d'en recevoir la livraison et la réexpédier, l'intermédiaire qui est ainsi le maître du marché de la dentelle, dans le petit village, réduit à sa volonté le salaire des ouvrières.

« La paysanne ne connaît que lui, ne relève que de lui ; en échange de la dentelle, c'est lui qui donne le pain, et tant qu'il peut, il en amincit les tranches, afin de se réserver à lui-même un plus gros bénéfice. C'est un souverain absolu que cet intermédiaire.

« Quels sont les besoins de nos braves mères de famille, vivant chez elles et ayant un long hiver pendant lequel il n'y a rien à faire dans les champs? Il faudrait pour le foyer trente ou quarante sous quotidiens ; l'intermédiaire en donne huit ou dix... ou rien du tout, c'est à son choix. Elle prend ce qu'on lui offre, et voilà sa liberté !

« Si encore, elle avait toujours des *sous!* Mais l'intermédiaire, qui se fait payer au fabricant en un numéraire bien sonnant, propose à la paysanne — et proposer c'est imposer — un autre genre de monnaie. N'est-il pas drapier, ou bien épicier, ou bien mercier? Il donnera quelques denrées pour rémunérer la dentelle qu'on lui apportera, et, comme lui seul est au courant du prix de ses marchandises, voilà s'introduisant, dans la fixation du salaire de la malheureuse dentellière, un nouvel élément d'arbitraire.

« Le caprice de l'intermédiaire est seul souverain pour apprécier ce que vaut la dentelle qu'on lui apporte, et seul souverain, encore, pour apprécier ce que valent les marchandises, parfois avariées ou démodées, qu'il jette en paiement. »

Voilà, non flatté, le tableau du sort de l'ouvrière en dentelles, en 1896 ; encore souvent de nos jours, lorsque nous avons cherché à quoi occuper les bonnes volontés qui étaient venues se grouper autour d'elle. C'est alors que nous songeâmes à prendre en mains la défense des dentellières, tout en poursuivant notre intention d'arrêter l'émigration de la jeune fille et de la femme vers les villes, émigration qui atteignait des proportions effrayantes dans certaines contrées, où elle était évaluée à 50 0/0.

A cette époque, la *dentelle Renaissance* était fort à la mode ; elle fut pour l'œuvre un appoint précieux ; le chiffre des ouvrières monta à 50.

Afin de pouvoir augmenter ce chiffre, il fallait chercher de nouveaux débouchés ; *l'Irlande* ne suffisant pas à fournir de dentelles le consommateur, on commença cette fabrication de *l'Irlande française*, qui prit si vite une grande extension, et permit de répondre aux besoins du commerce français. L'œuvre était solidement échafaudée ; avec les années, sa prospérité s'accentua. A l'appui, citons quelques chiffres :

En 1899, avec	100 ouvrières	.	.	12,000	francs.
En 1900, —	200	—	. .	29,000	—
En 1901, —	400	—	. .	52.000	—
En 1902, —	1,000	—	. .	122,000	—
En 1903, —	2,000	—	. .	200,000	—

A l'heure actuelle, plus de 3,500 ouvrières, disséminées dans 35 départements, ont un gain-pain assuré, avec un salaire qui a été relevé de 1 fr. 25 à 2 francs par jour, et, détail qui a bien son importance, le travail ainsi fourni se fait chez soi, sans trop de fatigue, au moment opportun ; car durant les mois d'été, où les besognes des champs réclament tous les concours, on espace les commandes afin que les femmes puissent, elles aussi, prendre part à la vie agricole.

D'autres chiffres nous paraissent non moins intéressants à donner : ce sont ceux du gain annuel auquel sont parvenues les ouvrières. En feuilletant leurs carnets de travail, nous relevons pour les unes 150 francs, 200 francs, 300 francs, et même 500 et 600 francs. Ces sommes sont énormes et représentent un bien être considérable, si l'on se rappelle que l'ouvrière travaille chez elle et peut se livrer, en tout temps, aux besognes journalières : raccommodages, soins du ménage, des enfants, travaux des champs. Donc son gain vient en surplus.

La moyenne qu'il faut établir, variera entre 400 et 500 francs ; la différence entre le gain minimum de 150 francs et celui plus élevé de 600 francs, provient de ce que dans certaines familles, la jeune ouvrière peut se consacrer entièrement à sa besogne, alors que dans d'autres ménages elle n'y donne que quelques heures par jour, obligée d'aider les siens dans divers travaux.

Le gain, si minime soit-il, est encore très appréciable puisqu'il est inespéré ; c'est pourquoi il impose des idées d'épargne et de prévoyance. En constatant chaque année l'augmentation, très sensible, des sommes qui se répartissaient dans les villages, il devenait nécessaire de montrer aux ouvrières les avantages d'une économie raisonnée. Il fallait leur faire comprendre que la vie de chaque jour n'est pas la seule à assurer, qu'il faut encore penser à l'avenir, à la vieillesse où le travail devient impossible, à la maladie, au chômage, à l'accroissement de la famille, etc., etc.

Aussi, dès l'année 1901, on fonda pour les ouvrières, un syndicat avec *Société de secours mutuels*. Elles y répondirent avec empressement, car elles avaient compris qu'isolées, elles étaient sans force. Et moyennant une cotisation de 1 franc par mois, on pouvait constituer un fond de caisse destiné à payer les frais de maladie, puis, comme à la campagne les maladies sont — heureusement — rares, que le nombre des ouvrières allait toujours en progressant, on décida, plus tard, de faire passer les économies de la Société de secours mutuels à une caisse d'encouragement à l'épargne, dont les statuts furent annexés à ceux de la Mutualité.

C'est ainsi que l'œuvre peut, chaque, année distribuer, parmi les ouvrières payant leur cotisation, cinq à six dots ou verser pour elles une petite somme sur les livrets de retraite pour la vieillesse, ou payer pour 25 ou 30 francs de médicaments, ou encore assurer 0 fr. 50 de salaire journalier aux ouvrières que la maladie réduit au chômage forcé.

Voilà donc les résultats obtenus en neuf ans : 3,500 femmes ont leur pain quotidien et avenir assuré. L'industrie de la dentelle à la main ne peut qu'espérer en tirer profit ; des foyers sont consolidés.

Ces résultats heureux, suite d'une initiative qui, somme toute, a été facile, sont les fruits de cette maxime du sage que la manière de donner vaut mieux que ce que l'on donne.

Donner des secours en espèces, réconforter moralement n'est pas tout ; donner du travail aux bonnes volontés qui s'offrent, c'est réveiller l'énergie nationale, car c'est

rendre à toute ouvrière, le plus grand des services. Sa
fierté, en constatant qu'elle se rend utile, soutiendra
son émulation et elle évitera ainsi les funestes effets de
l'oisiveté.

Voyons maintenant comment on a obtenu de tels résultats.

La dentelle française était autrefois, avant la concurrence mécanique, le gagne-pain de la femme ; nous
l'avons dit plus haut, en même temps que nous avons
dépeint les méfaits du parasitisme.

Un parasitisme, aussi effrayant, s'était sourdement
étendu, faute d'une organisation serrée, quant au groupement des ouvrières, et à la manière de leur distribuer
du travail. Les dentellières, disséminées à travers la province, souffraient de ce manque d'unité, d'organisation, de
la pauvreté des moyens ; la routine aussi était victorieuse :
les modèles ne se renouvelaient pas, et les tarifs étaient
gâchés ; tandis que les importations en France, de dentelles faites à la main, vont toujours en croissant. Elles
étaient en 1894, de 2,843,990 francs, en 1897, de
6,040,000 francs, en 1901, de 8,958,800 francs, en
1903, de 9,072,000 francs.

Or, ce que font les couvents en Belgique, ce qu'ont
fait en Italie, en Angleterre, en Suède, des initiatives
aristocratiques ou princières, *l'Œuvre du travail au foyer
dans les campagnes de France* l'a réalisé parmi nous.

Elle va chercher les dentellières, et les groupe, directement, en une sorte de syndicat, leur procurant des
dessins, des métiers, des professeurs, car la paysanne
oublie les secrets de cette profession et trouve que ce
n'est plus la peine de les enseigner à sa fille, si elle s'en
souvient encore.

L'œuvre fondée n'est donc pas seulement une œuvre sociale, elle est, en même temps, un bienfait pour l'industrie dentellière française, faisant revivre dans nos contrées ce commerce si lucratif pour les populations qui, depuis de longues années, avaient oublié qu'elle était née en France.

Madame THOME.

LE FOYER

Programme du Foyer.

Le Foyer est né, en 1901, de cette pensée qu'il serai infiniment profitable, aux enfants du peuple, d'apprendre la science ménagère, dont elles sont si ignorantes, et, aux jeunes filles du monde, de la leur enseigner. Ce contac produirait des fruits excellents.

Les unes apprendraient à tenir un ménage, recevraient de bons conseils et une saine influence morale, connaîtraient ces jeunes filles, riches et heureuses, qu'elles n'aperçoivent que dans un fâcheux brouillard.

Les autres se dévoueraient utilement, apprendraient à connaître la vie ouvrière, ses misères, ses difficultés, trouveraient, dans leur cœur et dans leur tête, la façon pratique d'y remédier, commenceraient à exercer une tutelle moralisatrice, à aimer ces pauvres petits et à leur faire du bien.

Mais pour enseigner, la bonne volonté ne suffit pas : il faut savoir. Or les jeunes filles du monde, fort instruites sur d'autres sujets, sont parfaitement ignorantes des questions ménagères : il fallait donc d'abord les instruire.

On a commencé par un cours de cuisine. Le professeur

faisait différents plats, devant les élèves, et leur expliquait, en même temps, la théorie ; on prenait des notes. Cette méthode parut bientôt insuffisante. Les jeunes filles comprirent que pour apprendre vraiment, il faut mettre la main à la pâte ; c'est ce qu'elles firent avec succès. Mais pour bien juger sa cuisine le seul moyen est de la manger ; c'est pourquoi on organise le déjeuner auquel on invite les mères.

Le cours avait commencé avec trois élèves qui amenèrent, bientôt, leurs amies qui, à leur tour, amenèrent les leurs.

Des cours de coupe, de mode, de comptabilité, de repassage, de broderie, de tenue de maison, des conférences de toutes sortes, un thé, s'organisèrent successivement. Trois fois il fallut déménager pour cause d'agrandissement ; et aujourd'hui le Foyer est encore trop à l'étroit.

Cours de Cuisine.

Le menu ayant été fixé d'avance et les comestibles apportés, chaque jeune fille reçoit, en arrivant, la recette imprimée du plat qu'elle doit exécuter.

Elle achète les comestibles qui lui sont nécessaires et établit rigoureusement son prix de revient.

D'après la recette, elle confectionne son plat sous sa propre responsabilité ; quatre maîtresses viennent au secours des inexpérimentées.

Peu à peu les jeunes filles deviennent de plus en plus habiles et arrivent à se tirer d'affaire toutes seules.

Chaque jeune fille est nommée, à son tour, *Demoiselle responsable :* un nœud bleu, sur l'épaule, la désigne à ses compagnes. Elle devra veiller à ce que tous les plats soient prêts à l'heure du déjeuner ; presser les unes, et ralentir les autres ; compter les personnes qui déjeunent, faire mettre le couvert, garnir la table, empêcher de salir la cuisine et d'employer trop de batterie de cuisine : en un mot organiser et entretenir le bon ordre.

On trouve, au cours, de grands tabliers à manches qui couvrent complètemant la robe.

A l'heure du déjeuner, les toilettes, débarrassées de cette prudente enveloppe, apparaîtront dans toute leur fraîcheur.

Les jeunes filles ne sont pas obligées de rester au déjeuner, mais généralement elles préfèrent y participer ; ce repas, des plus gais, est accompagné de la critique des plats.

Chacune y raconte les malheurs et les difficultés qu'elle a éprouvés, et chacune, aussi, prodigue aux autres et reçoit elle-même éloges sincères ou critiques bienveillantes.

La *Demoiselle responsable* lit les prix de revient de chaque plat et donne le prix total du déjeuner.

On parle du devoir donné la dernière fois et on en indique un nouveau pour la prochaine fois.

Cours de Pâtisserie.

Pour les petites filles.

Ce cours amuse beaucoup les petites filles ; on leur enseigne à faire des gâteaux qu'elles mangent ou emportent. Cela suffit pour les initier aux petites difficultés de la cuisine. Elles apprennent très vite à peser, à faire le prix de revient, etc.

C'est un excellent enseignement préparatoire et en même temps une véritable récréation.

Cours de Tenue de maison.

Ce cours comprend : la manière de diriger les domestiques et d'organiser leur ouvrage; le nettoyage et l'entretien de l'appartement, des meubles, de la batterie de cuisine, des vêtements ; la comptabilité ménagère, le budget d'un ménage, les réceptions ; la prévoyance des saisons, l'hygiène alimentaire; les devoirs de la maîtresse de maison.

Les bons maîtres font les bons domestiques. Il n'y a, dit-on, plus de bons domestiques ; ne serait-ce pas parce qu'il n'y a plus de bons maîtres ?

La bonne maîtresse de maison est-ce celle qui tolère le gaspillage, la paresse, le désordre, pour n'avoir pas à s'occuper de son personnel ? Autrefois la maîtresse était la mère de ses servantes et de ses serviteurs ; elle supportait leurs travers, mais elle réprimait leurs défauts. Aujourd'hui elle supporte leurs vices, pourvu que le service n'en souffre pas.

La race des serviteurs s'avilit de jour en jour, et les maîtres se plaignent d'un mal dont ils sont les auteurs.

Que les femmes lisent l'Évangile, qu'elles relisent le portrait de la femme forte de la Bible ; le jour où elles pourront se reconnaître dans ce portrait, les lamentations sur les mauvais serviteurs seront bien près de cesser.

Cours d'École ménagère.

Ce cours a été organisé dans le but de donner aux dames qui veulent fonder une école ménagère les quelques notions indispensables pour pouvoir, au moins, surveiller la Directrice. On leur enseigne, rapidement, un peu de cuisine populaire, le raccommodage, la coupe de vêtements simples, le repassage, la conduite de la lessive, le nettoyage et le ménage ; on leur fait aussi un peu de théorie et on leur indique les diverses méthodes d'enseignement ménager.

Cours de Repassage.

Le Foyer met du vieux linge à la disposition des élèves pour leurs premiers essais.

Quand elles sont devenues un peu plus habiles, elles envoient elles-mêmes ce qu'elles désirent repasser.

Elles commencent naturellement par le linge plat et arrivent ensuite à apprendre l'usage de l'empois.

On leur montre, en même temps, la façon de conduire une petite lessive.

Cours de Coupe.

Ce cours est entièrement différent des cours de coupe habituels.

Il est fait par une excellente couturière, à la façon des couturières, qui, même dans les plus grandes maisons, ne se servent jamais des principes des cours de coupe dont l'enseignement est beaucoup trop long et trop compliqué pour être pratique.

Dès la première leçon, nos jeunes filles coupent un corsage et, en très peu de temps, elles se font une robe.

Cours de layette et de vêtements d'enfants.

Une coupeuse spéciale est à la disposition des jeunes mamans qui veulent faire leur layette ou des vêtements pour des enfants plus âgés.

Le Foyer leur fournit aussi des patrons.

Cours de Tapisserie.

Ce cours est fait par un tapissier qui enseigne à faire les housses (chose très difficile), à draper un rideau, à poser une tenture, à faire quelques réparations simples aux meubles, à recouvrir une chaise ou un fauteuil.

Une jeune femme, à la campagne, n'a pas toujours un tapissier sous la main; ces quelques notions lui permettront d'organiser à peu de frais, par exemple, des chambres en cretonne et aussi de remplir parfois des heures un peu longues.

Et les femmes de nos jeunes officiers, obligées de déménager plus souvent qu'elles ne voudraient, ne seront-elles pas heureuses de savoir manier la colle-forte, ou refaire un capiton, pour panser, sans frais, les blessés du déménagement ?

Ces blessés, guéris par leurs soins, leur deviendront de chers amis et cet intérieur, qu'elles auront su orner, leur paraîtra bien plus beau.

Le jeune mari s'y plaira davantage; et le foyer les gardera comme ils auront su le garder.

Cours de Modes.

Le cours de modes est fait par une modiste de goût et de talent.

Nos jeunes filles seront ravies de se faire des chapeaux à peu de frais. Leur bon goût se développe très rapidement et produit de charmants petits chefs-d'œuvre.

Il faut d'abord apprendre le « b a ba » du métier; mais après quelle récompense et quel plaisir d'avoir sur la tête un objet d'art bien personnel, tout à fait inédit, qui fait honneur au talent de l'artiste !

Cours de Broderie.

Ce cours est fait par une brodeuse au courant de tous les genres de broderie, soit pour le costume et l'ameublement, soit pour les objets de fantaisie et les petits travaux de dames.

Leçons d'ouvrages au Crochet et au Tricot.

Un grand nombre de modèles d'ouvrages au crochet et au tricot, pour les bébés ou pour les pauvres, est à la disposition des membres du Foyer, ainsi que les laines et crochets pour les exécuter. Les explications écrites sont en vente. La maîtresse vient une fois par semaine.

Ouvroir du jeudi.

Les jeunes filles sont invitées à venir travailler pour les pauvres. Le Foyer fournit les étoffes et les petites filles pauvres.

Chaque jeune fille habille complètement une petite fille pauvre : chemise, pantalon, jupon, robe et tablier.

Elle coupe et coud tous ces objets, elle-même, sous la direction d'une maîtresse.

Elle garde auprès d'elle l'enfant qu'elle habille, se fait aider par elle, et lui montre comment il faut s'y prendre pour tailler et coudre.

Les jeunes filles peuvent, si elles le désirent, amener une petite protégée pauvre.

Cet ouvroir est un excellent complément du cours de coupe ; il rompt les jeunes filles à la coupe rapide et économique et leur enseigne la charité pratique.

Cours de Pansement.

Ce cours est fait par une personne diplômée de la Croix-Rouge.

Elle enseigne aux jeunes filles et aux dames à faire les différents bandages.

Ce travail est très intéressant : les élèves s'y passionnent très vite.

On leur apprend ensuite les principes de l'antiseptie ; la façon de soigner un malade, de secourir un blessé ; d'aider efficacement le chirurgien en lui présentant à point tout ce qu'il lui faut, suivant les règles de l'antiseptie.

Enfin et surtout, à ne pas perdre la tête, dans les moments où le sang-froid est le plus nécessaire, et à savoir ce qu'il faut faire dans les cas urgents.

Comme complément à ce cours un petit dispensaire du quartier veut bien admettre celles de nos élèves qui désirent y aller.

Elles ont là une occasion de mesurer la solidité de leurs nerfs et de comprendre tout ce qu'il faut d'antiseptie et de science pour la moindre opération.

Cours de Croquis.

Ce cours enseigne à saisir au vol une toilette ou un chapeau ou à improviser un modèle. Il est fait par une dame qui dessine pour les journaux de-mode et pour les couturiers et connaît à fond ce genre spécial.

Les personnes qui savent dessiner sont initiées en quelques leçons et les autres peuvent apprendre ce genre de croquis très rapidement.

Questions actuelles de géographie politique.

Ces conférences nous mettent au courant des grandes questions qui ont la géographie pour base : guerres, traités, grands évènements commerciaux, etc.

Journal parlé.

Chaque semaine, les évènements hebdomadaires sont déroulés devant nous. M. Louis Gillet, l'éminent critique d'art, tient son auditoire sous le charme de sa parole si vivante et si originale. Nous nous trouvons ainsi, en une heure et de la façon la plus agréable, initiées au mouvement universel mieux que par de longues lectures et de différentes recherches.

Cours de Droit.

Les femmes en général ignorent le droit ; cependant elles se trouvent souvent, dans la vie, en face de questions de droit qu'il faut résoudre ; si elles ne sont pas capables de les résoudre, il est bon qu'elles sachent, au moins, qu'elles existent et qu'il faut s'en préoccuper afin de ne pas laisser tout au hasard qui risque de leur préparer de bien fâcheuses surprises.

Il est si peu dans les usages d'enseigner le droit aux femmes que nous n'avons pas osé annoncer ce cours sous son véritable nom. En traitant, en dix leçons, de : *La femme dans la vie sociale*, puis l'année suivante, en quatre leçons, de : *La condition légale de l'enfant*, c'est pourtant bien un cours de droit que M. Max Turmann nous a fait. Mais ce cours était si clair, si net, si intéressant qu'il a pu être écouté et compris comme un cours de littérature et sûrement avec plus de profit pratique ; car à l'issue de chaque conférence plusieurs dames demandaient des explications sur le cas particulier dans lequel elles se trouvaient présentement et le conférencier a pu, par ses éclaircissements, rendre un service, positif et immédiat, à plusieurs d'entre elles : preuve palpable de l'utilité de quelques notions de droit pour les femmes.

Cours d'Hygiène.

Le cours d'*Hygiène générale et soins des enfants*, par le docteur Gibert, puis, l'année suivante, le cours d'*Hy-*

giène et médecine pratique, par le d cteur Gascheau, ont appris aux élèves la structure et le fonctionnement du corps humain, la description et le di nostic des principales maladies et la manière de les soign ; tout cela a été enseigné d'une façon claire et pratique, à la portée d'un auditoire, très novice en matière scientifique et médicale, mais très heureux, cependant, d'avoir quelqu s indications qu'on trouve difficilement aussi nettes et mplifiées et qui sont cependant bien précieuses au momei où on en a besoin.

Cours du Nouveau-né.

Ce cours, réservé spécialement aux jeunes femmes, a été fait par le D' Gascheau ; en quatre leçons, il a inc ué les soins à donner au nouveau-né : l'allaitement, es principales maladies, l'hygiène, etc.

Ce cours a été complété par une religieuse garde-malad qui a montré à ces dames comment on habille le bébé, comment on le baigne et mille petits soins de détail qui sont l'affaire des femmes.

Une exposition de layettes et de tous les objets qui servent aux bébés a complété cet enseignement.

Archéologie.

Le marquis de Dampierre a bien voulu nous parler des monuments édifiés par les architectes et les artistes de la vieille France, surtout à cette époque brillante qui va *du roman au gothique.*

Et l'année suivante en quatre conférences charmantes sur *Notre passé artistique,* — deux de ces conférences ont été faites au *Foyer*, avec de magnifiques projections et les deux autres : l'une au musée du Trocadéro, l'autre à Notre-Dame, — nous avons pu, sur place, mieux comprendre les beautés de notre vieille architecture nationale. Le savant et aimable conférencier a su si bien enthousiasmer ses auditrices qu'elles ne pouvaient se décider à le quitter et qu'elles ne cessent de demander de nouvelles conférences.

Devant ce grand et légitime succès, M. de Dampierre s'est décidé à organiser, pour l'année prochaine, de nouvelles conférences, sur un plan plus vaste. Nous comptons bien nous transporter de nouveau avec lui dans ces siècles écoulés où il nous a fait passer des moments si agréables et si intéressants.

Cours sur les Œuvres.

Combien de belles œuvres ne donnent pas le résultat espéré parce qu'elles ne sont pas connues ! Faire connaître les œuvres, c'est leur rendre service, mais, bien plus encore, rendre service au public.

On va souvent chercher bien loin ce qu'on a sous la main, et, même souvent, on cherche, pendant des années, une œuvre dont on n'arrive à connaître l'existence et le mécanisme qu'au moment où on n'en a plus besoin.

Quelques-uns de ces hommes de bien, qu'anime l'amour du prochain, ont bien voulu, chacun dans leur spécialité, nous prêter leur voix éloquente pour indiquer à ceux qui cherchent à aider leurs semblables le chemin à suivre.

Le docteur Blache nous a parlé de la *Protection de la première enfance* et de la *Lutte contre la tuberculose.*

M. Albert Mahaut, *des Aveugles.*

M. Flornoy, *des Métiers et professions.*

M. Cheysson, de *l'Economie sociale à l'usage des femmes du monde.*

M. Dédé, du *Rôle social de la mutualité.*

Mademoiselle Chaptal, de la *Protection de la jeune fille.*

Mais, pour vraiment comprendre une œuvre, il ne suffit pas d'en entendre parler, il faut la voir fonctionner ; c'est ce que les directeurs et directrices d'œuvres ont parfaitement compris, aussi nous ont-ils demandé de visiter leurs différentes organisations : ce que nous avons fait avec grand plaisir.

Paris est rempli d'œuvres admirables. L'intelligence, au service du cœur, accomplit des merveilles et invente mille méthodes ingénieuses pour secourir, de la meilleure façon possible, les innombrables misères humaines. C'est au cours de ces visites que nos dames ou nos jeunes filles sentent naître leur prédilection pour telle ou telle spécialité et arrivent, ainsi, à employer leur zèle de la façon la plus utile.

L'Admission.

Pour faire partie du Foyer, il faut être présentée par deux membres.

Cette œuvre est essentiellement féminine ; les Messieurs ne sont admis qu'exceptionnellement à quelques conférences.

Un jour, par semaine, est consacré à la réunion des dames, réunion très utile, surtout aux femmes d'œuvres, pour pouvoir causer des choses qui les intéressent.

Naturellement au premier rang se trouve le Foyer et ses œuvres ;

L'Ecole d'application ;

Les visites d'œuvres ;

L'œuvre des Causeries-Conférences populaires ;

L'œuvre des jeunes ménages ouvriers.

Tous les jours, de 4 à 6 heures, on sert le thé, chocolat, gâteaux, etc., au prix ordinaire des thés. Le Foyer devient alors un centre de réunions pour les Dames ; on s'y donne rendez-vous ; on s'y retrouve aussi par un hasard qui facilite les relations. Les membres de l'œuvre ont, à leur disposition, des cartes imprimées qu'elles peuvent envoyer à leurs amies pour les inviter à goûter.

Bibliothèque. — *Salon de lecture.*

Un salon de lecture complète notre petit cercle féminin ; il contient un grand nombre de revues, journaux illustrés, journaux de mode, livres d'adresses, etc.

Notre bibliothèque commence à se garnir : les documents sur les écoles ménagères et sur toutes les œuvres abondent, et les meilleurs livres qui paraissent, en quelque genre que ce soit, y sont aussitôt admis

On donne les livres en lecture, en vente et en location. Les revues sont également en vente et en location.

Plus de 300 recettes de cuisine sont en vente à 0 fr. 10 ; elles ont toutes été essayées et sont excellentes.

Cette invention de recettes, en petites feuilles séparées, appartient au Foyer. Il paraît que l'idée était heureuse puisqu'elle a été imitée.

L'Ecole d'application.

Cette Ecole, située dans un quartier populeux où on a bien voulu nous prêter un local, est une Ecole ménagère populaire. C'est là que nos jeunes filles du Foyer apprennent à enseigner aux enfants du peuple, la cuisine, la couture, la coupe de vêtements simples, le rangement des armoires, le nettoyage de la maison et des ustensiles, enfin tout ce qui concerne le ménage.

Elles font de petites conférences-causeries et tâchent de prendre contact avec ces pauvres petites filles, de s'initier à leur genre de vie, de leur témoigner leur affection et de leur faire du bien.

Œuvre des Causeries-Conférences populaires.

Cette œuvre a pour but de faire faire de petites conférences par les femmes du monde aux femmes du peuple, pour leur rendre le service de les éclairer sur les choses qui leur sont le plus utile :

Education des enfants.
Choix d'une profession.
L'épargne.
Le budget ouvrier.

D'autres sujets, touchant à l'économie politique ou à d'autres questions, pourront aussi être traités ; les dames, mises en contact avec les femmes d'ouvriers, jugeront ce qui est le plus nécessaire. Nous leur proposons au Foyer un enseignement qu'elles répandront ensuite dans les milieux populaires. Nous avons commencé par les professions féminines ; Mademoiselle de Gourlet, avec sa compétence bien connue, a traité ce sujet en six conférences. Sur cette base solide nous édifierons notre petit édifice ; et nous espérons amener, peu à peu, les dames à parler utilement à leurs sœurs moins heureuses. C'est d'en haut que doit venir la lumière, ne l'oublions pas ; et si des paroles de ténèbres sont trop souvent répandues dans les milieux modestes, c'est parce que nous ne prenons pas la peine d'y projeter cette lumière douce et bonne qui leur ferait tant de bien.

LE TRAVAIL DE LA FEMME

Six Conférences par Mademoiselle Apoline DE GOURLET.
Les vendredis à deux heures et demie.

10 février 1905. — Le travail de la femme en général.

17 février. — Le travail de la femme au foyer.

24 février. — Le travail industriel de la femme à l'atelier ou à domicile : Les métiers.

24 mars. — Le travail industriel de la femme à l'usine : La législation.

31 mars. — Les professions féminines.

7 avril. — Le travail social de la femme dans les classes responsables.

L'Œuvre des Jeunes Ménages Ouvriers.

Cette œuvre a pour but d'aider les jeunes ouvriers à monter leur ménage et à le bien tenir.

Beaucoup de jeunes filles du peuple, en se mariant, ignorent complètement la science du ménage et de l'économie. Elles se trouvent immédiatement submergées par les petites difficultés de l'existence qu'elles jugent insurmontables. Par suite, elles tombent dans le découragement et laissent tout aller à l'abandon, dégoûtées dès le début d'un intérieur qu'elles ne savent pas organiser et, aussi, des devoirs qui les y attachent. Quant au mari, il est encore plus prompt à fuir le désordre qui règne chez lui et à reprendre le chemin du cabaret; et voilà un ménage perdu.

Pour essayer de porter remède à cet état de choses, nous voudrions, d'abord, donner à ces ménages une batterie de cuisine, ensuite, les aider à organiser leur intérieur de la façon la plus propre et la meilleure suivant leurs ressources. Nous continuerons à faire à cette jeune femme des visites amicales pour veiller à ce que l'ordre et la propreté règnent autour d'elle ; nous lui donnerons les conseils qui lui seront nécessaires ; nous lui montrerons comment on coupe une layette ; nous fournirons, si nous pouvons, des patrons et quelques étoffes.

Nous lui expliquerons comment on soigne un nouveauné, et, s'il y a lieu, nous lui indiquerons les œuvres qui aident les jeunes mères ou qui s'occupent du nourrisson.

Mais pour que notre œuvre soit aussi profitable que possible et atteigne son but, qui est la meilleure tenue des ménages ouvriers, nous n'admettrons que les jeunes filles ayant déjà suivi une École ménagère et auxquelles nous ferons passer un examen.

De plus, il faudra qu'elles soient recommandables et présentées par une dame de l'œuvre.

Pour faire partie de l'œuvre, se faire présenter par une des dames du Foyer et verser une cotisation de 5 francs.

Bulletin.

Les conférences, les cours, les réunions augmentant tous les jours, le Foyer a été obligé de publier un petit bulletin qui rend compte à ses membres de ce qui se passe chez lui, et donne le résumé des cours.

Il contient, en même temps, la liste des recettes et la liste des livres en lecture, en vente et en location ; les nouveautés parues au Foyer, les ouvrages divers ou les innovations qui sont fréquentes.

Ce bulletin sert aussi à la publicité des concours entre Ecoles ménagères populaires pour lesquelles on demande souvent au Foyer de servir de juge.

Le Foyer a pris naissance en 1901, il a donc, en 1905, quatre ans d'existence.

Le petit grain de senevé est devenu un arbre et déjà les oiseaux du ciel commencent à se poser sur ses branches.

M. Thome.

Madame X*.

La Presse pour Tous

L'idée de *la Presse pour Tous* était formulée, très nettement par Taine, dans une lettre du 5 février 1872. « Il y a
quelques mois, écrivait-il, dans une petite ville du centre,
j'entre dans un café et je demande un journal ; on m'en
apporte un radical ; j'en demande un autre, on m'en
apporte un second encore plus révolutionnaire :

— N'avez-vous que des journaux rouges ?

— Monsieur, on nous envoie ceux-là gratis et cela nous
évite de prendre un abonnement aux autres.

D'où le penseur, après un raisonnement bien simple,
concluait : « Mais pourquoi ne pas imiter l'exemple de ceux
qui inondent les cafés de journaux rouges ? » Chacun de
nous reçoit son journal, celui qu'il juge le plus sensé, le
plus instructif et le plus honnête ; rien ne l'empêche après
en avoir profité, d'en faire profiter autrui. Et pour donner encore un plus grand public à votre journal « faites
le porter à la petite auberge, au cabaret, au café, où, le
soir, les villageois viennent passer une heure ; souvent
tout journal y manque et le vôtre y régnera seul. S'il y
en a un rouge, vous lui ferez concurrence. »

Voilà ce que Taine conseillait déjà de faire, en 1872,
pour remédier à l'action néfaste des journaux violents et

sectaires. Mais alors sa parole ne réveilla nul écho, et le mal signalé alla toujours s'aggravant.

En 1890, se fonda l'association, nettement sectaire, « les Journaux pour Tous ».

Certes le mal déjà accompli est grand, et si Taine eut vécu jusqu'en 1905, s'il lui eut été donné de voir les feuilles sectaires, antireligieuses, antipatriotiques, immorales et hostiles à nos sentiments les plus chers, se multiplier à l'infini, devenir de plus en plus envahissantes, enveloppantes, enfin pénétrer partout, d'une audace tranquille, comme dans leur domaine légitime ; avec quelle énergie n'eut-il pas protesté contre cette propagande ! quelles paroles de bon sens il eut fait entendre pour flétrir ce colportage d'idées subversives et malsaines ! et quel appel pressant il eut adressé à tous les hommes, simplement raisonnables, pour en arrêter l'effet !

Mais l'idée que Taine avait émise en 1872, et qu'il ne lui était plus donné de réaliser ses dernières années, avait été recueillie par celle qui le mieux avait pu pénétrer les intentions du grand philosophe. En présence du mal fait par la propagande de certaines associations sectaires, sur les sollicitations de quelques personnes zélées, Madame Taine crut le moment venu de lutter à armes égales contre ceux qui avaient juré de démoraliser notre pays par leurs journaux. Plus que jamais elle comprit la portée de la parole : *Fas est et ab hoste doceri*. Elle opposa donc *la Presse pour Tous*. A côté du poison distillé elle voulut placer l'antidote qui en annihilait l'effet.

C'est d'une œuvre si utile et si opportune que nous voudrions exposer le but, les moyens, l'organisation et en retracer brièvement l'histoire depuis sa fondation (avril 1902).

La Presse pour Tous est d'abord une œuvre de charité et non la moindre de toutes ; car nous regardons comme très excellent de prévenir un malheur, d'avertir le prochain d'un péril habilement dissimulé, de lui dessiller les yeux, de placer le remède à côté du mal qui existe et que nous n'avons pu empêcher. Il est non moins charitable d'éclairer les hommes sur la valeur véritable des objets qu'on leur présente, et de leur permettre de choisir ce qui leur convient en connaissance de cause.

Plus spécialement aussi l'œuvre de *la Presse pour Tous* veut être une œuvre de saine éducation morale et de fraternelle union entre les Français.

Elle cherche donc à maintenir les idées qui lui sont chères entre toutes : le respect de la religion, l'attachement au lien familial, la liberté de l'enseignement, le dévouement à la patrie.

En absolu contraste avec les œuvres analogues organisées par nos adversaires, l'œuvre de *la Presse pour Tous* est une œuvre de progrès social et de pacification nationale.

Pour atteindre ce but, quels moyens emploie-t-elle ?

En premier lieu, elle propose à ses adhérents d'envoyer leur journal, après l'avoir lu, à un destinataire de leur choix. Cela n'est ni difficile, ni dispendieux ; encore faut-il cependant y apporter de la continuité et une persévérance que l'on ne rencontre pas toujours. Beaucoup promettent et commencent, qui négligent ensuite, et peu à peu cessent leurs envois. D'autres confient ce soin à leurs domestiques, sans examiner si ceux-ci s'acquittent consciencieusement de ce modeste surcroît de travail. Pour parer à toutes les négligences l'œuvre donne, contre remboursement, des jeux de bandes imprimées, gommées, timbrées, dont l'emploi rendrait inexcusable le moindre oubli.

Comme il est très important de bien choisir la personne à laquelle on expédie son journal, on peut demander au secrétariat des adresses de destinataires. Il est répondu d'autant plus facilement qu'une enquête faite sur place, par les correspondants, a permis de mieux connaître l'esprit de chaque région, de découvrir quels sont les gens les plus influents, ceux dont l'opinion, à la longue, entraîne l'opinion des autres. Aux associés par conséquent d'éclairer sur le choix des destinataires. Les meilleurs sont ceux qui peuvent, à leur tour, devenir des centres de propagande. Ainsi le cafetier au village ou le coiffeur, chez qui défileront des lecteurs nombreux, l'emporte sur le fermier isolé.

Il importe avant tout que le journal envoyé plaise au lecteur et partant s'adapte bien à sa mentalité, à son degré de culture. Il faut dans chaque cas particulier savoir à qui l'on s'adresse, être familier avec chaque région, posséder des renseignements précis sans lesquels l'effort risque de rester stérile.

Le dernier moyen et le plus important est de payer des abonnements directs à des journaux de Paris, régionaux ou locaux, en faveur d'établissements publics tels que cafés, auberges et autres salles où les personnes ont l'habitude de se réunir forcément et d'attendre oisives, comme sont les demeures des coiffeurs, maréchaux ferrants, etc.

La Presse pour Tous a généralement obtenu de tous les journaux à la diffusion desquels son but lui permet de contribuer, des conditions particulièrement avantageuses. Alors les cafés et autres lieux de réunion ne reçoivent plus les journaux de seconde main, mais directement par abonnement. Mais pour ces abonnements, il faut de l'argent ; des souscriptions variées, minimes ou plus abondantes permettent à tous de collaborer à cette œuvre et de contribuer à la diffusion de *la Presse pour Tous*.

Ainsi l'on peut donner une fois une somme quelconque ; l'on peut verser annuellement une somme de 100 francs et être fondateur, de 20 francs et être souscripteur, de 10 francs et être adhérent ; l'on peut enfin donner une somme inférieure à 10 francs et devenir affilié. Les personnes, qui auraient compris l'importance de cette œuvre et qui seraient désireuses d'y collaborer, trouveront des programmes et des renseignements oraux au secrétariat, 13, cité du Retiro (35, rue Boissy-d'Anglas Paris) qui reçoit aussi les souscriptions.

Le Comité central est à Paris. A sa tête se trouvait la veuve de celui qui, il y a trente ans, traçait les grandes lignes du programme de l'œuvre, Madame Taine. Son intelligence supérieure, son talent d'organisation, son dévouement : elle avait tout mis au service de l'œuvre.

L'œuvre s'inspire d'un vaste esprit de décentralisation ; mais elle tient à ce qu'entre les comités de province et le Comité central, il y ait échange de communications, de renseignements et de bons offices.

La Presse pour Tous rend service, autant que possible, à toute œuvre similaire poursuivant un but analogue au sien, elle invite même à se joindre à elle. Il n'y a que des avantages à retirer de cette bonne entente. L'union fait la force.

Créée au mois d'avril 1902, cette œuvre d'assainissement moral compte à peine quatre années d'existence. Elle s'est développée lentement, méthodiquement, elle a pris, au profit de lecteurs provinciaux et plus particulièrement ruraux, plus de 8,000 abonnements, le nombre de journaux envoyés chaque jour dépasse 50,000. Si l'on considère maintenant que chaque journal envoyé atteint 25 à 30 lecteurs en moyenne, on comprendra toute la portée du bien déjà accompli.

Et maintenant que cette œuvre de véritable apostolat prospère et se répande de plus en plus ! Le meilleur souhait que nous faisons pour elle, en 1906, c'est que son action soit décuplée et qu'elle atteigne son but de relèvement.

Mme Lucie **FÉLIX-FAURE-GOYAU.**

MUTUALITÉ FÉMININE

Le seul mot de mutualité nous frappe par l'association de plusieurs idées harmonieuses qui lui donnent la richesse et la plénitude de son sens. Il implique la sollicitude et la portée d'un coup d'œil profond jeté sur la vie : à la fois prévoyance et réciprocité de services. La société elle-même est ou devrait être une vaste « mutualité ». La mutualité repose à la fois sur la fraternité du cœur et la solidarité des intérêts. « Solidarité, disait M. Fonsegrive, est un mot du corps, fraternité est un mot de l'âme. » Les deux mots sont de mise, lorsqu'il s'agit de choses humaines, et la mutualité a l'avantage de nous présenter leur double reflet. Sa plus belle formule est comprise dans le précepte évangélique : « Aimez-vous les uns les autres. » — « Il m'était très facile, dit, au nom du Créateur, le *Dialogue* de sainte Catherine de Sienne, de donner à chacun ce qui est utile à son corps et à son âme, mais j'ai voulu que tous les hommes eussent besoin les uns des autres, pour devenir ainsi les ministres et les dispensateurs des dons qu'ils ont reçus de moi. Que l'homme le veuille ou non, il est forcé d'exercer la charité envers son prochain...

Ainsi tu vois que c'est pour organiser la charité que j'ai rendu les hommes mes ministres, et que je les ai placés dans des états et des rapports si différents ! »

Voilà donc une sainte du moyen âge qui fut une des femmes les plus extraordinaires, les plus géniales de tous les temps, et qui nous découvre ces principes prétendus modernes de la mutualité et de la solidarité. Si l'on recherche leur origine, les idées dont notre époque s'enorgueillit le plus, ne sont presque jamais que des idées chrétiennes dont on éteint quelques rayons.

La nécessité même d'*organiser la charité* est envisagée par cette mystique ; et si notre siècle, bien qu'il ne soit point dénué de beaux élans, n'affirme pas tout à fait le droit de revendiquer les plus beaux, il croit posséder au moins le privilège des plus savantes organisations. Il va sans dire que nous prenons le mot charité dans sa vraie acception, pas dans celle qui en fait un synonyme de l'aumône. Nous parlons de la charité que nous devons aux rois, aussi bien qu'aux mendiants, et surtout à Dieu.

Or, l'antiquité même a connu des institutions de prévoyance et d'aide mutuelle ingénieusement organisées : *Eranies* en Grèce, *collèges* à Rome, *ghildes* dans la vieille Germanie. Ces groupements correspondaient sans doute à quelque instinct vivace de l'âme humaine. Au lieu de détruire cet instinct, le christianisme l'ennoblit et le purifia d'un souffle nouveau. Tertullien nous donne des renseignements sur les fraternités chrétiennes, les *Diaconies* du IIe siècle (1). Le moyen âge, nous l'avons vu par le *Dialogue* que nous venons de citer, fait entrer directe-

(1) V. *les Sociétés de Secours mutuels,* par E. Dedé. Edition des « Questions actuelles », 5, rue Bayard, Paris.

ment le principe d'aide mutuelle dans l'économie du plan divin ; « l'amour, continue ce même *Dialogue,* est la seule chose que je vous demande, car c'est en m'aimant qu'on aime le prochain, et celui qui aime le prochain accomplit la loi ; quiconque possède l'amour rend avec bonheur à son prochain tous les services qu'il peut lui rendre. »

Le désir de rendre service au prochain peut être illimité, mais l'action, pour s'accomplir, doit s'imposer certaines limites, et le moyen âge vit se formuler des engagements précis dans le cadre de la profession ou de la cité. Ainsi la charte de la ville d'Aire en Artois, telle que nous l'explique M. Dedé dans son beau livre sur les *Sociétés de Secours mutuels,* est un exemple de cette sorte d'engagements. Elle prévoit que, si quelque habitant de la ville est réellement appauvri par un incendie ou le paiement d'une rançon pour sa personne, chacun des *amis* doit lui octroyer le secours d'un écu. Les corporations professionnelles nous fournissent des modèles encore plus frappants de mutualité, car la profession est considérée comme une grande famille. Mais nous les retrouverons tout à l'heure. Les campagnes, elles non plus, n'étaient pas privées des bienfaits de l'association. Les serfs s'unissaient et formaient des sociétés connues sous le nom de « Ménages de Champs. »

« L'homme né de la femme vit peu de temps, et il est en butte à beaucoup de misères », déclare l'Ecriture. Un peu plus haut elle le compare à « une feuille emportée par le vent. » L'homme du moyen âge ayant médité ces paroles avait le sentiment de la faiblesse humaine, et il y remédiait en se rapprochant de ceux qu'il sentait ses frères, parce que levant les yeux au ciel, il disait avec eux : « Notre Père ! »

Ces institutions du moyen âge étaient pour la plupart mortes ou déchues quand éclata la Révolution française. Celle-ci voulut achever de les supprimer. L'idée que la philosophie du xviiie siècle se faisait de la liberté humaine était incompatible avec cet ensemble d'organisations. Elle plaçait dans un grandiose isolement l'homme abstrait qu'elle venait de créer. Plus d'associations, disaient les révolutionnaires imbus de ces doctrines. Ce fut l'honneur du catholicisme social, depuis plus de trente années, de restaurer, au contraire, les idées d'association et de groupement ; et ce ne fut pas l'une des moindres surprises intellectuelles de l'époque contemporaine, de voir le socialisme à son tour, grâce au regard généreux qu'il jette souvent sur les réalités concrètes des misères humaines, aller à l'encontre de cette fausse philosophie élaborée dans les salons dorés du xviiie siècle, et remettre en honneur, en les démarquant un peu et en les modifiant beaucoup, quelques-unes de ces vieilles idées chères au moyen âge. Le socialisme est un des plus grands adversaires du xviiie siècle.

Sous ces influences, notre jeune xxe siècle se prononce de bonne heure en faveur des mutualités. « Nous nous trouvons en présence, disait un député, M Clémentel, non pas d'une création spontanée du législateur, mais d'une institution née spontanément de l'état social, d'une institution produite par les circonstances et les besoins. » M. Mabilleau les compare « à une sorte de végétation organique de l'obscur dessein germé dans l'âme populaire. » Elles ont dans le passé de profondes racines. Parfois, il est vrai, un long circuit de pensée nous amène à la justification raisonnée et scientifique de ce qui n'avait été, auparavant, que le résultat d'une intuition.

Au xix⁰ siècle déjà, les sociétés de secours mutuels avaient fleuri. La Ligue Nationale de la Prévoyance et de la Mutualité, fondée en 1890 par M. Maze, et présidée par M. le sénateur Lourties, avait pour but « de propager et d'appliquer en France, dans les villes et dans les campagnes, les idées de prévoyance et de mutualité. » Mais il était opportun — M. Kergall en eut la pensée — qu'un groupement général existât pour solliciter en faveur de ces idées les énergies féminines. Les femmes sont, naturellement, de merveilleuses propagandistes. Elles ont le privilège, incomparable pour l'action, de transformer tout de suite l'idée en sentiment, et l'intérêt humain qui s'attache aux mutualités était fait pour éveiller chez elles les sympathies les plus généreuses et les plus ardentes. Des individus se groupant, s'associant, afin de parer aux éventualités de la maladie et de la misère, payant mensuellement, trimestriellement ou annuellement, une légère cotisation afin de secourir ou d'indemniser ceux d'entre eux sur qui sévit la maladie, il y avait là de quoi fixer leur attention soucieuse de la vie pratique. L'idée mutualiste devenait la sauvegarde de ce foyer sur lequel elles règnent, et les plus riches d'entre elles devaient avoir l'intelligence de la destinée féminine, comprendre celles de leurs sœurs pour qui le soin de l'existence quotidienne est le plus souvent une tâche d'un héroïsme ardu. Car c'est à la femme qu'il importe de veiller si la lampe ne manque pas d'huile, et si la huche ne manque pas de pain. La pensée de M. Kergall devait donc être salutaire. Elle le fut, grâce à la noble initiative, au dévouement éclairé de la comtesse de Kersaint. Madame de Kersaint eut l'intelligence admirable de tout ce que renfermait ce principe de mutualité. Dès lors, elle s'attacha vaillamment à recruter des mutualistes parmi les femmes. *L'Union des Mutualistes Françaises* était fondée.

« L'action de l'élément féminin, disait la première circulaire, s'exerce en un champ inexploré au point de vue de la Mutualité sociale, et qui possède le grand levier, le tout-puissant levier qui soulève les mondes : le cœur. » La loi de 1901, qui autorisait ce groupement de bonnes volontés, avait dispersé d'autres groupements — groupements d'âmes consacrées aux abnégations de la charité totale. Or, cette loi ne devait pas fournir à des laïques un prétexte de découragement. Elle offrait à l'initiative mutualiste un tremplin pour faire œuvre utile. Le sol de la France ressemble à celui du rivage où Dante aborda pour visiter le *Purgatoire :* certaines plantes y repoussent toujours — ce sont les floraisons spontanées du dévouement.

L'idée de mutualité est digne de conquérir des âmes chrétiennes qui reconnaissent en elle un prolongement des échos de la parole évangélique. Le mutualisme n'est donc pas le simple corollaire d'une idée philosophique d'apparition récente ; il ne résulte pas de la fraîche découverte d'un système, mais des aspirations de la vieille nature humaine et des inspirations de la vieille foi.

L'Union mutualiste n'a pas voulu être une société de secours mutuels ; elle est une association de personnes s'intéressant à la mutualité. Elle s'occupe des mutualités, et non pas individuellement des mutualistes. Elle est une école de mutualisme, un laboratoire d'idées mutualistes. Dans une société de secours mutuels, le membre qui donne une cotisation a droit à des avantages en retour. Dans l'Union Mutualiste des Françaises, le membre qui donne sa cotisation obtient en retour la satisfaction inté-

rieure d'aider un groupement au service d'une grande
idée. C'est l'originalité de l'œuvre fondée par Madame de
Kersaint, de grouper des femmes, non pour le soulagement de certaines misères individuelles ou pour l'entretien
de telle ou telle institution soulageant telle ou telle misère,
mais pour un mouvement d'idées, pour une œuvre sociale
de grande portée. A l'origine de cette fondation, on doit
saluer une intelligence pénétrante et pratique, appliquée
avec sollicitude aux difficultés de la vie du grand nombre.
Combattre la misère est beau, l'empêcher d'être est mieux
encore.

Il y a des idées de plusieurs sortes, les unes ne tissent
ni ne filent, mais, comme le lis des champs, elles
embaument d'un parfum l'atmosphère de leur siècle ; les
autres prennent toutes les formes de la vie active. Elles
sont assises au chevet des malades, soutiennent le pas de
la vieillesse, offrent la tasse de tisane et le morceau de
pain, allument la lampe fidèle sous le toit de l'indigent. La
mutualité est de ces dernières.

« Notre Union mutualiste, continue la circulaire, est
une association uniquement féminine. Ses sociétaires, en
effet, sont des femmes de toutes conditions sociales, de
toutes situations de fortune, depuis la mondaine aristocra-
tique jusqu'à l'ouvrière, la garde-malade, qui ont leur
grandeur aussi, celle du travail et du dévouement », et
nous ne connaissons pas de grandeurs humaines supérieures à celle-là. « Elles se nomment fondatrices ou adhérentes, non pas pour distinguer leurs mérites, mais pour
distinguer la participation matérielle qu'elles peuvent
donner à l'Union. Les fondatrices, au moment de leur
admission, versent une souscription de 200 francs au
minimum ; leur cotisation annuelle et minima est de

20 francs ; les adhérentes ne versent qu'une cotisation annuelle de 10 francs au moins. Elles ont, d'ailleurs, les mêmes droits, peuvent les unes et les autres faire partie du conseil d'administration ; le titre de fondatrice qui est demandé à Paris pour être nommée du bureau du conseil n'est pas exigé dans les conseils des sections régionales et provinciales. »

Afin de permettre à toutes les bonnes volontés de se joindre à elle, l'Union admet une troisième catégorie de sociétaires, qui ne font pas partie de l'administration proprement dite, mais qui sont néanmoins tenus au courant de tout ce qui se passe dans l'Association. Ce sont les *Membres d'Honneur*, dont la cotisation est de 5 francs au minimum.

Ainsi conçue, l'Union veut et peut atteindre deux buts :

1° *Etre un office central des initiatives mutualistes.*

Elle possède un comité technique et un comité juridique, composé de spécialistes qui répondent à toutes questions des groupements désireux d'avoir des statuts, qui avisent à faire des conférences pour le développement du mutualisme, etc.

Afin de rendre plus efficace son action à cet égard, elle a des sections locales :

Du Sud-Est ;
De la Loire-Inférieure ;
Du Périgord et du Limousin ;
De la Vendée ;
De la Provence.

2° *Créer des mutualités.*

En 1905 les mutualités créées par l'Union atteignirent le chiffre de 75, et dès maintenant, il y a, par la France, 180 initiatives qui travaillent à en instituer de semblables. La majorité de ces associations a adopté la base familiale.

3° *Nouer d'une façon régulière un lien entre des mutualités soit fondées, soit groupées par l'Union.*

De là provient la création de l'*Union centrale mutualiste*, qui relève, non plus de la loi de 1901, mais de la loi de 1898 sur les sociétés de secours mutuels. Cette *union centrale mutualiste* donne aux sociétés qu'elle groupe la possibilité de faire profiter leurs membres respectifs, d'avantages nouveaux ou supplémentaires.

Elle accorde aux sociétés adhérentes des allocations diverses :

Pour les membres participants invalides qui n'ont pas atteint l'âge fixé pour le versement d'une retraite ;

Pour les veuves de leurs sociétaires ;

Pour les femmes participantes à l'occasion de leurs couches, ou pour celles dont les maris seulement font partie des sociétés adhérentes.

Le montant de ces cotisations devant varier avec le nombre des demandes ou les ressources sociales, aucun chiffre ne peut être fixé à l'avance. Jusqu'ici toutefois, particulièrement en ce qui concerne les allocations de couches, les sociétés unies ont été satisfaites des sommes qui leur ont été remises (1).

En 1905, ces allocations de maternité ont atteint le chiffre de 6,500 francs. Leur but principal est de permettre aux mères de prolonger le repos, afin de mieux se remettre.

4° *Et surtout, orienter le mutualisme vers l'idée professionnelle, ce qui est un service social éminent.*

Une feuille intitulée *Plan d'action mutualiste* nous donne à ce sujet des recommandations générales ; nous y lisons :

« L'orientation suivante devra autant que possible être donnée :

A. Constitution de sociétés à base professionnelle lorsque

(1) E. Dedé, l'*Union Mutualiste des Françaises*. Collection de l'Action Populaire, n° 20.

ce *sera possible* (c'est-à-dire composées de travailleurs du même métier ou de la même profession), en joignant au chef de famille, exerçant tel métier, sa femme et ses enfants mineurs, même s'ils n'ont pas la même profession que le père.

B. Dans tous les autres cas, s'efforcer de prendre le ménage, comme base des sociétés de secours mutuels, sans exclure les adhésions isolées.

C. Combattre au point de vue de l'organisation des retraites le système du fonds commun inaliénable.

Les paragraphes *A* et *B* expliquent l'idée fondamentale de l'Union Mutualiste, idée à double portée :

A. Sauvegarder et fortifier la famille ;
B. Restaurer la profession.

Par cette double campagne d'idées, l'Union Mutualiste mérite d'intéresser toutes les femmes de France.

A. *Mutualité et Familles.*

La société peut être considérée comme un groupe d'individus, mais il y a dans cette considération même quelque chose d'incomplet et de superficiel. En réalité, la société se compose de familles. La cellule familiale est la cellule primitive de la société. Une société composée d'individus parfaitement indépendants les uns des autres ne subsisterait pas, serait vouée à la désagrégation. Ainsi l'indépendance des atomes amène en chimie la désagrégation des molécules et en physique la liquéfaction des corps solides ; et, le mouvement continuant, les corps liquides devenant gazeux, l'état d'indépendance est suivi de l'état de répulsion. C'est le retour au chaos. Les lois physiques nous donnent souvent l'image des lois morales. L'être humain — ce pauvre être que la Bible et Homère s'ac-

cordent à comparer à la feuille emportée par le vent —
l'être humain reprend, par la famille, une force, une
consistance, et, sur cette terre, une ombre même d'immortalité. Il y a des droits et des devoirs. Je crois que l'homme
est ainsi fait que souvent ses devoirs, plus que ses droits,
l'attachent à la vie.

La mutualité, telle qu'elle fonctionnait jadis, ne tenait
pas compte de la cellule familiale. En général les mutualités ne recevaient que des hommes et ne désiraient pas
accueillir des femmes. On disait que, pour 100 hommes
sociétaires, la moyenne des malades était de 31,30, pour
100 femmes, de 37,29; que le nombre des journées de
maladie était de 5,76 pour les hommes et de 6,81 pour
les femmes; que, donc, la femme mutualiste grevait le
budget de la mutualité (1). Il se forma seulement quelques centaines de mutualités féminines.

Depuis quelques années les mutualités mixtes se déve-
loppaient. Au 1er janvier 1902 les mutualités étaient,
nous dit M. Dedé, au nombre de 2,719 *approuvées*, et les
sociétés mixtes libres au nombre de 638.

(1) Les chiffres récents, d'après le *Mutualiste français* du 15 janvier 1906, sont les suivants : dans les Sociétés approuvées en 1902,
pour cent sociétaires, la moyenne des malades a été : 29,17 pour
les hommes, 33,37 pour les femmes.

Dans les Sociétés libres : pour les hommes 27,46, pour les femmes
29,85.

Le nombre des journées de maladie payées a été, sur cent socié:
taires :

Sociétés approuvées. — Par malade homme, 21,06 ; par malade
femme, 24,10 ; par participant homme, 5,36 ; par participant femme,
7,03.

Sociétés libres. — Par malade homme, 19,37 ; par malade femme,
19,42 ; par participant homme, 5,67 ; par participant femme, 5,64.

Moyenne des dépenses de maladie :

Sociétés approuvées. — Par malade homme, 56 fr. 03 ; par ma-

« Mais il faut remarquer, ajoute il, que si la *mutualité mixte* est un grand progrès vers cette orientation de la société de secours mutuels familiale, elle n'en est pas toujours, dans la pratique, la réalisation. » Souvent le mari est bien dans la société, mais la femme n'y est pas. Ou le contraire a lieu : le mari est peut-être affilié à quelque société différente. Cela justifie la critique de M. Cheysson, l'apôtre de la mutualité familiale.

« La mutualité, dit M. Cheysson, a d'abord songé au père, c'est lui qu'elle soigne, qu'elle indemnise ; c'est à lui qu'elle assure une retraite viagère mourant avec lui. Elle a supprimé la notion du père pour le traiter en célibataire qui ne tient ni à rien ni à personne.

« Puis elle s'est ravisée, et elle a eu un regard pour la femme et l'enfant — ce dont il faut la louer, — et elle leur a fait place dans ses rangs, mais elle les traite à leur tour, comme l'avait été le père, c'est-à dire à l'état d'individus isolés, pris en eux-mêmes, et non comme les parties de ce tout harmonique qui est la famille. »

Les différences moyennes ne sont, d'ailleurs, pas telles qu'elles puissent, même en bannissant toute pensée généreuse, justifier l'exclusion de la femme des sociétés de secours mutuels. Or, M. Dedé nous fait remarquer que, grâce au système familial, les effets de ces différences peuvent être notablement atténués.

« L'important est d'avoir, à la base de la société, un groupement stable, coordonné et uni, de familles locales,

lade femme, 55 fr. 23 ; par participant homme, 15 fr. 35 ; par participant femme, 16 fr. 91.

Sociétés libres. — Par malade homme, 63 fr. 32 ; par malade femme, 54 fr. 59 ; par participant homme, 17 fr. 48 ; par participant femme, 15 fr. 76.

Une moyenne générale amènerait une balance sensiblement égale entre l'homme et la femme.

se connaissant toutes plus ou moins les unes les autres, ayant la bonne volonté réciproque d'oublier, sur le terrain neutre de la mutualité, les petites divisions qui ont pu se produire entre elles, et les rivalités qui doivent s'effacer en présence des aléas communs de l'existence. »

La mutualité familiale accueille donc la famille en tant que famille, soit le père, la mère et les enfants.

Une idée originale et ingénieuse, quoique de pratique difficile, est celle de M. Henry Servange. Il voudrait que l'on organisât une seule famille, en comprenant les parents, les enfants, les descendants directs, les collatéraux, les alliés, en mutualité. La société de secours mutuels se formerait d'une seule ou de plusieurs familles ainsi groupées. Un bien familial commun serait constitué par les cotisations ou les donations, dans lequel le conseil d'administration qui serait, à vrai dire, une sorte de conseil de famille, puiserait pour subvenir aux pensions de retraite, de vieillesse ou de veuvage, aux dotations d'orphelin, aux indemnités en cas de maladie, etc.

La femme, sur le terrain familial, se trouve dans une situation favorable, et son rôle grandit dans cette conception de la mutualité. Les mutualités familiales amoindriraient leur mission en se désintéressant du sort des veuves et des orphelins. Celles d'entre elles qui n'ont point de budget spécial à cette intention pourront se servir des recettes supplémentaires pour donner des allocations à ces veuves et à ces orphelins.

C'est un acte de noble fraternité et de solidarité bien entendue que celui par lequel les familles complètes s'efforcent de secourir les familles éprouvées par la mort de leur chef.

Mais la profession, disait-on jadis, est une grande

famille. Il convient, pour élargir sa tâche, de donner à la mutualité la base familiale, avec le cadre professionnel.

B. *Mutualité et Profession.*

L'idée professionnelle, un peu perdue depuis la révolution, retrouve de nos jours son importance.

On a repris conscience de son utilité; elle recrute de nouveau de fervents adeptes. Il convient d'examiner ici les avantages que présente à tous les points de vue la mutualité professionnelle.

Les femmes subissent, moins que les hommes, le prestige des abstractions. Il devait leur sembler excellent, à juste titre, de situer l'homme dans ce milieu qui, seul, lui donne sa vie complète, et non de l'en isoler, ce qui diminue sa valeur morale et amoindrit sa raison d'être. Famille et profession, les deux termes s'élaboraient dans la pensée de la dévouée fondatrice de l'Union mutualiste des Femmes de France et de l'Union centrale mutualiste. Il est si vrai que ni cette base ni ce cadre ne sont factices! Depuis tant de siècles ces deux groupements, la famille et la profession, se discernent dans l'organisation de la société; ils ont résisté à toutes les révolutions et à tous les bouleversements. La Grèce, Rome, le Moyen-Age les ont connus et respectés. Le Moyen-Age les avait même sanctifiés. A cette époque de foi, la pensée sociale s'imprégnait de certaines pages de l'Ecriture, et même ceux qui ne savaient pas lire n'ignoraient rien de l'Evangile et déchiffraient les symboles dont la beauté nous émeut encore dans la pierre des cathédrales. Chacun pouvait voir au bout de sa carrière professionnelle cette lueur qui ravit les bergers de Bethléem dans la nuit où ils vaquaient paisiblement, eux aussi, aux humbles devoirs de leur profession, et n'était-ce point également la profession des Mages, qu'ils fussent rois ou savants, d'étudier les merveilles des astres parmi lesquels leur était apparue l'étoile miraculeuse ? Les organisations professionnelles furent donc très fortes à cette époque ; elles apparaissaient à la fois pratiques et mystiques.

La profession comprenait trois degrés : l'apprentissage, le compagnonnage et la maîtrise. Pour ce profond Moyen-Age qui croit aux réalités invisibles, rien ne s'achève ici-bas, et la charité ne se borne point aux horizons de la terre ; à la corporation se joignait une association de prières. Les compagnons devaient s'entr'aider, se visiter à l'hôpital, se secourir en cas de maladie, et prier pour ceux d'entre eux dont ils apprenaient la mort. Ces liens de charité mutuelle entre confrères semblaient d'autant plus puissants, d'autant plus sacrés, qu'ils persistaient jusque dans l'au-delà. Lorsqu'un compagnon mourait, ses amis écrivaient aux compagnons des autres villes pour leur annoncer cette mort et réclamer des prières. Les « fourreurs de vair » nous présentent dès lors un type parfait de société de secours mutuels. Le cœur de l'homme a toujours besoin de se donner, de se rapprocher des êtres et des choses ; la famille et la profession lui octroient cette faculté. Elles mettent à la portée de ce prochain que l'on secourt, et par lequel on est secouru, que l'on aide et par lequel on est aidé, que l'on console et par lequel on est consolé. Combien la formule du Christianisme est plus vraie, plus profonde et plus belle que celle dont s'enchante notre intellectualisme contemporain : « Je ne vous conseille

·pas l'amour du prochain, dit Nietzsche, je vous conseille l'amour du plus lointain. »

D'abord l'amour annihile les distances, celui que l'on aime est toujours prochain, et cet amour du plus lointain est fait pour enlever à l'action ce que nous laissons de trop au rêve.

La famille et la profession réunissent les hommes par des liens étroits.

Le quartier, la commune, le département, dit M. Léon Grégoire, créent des liens entre ceux qui les habitent, liens fondés sur la proximité de domicile ; on nous organise ensemble, mes voisins et moi-même, pour élire des mandataires parce qu'on suppose qu'habitants du même territoire, nous avons à ce titre des intérêts analogues ; on veut que ces intérêts reçoivent une expression légale, et l'on a raison. Ce fait concret que nous vivons toute l'année les uns à côté des autres, reçoit ainsi une sorte de ratification, de consécration ; c'est un hommage que les institutions publiques rendent à la nature. Elles tiennent compte de la réalité. Mais la communauté de métier n'est-elle pas un fait du même genre ? Entre ceux qui se dévouent au même travail, n'existe-t-il pas des liens ? Il semble même que les liens entre confrères soient plus robustes et plus intimes que les liens entre voisins ; car il est quelque chose de beaucoup plus intéressant à chacun de nous que son domicile : c'est son métier... Notre profession est une partie de notre personnalité ; et notre habileté technique nous suit partout. Il existe donc un certain nombre d'êtres absorbés par les mêmes occupations quotidiennes, exposés aux mêmes périls, soucieux des mêmes avantages et se ressemblant les uns aux autres, non point d'une analogie extérieure et superficielle, mais par un élément intime qui est comme une seconde nature (1) .. »

(1) Léon Grégoire, *le Pape, les Catholiques et la Question sociale.*

A l'idée de concurrence professionnelle se substitue celle d'harmonie, d'aide mutuelle professionnelle, qui rehausse encore la signification du mot *confrère*. Le mutualisme peut et doit aider au réveil de cette idée.

Combien, dit M. de Contenson, au point de vue de la facilité du recensement, la question est simplifiée quand il s'agit de gens appartenant à la même profession ! »

Il ajoute :

Si vous réunissez dans la même association des gens de métiers par trop dissemblables, vous risquez de ne pouvoir procéder ensuite avec équité pour la répartition des indemnités, car il est des maladies et des accidents particulièrement fréquents dans certaines professions, des indispositions qui résultent d'un travail spécial, et qui ne se rencontrent pas dans le métier d'à côté. Or, si toutes les professions sont mélangées dans la même société de secours mutuels, ce seront celles où l'on est le plus éprouvé.

Enfin il est un fait qui ne me semble pas avoir jusqu'à présent suffisamment frappé l'opinion publique, c'est que, dans certaines industries, un homme est usé à cinquante ou cinquante-cinq ans et sent alors le besoin de jouir d'une pension de retraite, tandis que dans l'agriculture, par exemple, un homme est souvent encore gaillard de soixante à soixante-cinq ans, et rend des services, même à cet âge.

Il faut donc :

1o Encourager les syndicats à créer pour leurs membres ou, plutôt, à pousser leurs membres à créer des sociétés de secours mutuels. Bien que la loi de 1884 le permette, il n'y a jusqu'ici, pour 9,280 syndicats, que 613 institutions mutualistes. « Et cependant, dit très justement M. de Contenson, concevoir, sans institution de prévoyance le syndicat professionnel, qui doit être la pierre fondamentale de l'organisation du travail, c'est imaginer un corps sans âme. »

2° Là où il existe des groupements, des unions de syndicats, créer une organisation de secours mutuels qui les englobe tous.

3° Là où il n'existe pas de syndicats, constituer des sociétés de secours mutuels en tenant compte des besoins et des désirs des travailleurs d'une certaine profession. Ainsi, dans ce cas, l'initiative d'un embryon d'organisation professionnelle serait prise par le mutualisme. Il entrerait par là dans le travail de réformes et de réorganisation sociale. Lorsque le mutualisme se préoccupe simplement d'aider, grâce à des cotisations de membres honoraires riches, des mutualistes moins aisés, on peut accuser le mutualisme de n'être qu'un palliatif social et une sorte de nouvelle forme organisée de l'aumône. Mais, au contraire, voici s'ouvrir pour lui de nouveaux horizons : il donne l'éveil à l'organisation professionnelle, à l'esprit d'autonomie. D'ailleurs, en prenant la base professionnelle, il ne fait que suivre certains exemples historiques.

« Il est à remarquer, dit M. Dedé, dans son livre déjà cité, qu'au point de vue historique, la société de secours mutuels était basée sur la profession ; les confréries étaient à côté des corporations d'arts et métiers, et nos plus vieilles sociétés de secours mutuels sont à base professionnelle. » Nous avons déjà parlé des fourreurs de vair et des compagnons du Moyen-Age ; M. de Contenson cite les *Trade Unions* anglaises au point de vue mutualiste, et montre la force que leur donnent les secours dont elles font une large distribution.

Le mutualisme peut donner à l'institution des membres honoraires un caractère plus normal, en confiant ce rôle, dans la profession, aux patrons, aux employeurs. Il n'y

aurait plus lieu de présenter cette institution sous un
aspect de charité bourgeoise tout arbitraire. « Le caractère de la cotisation du membre honoraire serait tout
autre, dit M. de Contenson, si celle-ci, au lieu d'être un
acte de bienfaisance ne comprenant aucun rapport con-
tractuel, devenait, par exemple, une clause additionnelle
d'un contrat de salaire. »

C'est ainsi que, par ses tendances, la belle œuvre de
solidarité et de fraternité fondée par Madame de Kersaint,
telle que l'ont orientée la sage réflexion et l'intelligente
initiative de sa fondatrice, se rattache, au point de vue
« famille », à l'école Le Play, qui a tout fait pour remettre
en honneur la cellule familiale ; au point de vue « profession », elle se rattache aux doctrines des catholiques
sociaux appliqués à l'étude de ce problème : l'organisation professionnelle. « Par le fait, dit M. Zamanski, que
l'homme engage dans sa profession, dans son travail,
tous les instants disponibles de son existence, il a le
droit d'attendre de ce travail une rémunération suffisante
pour l'entretien de sa vie. Mais dans cette vie ne compte-
rait-il pas les jours de maladie, de vieillesse et d'invali-
dité ? La question ainsi posée dépasse le problème de la
mutualité, mais c'est de là qu'il part. En thèse, le salaire
devrait fournir à tout et contenir une part de prévoyance...
En l'absence du salaire de prévoyance, la mutualité sub-
viendra... Si, d'autre part, la mutualité, par le jeu savant
et précis de ses calculs, assure des résultats auxquels les
conditions de travail n'arriveront dès longtemps, elle sera
considérée comme un élément même de l'organisation du
travail... » M. Zamanski veut donner aux mutualités le
double caractère familial et professionnel. C'est la voie où
désirait s'engager l'*Union Mutualiste des Françaises ;* le

11 février 1904 elle conviait M. Cheysson à lui parler de la Mutualité familiale et M. de Contenson à lui parler de la Mutualité professionnelle. Le congrès de la Jeunesse catholique d'Arras allait bientôt approuver les doctrines de M. Zamanski, et l'on put admirer cette rencontre d'idées entre un puissant groupement de jeunes gens voués à l'action, et cette union de femmes soucieuses de travailler de leur mieux à la solution du grand problème social.

Certaines idées composent l'atmosphère morale d'une époque. L'idée mutualiste est de ce nombre. Jamais on n'a tant parlé de mutualité. Prévoir et s'entr'aider, c'est une belle devise de sagesse humaine. Elle résume les principes de la Mutualité. La parole évangélique « à chaque jour suffit sa peine » s'applique aux inquiétudes excessives qui troublent les âmes, mais non point à la prévoyance calme et mesurée qui doit, au contraire, nous aider à bannir ces inquiétudes. C'est lorsque l'homme a accompli tous ses devoirs de prévoyance, que, confiant à Dieu le succès de son œuvre, où toujours entre une part de risque et d'inconnu, il peut s'asseoir sur le seuil de sa porte en regardant fleurir les lis des champs, voler les oiseaux du ciel, et, content de sa tâche finie, mêler sa prière aux cloches du soir en renonçant à s'inquiéter pour demain.

Siège social de l'*Union Mutualiste des Françaises*, 1, boulevard de la Tour Maubourg — *Présidente* : Comtesse de Kersaint ; *Vice-Présidente* : Madame Goyau-Félix-Faure ; *Secrétaire* : Madame Kergall ; *Trésorière* : Madame Pépin Lehalleur ; *Conseillères* : Mesdames Bazin, Bertrand, la baronne de Boury, Buloz, Launey, la comtesse A. de la Rochefoucauld.

Lucie Félix-Faure-Goyau.

Françoise DORIVE.

Le Devoir des Femmes Françaises

Parler du devoir à des Françaises, n'est-ce pas là une prétention bien hardie ?

Pour mériter d'être écoutée par les vaillantes épouses, les mères dévouées, les bonnes ménagères dont la vie de devoir rappelle les exemples laissés par nos aïeules, ne faudrait-il pas une plume autorisée, un talent reconnu, une éloquence entraînante ?

Cependant, depuis cinq ans, nous nous sommes laissé entraîner à cet excès d'audace. La Providence nous avait placées dans des conditions telles que nous nous serions accusées de manquer à la tâche qu'Elle nous indiquait, si nous avions gardé pour nous les remarques qui nous étaient suggérées par les évènements.

Un des traits caractéristiques de notre époque, c'est la révolte générale des esprits. La lutte est partout. Il semble que l'air que nous respirons soit empoisonné par un souffle malfaisant, délétère. Le respect de toute autorité n'existe plus, l'individualisme fleurit, il mène à l'égoïsme. On a pu dire, avec raison, que c'est de l'évolution régressive que nous faisons depuis un siècle. Nous sommes en train de ramener l'humanité à l'époque des cavernes. D'où vient donc tout ce mal ?

Il suffit d'écouter et d'observer, avec quelque attention, pour en découvrir une des sources.

Depuis cent vingt ans, les Français n'ont été entretenus que de leurs droits : après les droits de l'homme vint la revendication des droits de la femme, et, chaque jour maintenant, nos oreilles sont rebattues du droit de l'enfant. Nous n'en finirions pas si nous voulions nommer tous ceux dont il est actuellement question. Le droit est devenu le pivot de l'existence française et nous pouvons en ce moment considérer les conséquences néfastes de cette idée destructrice.

Violente et offensive, elle dresse les individus les uns contre les autres ; elle détruit les nationalités, parce qu'elle tend constamment à provoquer, contre les nécessités générales, l'insurrection des appétits individuels. Et pourtant la société ne peut vivre que par les sacrifices des individualités qui la composent. Comment des individus pourraient-ils consentir à des sacrifices, s'ils ne sont entretenus que de leurs droits ?

L'idée de droit n'est pas une idée fondamentale ; c'est une absurdité que de lui accorder cette prééminence. La véritable idée fondamentale, c'est l'idée de devoir.

On conquiert ses droits en remplissant ses devoirs et pas autrement.

Il y a donc là un principe dissolvant contre lequel il devient absolument nécessaire de lutter avec énergie. Quels moyens les femmes peuvent-elles employer pour remettre, au premier plan, l'idée féconde du Devoir ? Il nous sembla qu'elles pouvaient lui redonner la première place, en évitant, en toutes circonstances, de parler de droits, en affirmant hautement le devoir, et si les évènements les y forçaient, à demander place au combat, en sol·

licitant l'honneur de remplir les devoirs nouveaux dont elles comprenaient l'importance.

« Elever le devoir comme un drapeau suprême », se consacrer à la restauration de l'idée de devoir sous toutes ses formes : tel est le but vers lequel tendent nos efforts de chaque jour, depuis cinq ans.

On comprend bien que, pour accomplir une œuvre si utile, la femme ne peut se confiner dans les seules attributions de ménagère, d'épouse et de mère. Mais beaucoup de femmes peuvent être effrayées à la pensée de ne pas se consacrer exclusivement au foyer. Elles se demanderont avec angoisse si un semblable travail n'est pas étranger au devoir habituel de la femme ; si l'œuvre d'éducation qu'elle a à remplir, auprès de ses enfants, n'est pas déjà assez grande pour absorber son activité ; enfin si ce n'est pas outre-passer les attributions féminines, telles qu'on les a comprises pendant un siècle, jusqu'à ces dernières années ?

Je me permettrai ici une comparaison qui fera peut-être mieux comprendre ma pensée.

Supposons un jardinier qui élève, dans une serre, en leur donnant les soins les plus éclairés, des plantes de choix destinées, dans l'avenir, à vivre en plein air, à être exposées aux changements de température, à subir les intempéries extérieures. Que penserons-nous de son imprévoyance, s'il ne se préoccupe, en aucune façon, de la nature du terrain dans lequel ces plantes sont appelées à grandir et de l'exposition, plus ou moins favorable, à laquelle elles seront placées ? Nous trouverons certaine-ment que l'avenir de ces plantes est bien compromis et qu'il était tout à fait inutile d'en prendre tant de soin pour les abandonner, ensuite, dans des conditions qui ne leur permettront pas de subsister.

Le jardinier représente la mère qui entoure et couve son enfant et qui, par des soins de tous les instants, cherche à faire de lui une âme d'élite.

Eh bien, je vous en fais juge : lorsque nous aurons élevé nos enfants avec tout le dévouement qu'exige une pareille œuvre, que leur arrivera-t-il, s'ils ne trouvent dans la vie qu'une atmosphère morale irrespirable ? Nous aurons beau nous dire, pour nous disculper à nos yeux, que nous avons donné tous nos soins à leur éducation : si nous n'avons pas préparé la société à laquelle ils doivent plus tard se mêler pour y agir, ils risquent fort de n'y pouvoir développer les germes que nous aurons déposés dans leurs âmes.

Notre devoir maternel ne s'arrête donc pas au seuil du foyer ; il n'est donc pas limité à l'éducation des enfants. Nous devons regarder au dehors et nous efforcer — notre patience native y parviendra — de modeler la société, de la façonner, selon l'idéal pour lequel nous aurons élevé nos enfants. Sans cette précaution indispensable, ils y souffriront, y demeureront impuissants, meurtris, étouffés.

Il existe donc pour les femmes un devoir social auquel elles ne peuvent se soustraire sans grand dommage pour leurs enfants. Ce devoir social n'est que le prolongement de leur devoir maternel, et celui-ci reste incomplet lorsque celui-là se trouve négligé. Il est donc nécessaire, pour bien accomplir l'un, que les femmes consacrent à l'autre une partie de leurs forces et de leur dévouement.

Si, nous arrachant un instant à nos devoirs intérieurs, nous regardons au dehors du foyer, nous serons frappées par la multiplicité des efforts que réclame de nous l'état actuel de notre malheureuse France.

Il n'y a plus à se le dissimuler, notre société se lézarde : les bases qui semblaient les plus solides et les plus résistantes s'ébranlent sous des chocs répétés, des assauts incessants.

Sans aller bien loin, sans quitter le domaine de la royauté féminine, considérons la famille, cette cellule initiale de toute société : la famille elle-même, entamée par la loi sur le divorce, se dissout lentement ; elle peut disparaître entièrement sous des attaques que leur cynisme même ne suffit pas à faire tomber sous le mépris.

Eh bien, je vous le demande : qui donc a l'intérêt le plus puissant à conserver la famille ? si ce n'est la femme dont elle est la seule sauvegarde, si ce n'est la mère pour qui elle représente l'abri protecteur sous lequel pourront grandir ses enfants. Qui donc la défendra avec plus de cœur et plus d'énergie ? Personne assurément.

Mais pour que la famille soit établie d'une manière stable et prospère, il est indispensable que l'édifice social, lui-même, offre une solidité et une résistance que rien n'entame. Si donc l'existence même de la famille est en jeu, c'est que la société se désagrège et que cette désagrégation gagne jusque dans les profondeurs.

C'est là, en effet, le navrant spectacle auquel nous assistons depuis un certain nombre d'années. Notre Patrie se meurt, et si tous ses enfants, sans aucune distinction, ne lui portent un secours rapide et énergique, la France périra.

Quelle nation pourrait subsister sans idéal ? Comment pourrait-elle durer sans autre ressort que l'égoïsme individuel ?

N'est-ce pas lui retirer la vie que de s'acharner à détruire la religion qui lui donna sa grandeur, qui l'a portée au premier rang, la religion dont toutes ses fibres sont tissues ? N'est-ce pas vouloir sa mort que d'arracher du cœur de ses fils le sentiment d'amour qui entraîne aux sacrifices sublimes et féconds ? N'est-ce pas la diminuer et l'abaisser que de refuser à la jeunesse l'enseignement qui découle de l'histoire des siècles passés, des siècles lointains même ? N'est-ce pas paralyser ses énergies que de chercher à embrigader dans un fonctionnarisme déprimant, précurseur du collectivisme, un trop grand nombre de ses enfants ? N'est-ce pas préparer une âme d'esclave au peuple qui fut jadis le plus idéaliste, le plus hardi, le plus brave, le plus entreprenant, que de le plonger dans un matérialisme grossier, de le bercer de tirades pacifistes et humanitaires qui soufflent l'égoïsme, de ne plus savoir lui proposer l'exemple des ancêtres, de tuer en lui toute initiative ?

Et nous, les mères, assisterons-nous donc impassibles à l'empoisonnement mortel de nos enfants, à la destruction lente de la Patrie, à l'effort tenté contre la foi qui est notre soutien dans les épreuves, la foi qui donne à la vie le noble idéal sans lequel il serait trop dur de vivre ? Non, mille fois non !

Inspirées par nos aïeules, confiantes en la Providence qui décuplera leurs forces, les Françaises seront à la hauteur de la tâche immense qui nous apparaît comme un devoir très clair, très net à remplir : elles entreprendront l'œuvre du relèvement national, et elles y apporteront la patience et la ténacité qui caractérisent l'action féminine. Nous n'ignorons pas la puissance accumulée par le faible effort quotidien, répété sans découragement pendant des années. Quelle roche peut résister à l'eau qui la creuse de sa goutte inlassable ?

Ainsi que l'a dit M. Brunetière, « il faut, avant tout, « redonner à la France une moralité : c'est le tempéra- « ment français qui est atteint, ce sont les idées morales « et sociales qui sont renversées, ce sont elles qu'il faut « essayer de rétablir. »

La femme y peut contribuer puissamment, car c'est à elle qu'est plus particulièrement confié l'avenir.

Telles sont les pensées qui ont présidé, en 1901, à la fondation du Devoir des femmes françaises. Ces pensées n'ont fait que s'affermir tout en prenant plus d'ampleur. Ce sont elles que nous avons réunies en une sorte de pro- gramme proposé, comme ligne de conduite, à quelques amies qui ont bien voulu se grouper autour de nous pour former une phalange d'élite, premier noyau de notre association.

Chacun des articles de ce programme n'est que la mise en pratique, adaptée à quelques cas particuliers, de l'idée maîtresse qui nous avait inspirées, de l'idée du devoir, devoirs envers Dieu, envers la patrie, envers la famille.

C'est ainsi que nous avons demandé à nos amies de nous aider à défendre l'idée de patrie qui, nous semblait-il, pouvait encore rallier la majorité des Français. De la patrie il serait plus facile de faire remonter les âmes jusqu'à Dieu.

Nous nous proposâmes de défendre, de toute notre influence féminine, l'Eglise catholique en nous appuyant surtout, selon les instructions de Léon XIII, sur la vérité historique, en mettant en relief les bienfaits que l'Eglise a répandus dans les siècles passés.

Ces préoccupations nous amenèrent à prier instamment nos amies de la première heure de donner tous leurs soins à l'enseignement historique de leurs enfants, et, en même temps, de se préoccuper plus attentivement des livres classiques d'histoire, employés dans les écoles, et de se mettre à même de réfuter les erreurs qui y fourmillent.

Nous les engagions, encore, à combattre la dangereuse manie du fonctionnarisme chez ceux qui ne rêvent pour leurs fils qu'un petit train paisible, exempt de soucis, sans songer que la plupart des fonctionnaires sont réduits à une existence sans initiative personnelle, sans intérêt, puisqu'il leur est impossible d'améliorer par eux-mêmes leur condition.

Inspirées par le même ordre d'idées, nous cherchions à mettre en honneur le travail manuel qui assure au corps et à l'esprit une vivifiante indépendance, à redonner aux professions manuelles toute l'estime qu'elles méritent et qu'elles eurent autrefois, en particulier à l'agriculture, ressource suprême que nous réserve notre bonne terre de France.

Comprenant combien l'influence féminine peut s'exercer utilement sur l'industrie et le commerce français, nous avons cherché à démontrer, autour de nous, la nécessité de ne point abandonner les petits commerçants qui se débattent et se débattront de plus en plus contre les charges de toutes sortes dont ils sont accablés.

Nous avons essayé d'entraîner les femmes des classes aisées à protéger, par leurs achats, les industries nationales dont les merveilles ont porté jusqu'au bout du monde la renommée du goût français ; nous leur recommandions particulièrement les industries féminines, broderies, dentelles, etc., qui permettent aux ouvrières de rester dans leur intérieur, en apportant, avec l'appoint de leur gain quotidien, un peu de bien-être au ménage.

Protéger le foyer, essayer de le reconstituer partout où la vie moderne l'a détruit, il nous semblait qu'aucun but n'était plus utile pour arriver au salut de notre chère patrie.

Aussi les œuvres sociales ont-elles été placées au premier rang parmi nos sujets d'étude. Grâce aux concours les plus compétents, la propagande que nous fîmes sur ces œuvres porta rapidement des fruits et plusieurs mutualités ou écoles ménagères lui doivent leur origine.

En même temps que nous nous occupions de l'amélioration du sort de la femme ouvrière, nous ne perdions point de vue la nécessité de l'éclairer sur un certain nombre de questions importantes auxquelles elle n'a pas le temps de penser. Cette nécessité nous apparaissait, chaque jour, plus indispensable. Après en avoir essayé nous-mêmes, nous préconisâmes les causeries familières aux ouvrières et les causeries avec projections.

Chacun de nos efforts avait donc pour objectif de raffermir la famille et d'apporter ainsi notre contribution au salut de la France.

Mais on ne sauve pas un malade, si l'on se contente de combattre les symptômes du mal sans en connaître les causes profondes ; il faut prendre la peine de l'extirper dans sa racine, si l'on ne veut pas voir reparaître ces symptômes alarmants malgré les soins les plus empressés.

Nous avons donc à nous demander d'où viennent les attaques répétées contre la religion, contre la patrie, contre la famille. Car, il n'y a pas à en douter, si un ennemi quelconque avait juré la perte de la France, son abaissement, son asservissement, sa disparition même, ce n'est pas autrement qu'il agirait. C'est ainsi qu'il

19

saperait toutes les institutions sacrées, ainsi qu'il démoraliserait le peuple pour lui retirer son énergie.

En regardant très attentivement, en coordonnant les faits qui se déroulent sous nos yeux, depuis un certain nombre d'années, il est impossible de ne pas apercevoir qu'une pensée directrice, qu'une puissance cachée guide, au gré de ses désirs, les événements, même les plus insignifiants en apparence. Ce pouvoir occulte les fait tous converger vers un but longtemps caché, mais dont la nature est, enfin, révélée clairement aux yeux des plus aveugles : ce but, c'est la déchristianisation de la France.

On travaille à cette tâche impie depuis deux siècles ; mais les efforts déployés pour y parvenir, sont devenus depuis trente ans, plus apparents pour s'étaler aujourd'hui avec cynisme. Tout a servi à pousser la nation française vers la démoralisation ; tout a servi pour la rendre incapable de se révolter contre les lois iniques qui lui sont imposées. Et maintenant qu'on la croit mûre pour l'esclavage, on jette le masque : les liens séculaires qui unissent la France à l'Eglise catholique sont violemment brisés.

A l'heure actuelle, je n'apprendrai rien à personne en nommant, de son vrai nom, le pouvoir qui tient prisonnière la nation française dans un filet à mailles si serrées que « personne en France ne peut bouger sans sa permission ». On peut le nommer, sans exciter la surprise ni l'incrédulité, car aujourd'hui quelques millions de Français connaissent enfin la Franc-Maçonnerie sous son véritable jour.

Oui, c'est la Franc-Maçonnerie qui a juré la destruction du catholicisme en France ; et la haine qu'elle lui porte est tellement féroce qu'elle brisera plutôt la fille aînée de l'Eglise, s'il est nécessaire d'aller jusque-là pour la séparer de cette Mère à qui elle doit tant.

Oui, c'est la Franc-Maçonnerie qui répand à l'école, dans les casernes, dans les faubourgs, dans les campagnes, les idées humanitaires et internationales ; ce sont des francs-maçons qui mènent la campagne antimilitariste et antipatriotique.

Oui, c'est la Franc-Maçonnerie qui a ébranlé la famille en faisant voter la loi sur le divorce ; c'est elle qui envisage pour l'avenir la possibilité de sa dissolution complète.

C'est elle qui, devenue maîtresse de l'enseignement, remanie les programmes d'études et les livres d'histoire, afin d'égarer le jugement des Français sur la France chrétienne du passé.

C'est elle toujours, la secte hypocrite, qui a inventé le « droit de l'enfant » pour arracher les enfants à leurs parents, et les mieux façonner à ses idées, pour leur « pétrir le cerveau » à la manière maçonnique.

C'est elle encore qui a trouvé la doctrine de l'Etat tout-puissant, de l'Etat père de famille, de l'Etat protecteur, pour nous mener tout doucement au collectivisme, à l'Etat tyran qu'elle représentera.

C'est elle qui encourage la corruption des mœurs, qui la voit avec satisfaction s'étaler sur nos murs, aux vitrines des magasins, partout où elle peut salir l'âme de nos enfants. Corrompre et diviser pour régner : telle est sa maxime. N'a-t-elle pas dit cette parole, entendue providentiellement par des oreilles féminines : « Il faut avoir la femme à tout prix, dût-on la corrompre. »

Quelques femmes nous diront : « Mais la Franc-Maçonnerie confine à la politique et nous ne voulons pas faire de politique. » Eh bien, nous non plus, nous ne voulons pas faire de politique et nous n'en avons jamais fait.

Placées dans des circonstances spéciales et que nous ne pouvons nous empêcher de reconnaître comme providentielles, voilà sept ans que nous étudions la question maçonnique. Nous n'avons cependant pas bougé, tant que dans cette question nous n'avons vu que ses attaches avec la politique. Mais l'action néfaste que nous nous sommes décidées à démasquer est bien plus profonde que la politique. La pieuvre maçonnique enlace les fibres les plus intimes de la France ; elle touche et meurtrit tout ce que nous respectons, tout ce que nous aimons ; rien n'est à l'abri de ses tentacules, notre foi, notre patrie, nos enfants qu'elle veut accaparer, nous-mêmes, les femmes, sans lesquelles elle s'aperçoit qu'elle ne peut arriver complètement à ses fins et qu'elle veut « amener aux idées maçonniques. »

Défendre la cause de Dieu et de la France, nous sauvegarder des atteintes de la secte, en préserver nos enfants, en dévoilant ses agissements sournois et hypocrites, est-ce donc là faire de la politique? Non. C'est remplir notre devoir de femmes, de mères, d'épouses, notre devoir le plus sacré.

C'est ce que nous avons fait depuis le mois de janvier 1901. A ce moment, quelques vœux émis au Convent de septembre 1900 tombèrent sous nos yeux. Ils demandaient aux loges de « rechercher les meilleurs moyens pour amener les femmes aux idées maçonniques » et de dresser une liste de livres classiques écrits par les francs-maçons afin qu'elles pussent propager ces ouvrages.

Notre ami, M. Copin-Albancelli, dont on connaît le dévouement pour la cause anti maçonnique, nous dévoilait

alors, dans des réunions d'études, la haine de la F.·. M.·.
contre le catholicisme, les moyens qu'elle employait pour
atteindre son but, sa prise de possession de tous les
pouvoirs en France.

En lisant les vœux maçonniques, dont nous parlons plus
haut et qui concernaient plus particulièrement les femmes
et les enfants, notre crainte de la politique s'évanouit, et
nous ne vîmes plus que le péril que courait la France,
péril d'autant plus menaçant qu'il était inconnu de la
majorité des Français.

Surmontant nos appréhensions, nous résolûmes d'éclairer
les femmes sur le danger ; et malgré les sourires d'incrédulité que nous pressentions, nous inscrivîmes dans notre
programme la lutte contre les idées maçonniques et la
tâche de dévoiler ce que nous pouvions savoir de la
Franc-Maçonnerie.

Grâce à Dieu, une phalange de femmes d'élite saisirent
rapidement l'importance de la question maçonnique et
nous apportèrent l'aide persévérante de leur dévouement
et l'appui de leur propagande. Elles comprirent que le
meilleur moyen de combattre la secte était de lui emprunter
les procédés qui lui ont trop bien réussi, et comme elles
apprirent, comme nous, que la Maçonnerie, pour réussir
en ses projets, commence toujours par la création préalable
d'un état d'esprit — c'est depuis vingt-cinq ans l'état d'esprit anticlérical qui lui prépare les voies — nos vaillantes
amies résolurent de faire de même. Elles ne marchan-
dèrent ni leur temps, ni leur peine pour aider à créer
un état d'esprit opposé, l'état d'esprit antimaçonnique.

Et si, actuellement, quelques millions de Français
connaissent la Franc-Maçonnerie hypocrite et sectaire, la
Contre-Eglise, l'Eglise de l'hérésie, comme elle s'appelle

elle-même, l'honneur en revient pour moitié aux Françaises. Nous pouvons l'affirmer, avec une juste et légitime fierté, sans crainte d'être contredites par les plus énergiques et les plus dévoués soldats de la cause anti-maçonnique.

Donc, lutte contre la Franc-Maçonnerie d'un côté, relèvement de la France, régénération nationale de l'autre : voilà le programme du Devoir des femmes françaises, programme dont les diverses parties sont étudiées, développées dans le Bulletin mensuel publié par l'Association.

Nos adversaires l'ont dit : « La femme est l'apôtre le plus ardent des idées qu'elle porte au cœur. » Qui donc peut, mieux qu'elle, lutter pas à pas, pendant des années, avec la patience et la ténacité nécessaires ?

Les hommes les plus autorisés engagent les femmes à accomplir l'œuvre nécessaire, à remplir la tâche nouvelle qui leur incombe. L'un d'eux dit : « Quelle que soit la voie que prenne la femme, son choix sera décisif pour notre avenir ; nous serons sauvés ou nous périrons par la femme... C'est à elle que sont remises, désormais, les destinées de la civilisation, car avec les habitudes de spécialisation qui pèsent de plus en plus sur les hommes, la femme seule reste apte à garder le dépôt des idées générales et des principes supérieurs qui gouvernent tout le mouvement du progrès... Son esprit doit rester le dernier asile de cette culture largement humaine que se proposait l'ancienne éducation... Sa mission est de nous garder le sens du beau et l'intelligence des vérités nécessaires... C'est la maîtrise de la pensée qui lui est dévolue et qu'elle doit exercer. »

Les femmes ne failliront pas à leur tâche : gardiennes

du foyer et des traditions nationales, elles sèmeront, à
pleines mains, les idées françaises, afin d'étouffer et de
détruire les idées avec lesquelles la Maçonnerie a empoisonné les cerveaux. Elles défendront l'âme de la France et
son avenir ; elles exalteront tous les éléments qui constituent l'originalité, la supériorité de notre belle Patrie.
Par elles, la France régénérée reprendra dans le monde
la place que Dieu lui a assignée : *Gesta Dei per Francos.*

Françoise DORIVE.

Mlle Marie MAUGERET.

Congrès Jeanne-d'Arc

De même que nul ne pourrait dire, en voyant la source jaillir des mystérieuses entrailles de la terre, si elle sera l'humble ruisseau qui court dans les prairies, sans histoire, presque sans nom, ou le fleuve majestueux qui portera fièrement ses eaux à la masse infinie des océans, de même, nul ne saurait dire ce qu'il adviendra, par la suite, de l'œuvre qui sort du réservoir, mystérieux aussi qu'est le cœur humain. Sera-t-elle le ruisselet que dessèche le premier soleil des jours d'été, ou ce grand fleuve qui répandra la fécondité partout sur son passage ?

Telle était l'angoissante question qui se posait devant notre esprit, alors que, cherchant comme tant d'autres, comme des milliers d'autres, quelle contribution nous pourrions fournir à cette œuvre du salut national qui passionne enfin les Français — et plus encore peut-être les Françaises. — Nous rêvions de réunir, en un seul faisceau, toutes ces bonnes volontés éparpillées, de rassembler tous ces petits ruisseaux, impuissants dans leur multiplicité, en un grand fleuve, à la fois profond et limpide, puissant mais paisible, sur lequel la pauvre barque désemparée de la France pourrait reprendre, sans danger, le cours de ses destinées.

L'union : tel fut, dès le principe, le but entrevu, voulu, patiemment et inlassablement poursuivi par l'œuvre qui s'appela d'abord l'*Œuvre du Congrès Jeanne-d'Arc*, mais qui, dès le premier jour, porta, dans notre pensée, le nom qui est actuellement — et pour toujours, s'il plaît à Dieu — son nom à la fois pacifique et belliqueux : *Fédération Jeanne-d'Arc*. Pacifique, car il symbolise la paix entre tous ses membres ; belliqueux, car il signifie clairement, loyalement, la guerre à l'ennemi de tout ce que doivent et veulent défendre les femmes qui ont pris Jeanne d'Arc pour patronne : Dieu et la France !

Parmi tous les desiderata qu'expriment, avec une sincérité que nul n'a le droit de révoquer en doute, les nombreux groupes qui s'adonnent au grand labeur de la reconstitution nationale, il n'en est pas un seul qui revienne plus souvent, sur les lèvres de tous, que l'appel à l'union. Bien avant que le mot de « Bloc » ait reçu, dans le camp de nos adversaires, la consécration officielle qui en fait un mot véritablement historique, les catholiques avaient pu constater que la puissance de leurs ennemis avait une double source : leur union et nos divisions. Or, de cette constatation, si facile à faire, à l'organisation de l'union entre nous, il n'y avait qu'un pas. Mais c'était un pas de géant !... Et il semble bien qu'il n'y a plus de géants en ce pays de France, où la taille physique a diminué parallèlement avec la taille des caractères. Tout le monde voulait pourtant bien le faire, ce pas nécessaire, ce pas décisif ; mais quand il s'agissait de se mettre en marche, mille considérations arrêtaient les plus décidés. Chacun se sentait au pied un boulet tellement lourd, si solidement rivé, qu'après une velléité de mouvement, on restait sur place, attendant que l'autre — l'éternel autre que personne ne veut ou ne peut être — fit ce geste sauveur auquel tous aspiraient. Et pendant ce temps, la pauvre France continuait à agoniser !...

Or, en face de cette « grande pitié » qu'il y avait de nouveau au pays de France, ce furent encore les femmes qui s'émurent les premières, et qui, les premières, firent le geste nécessaire, le geste attendu.

A l'ombre, ou plutôt, à la lumière de l'étendard de Jeanne d'Arc, les femmes de ce vingtième siècle, dont mille voix ont clamé d'avance qu'il serait le « siècle de la femme », les Françaises de France se sont unies pour l'œuvre de salut. Elles ont compris qu'au jour où la guerre est déclarée à l'âme même de la Patrie, il ne leur suffisait plus d'être de bonnes mères de famille dans la paix égoïste de leur foyer, mais qu'il leur fallait combattre, elles aussi, dans la grande milice nationale, et que, n'ayant pas de passé politique, elles pouvaient, du moins elles n'avoir qu'un avenir patriotique, qu'un seul drapeau, la croix du Christ, qu'un seul cri de ralliement : France !

Ni royalistes, ni bonapartistes, ni républicaines, Françaises, rien que Françaises !... Ou plutôt, royalistes, bonapartistes, républicaines, mais avant tout et pardessus tout, Françaises !

C'est dans cette pensée, sous l'empire de cette unique préoccupation, que l'an dernier quatre cents femmes, accourues de tous les points de la France, — de la vigoureuse et ardente Normandie, de l'austère et fidèle Bretagne, de la grande plaine de Beauce où plane l'ombre tutélaire de la Vierge Noire, de la bouillante Gascogne, des montagnes pyrénéennes, de l'âpre massif central, de la pieuse région lyonnaise, de la Lorraine et de la Champagne, ces terres d'avant-garde, du Nord, fécond en œuvres sagement

organisées et puissamment hiérarchisées — que quatre
cents femmes, dis-je, qui n'avaient pas voulu croire à
l'inutilité du plus humble effort, étaient venues prendre
place sur un champ de bataille qui n'était encore, à proprement parler, qu'un champ de manœuvres où l'on
comptait plus de recrues que de vieux soldats, mais où
passait, comme un souffle fortifiant, l'ardent désir de
réparer le temps perdu, de préparer des combattants
pour l'avenir.

Temps perdu, en effet, temps lamentablement perdu,
ces longues, longues années, ces siècles, pour mieux dire,
pendant lesquels la femme a été tenue — de par les lois,
de par les mœurs, et aussi par l'indifférence qu'avaient
créée et entretenue en elle et autour d'elle les lois et les
mœurs — en dehors de tout ce qui constitue en réalité
la vie même d'une nation. Confinée étroitement, jalousement, dans les devoirs obscurs du foyer, elle a eut mission de préparer des hommes pour une œuvre qu'elle
ignorait profondément, systématiquement.

Nous savons bien, — nous qui avons conservé pour les
traditions du passé un culte inébranlé, nous n'avons
garde d'oublier que la société d'autrefois valait bien celle
d'aujourd'hui — que le rôle tout intérieur de la femme
avait bien sa grandeur, sa fière beauté et aussi son incontes-
table utilité. Nous savons bien que les hommes, façonnés
par nos aïeules, pouvaient rivaliser victorieusement en
grandeur morale avec ceux que nous présente la généra-
tion actuelle. Mais ce que nous savons aussi, c'est que la
société d'autrefois était beaucoup plus semblable à la
famille que celle de nos jours.

Basée sur le même principe, taillée sur le même patron,
si l'on veut nous permettre cette expression familière, la

famille sociale avait un père : le roi, comme la société
familiale avait un roi : le père. Et sous cette double
royauté, les fils de la grande famille française étaient
vraiment des frères qui retrouvaient, au foyer national,
le foyer familial agrandi, mais non défiguré comme de nos
jours.

On comprend que, dans ces conditions, le fils élevé par
la mère ne se sentait pas, en sortant du nid maternel, ce
qu'il y serait aujourd'hui, un étranger qui ne sait rien du
milieu où il va lui falloir vivre.

La concurrence, la concurrence effrénée, fille de
l'égoïsme jouisseur, a supprimé le sentiment de la fraternité sociale, voire même de la fraternité familiale trop
souvent : il n'y a plus de frères, rien que des rivaux.
Malheur à qui entre dans cette mêlée sans arme et sans
cuirasse !...

Or, l'arme et la cuirasse, qui les façonnera pour le nouveau venu dans l'arène ? qui mettra l'arme dans sa main ?
qui, surtout, ajustera la cuirasse à l'âme de l'enfant ? La
mère. Mais si elle ne sait rien des dangers auxquels il va
être exposé, comment le prémunira-t-elle contre les chocs
inévitables ? Et encore, et plus haut encore, qui pourra
répandre un peu d'amour parmi cette haine qui forme
l'effrayant tissu de la vie sociale ? La femme ! Mais si elle
ne sait pas la langue qu'on y parle ?... Et enfin, enfin, qui
pourra projeter un rayon de la lumière d'en haut, un peu
d'idéal sur tous ces fronts courbés vers la terre et qui s'en
disputent les fruits grossiers ? La femme ! Mais si vous la
tenez à l'écart, si vous éteignez dans sa main le flambeau
qui seul pourrait éclairer toutes ces ténèbres ?...

Les printemps, quoi qu'on en ait dit, pourraient se
passer du parfum des roses ; la société ne peut se passer

du parfum de l'idéal, et l'éternelle prêtresse de l'idéal, la vestale qui en entretient le feu sacré dans la société, c'est la femme. Or, si nos sociétés actuelles n'apparaissent plus à l'œil effrayé du penseur que comme des champs de carnage, c'est parce que l'influence de la femme en a été systématiquement bannie. Or, si l'on veut que les brutalités de la lutte s'y apaisent, qu'on fasse place, et largement place aux femmes : elles rapportent l'amour qui unit et qui vivifie, au lieu de la haine qui divise et qui tue.

Donc, place aux femmes dans toute société qui ne veut pas mourir !...

Mais que les femmes, conscientes de la grande mission qui leur est dévolue, comprennent bien qu'on ne s'improvise pas sauveur de patrie, quand on n'est pas l'être unique au monde que fut Jeanne d'Arc. Qu'elles sachent bien que toute arme peut être dangereuse, quand on n'en connaît pas le mécanisme, et que, notamment, l'arme, qu'on appelle l'œuvre sociale, est une arme savante dont il faut étudier le maniement avec le plus grand soin, avant d'en faire usage.

Elles l'avaient bien compris, ces femmes de bonne volonté qui, au mois de mai 1904, suivaient, avec un intérêt passionné, ce que nous ne craignons pas d'appeler les leçons de catéchisme social qui leur étaient enseignées par des catéchistes, plus heureux encore de leur donner tout ce qu'ils savaient qu'elles-mêmes de le recevoir. Et c'est ainsi que furent traités pendant trois longues journées qui parurent trop courtes à tous et à toutes, les graves questions de l'Education de la femme au XXe siècle, de la Lutte contre la Franc-Maçonnerie, de la Mutualité des Syndicats chrétiens, des Patronages, des Ecoles ménagères, des Ligues de femmes, de la Presse, des Traditions nationales, des Infirmières laïques chrétiennes, de la Condition légale de la femme à travers les âges, etc.

Toute parole, qui n'est pas un vain son agitant l'air, doit être une semence d'actes. Il en fut ainsi pour les paroles échangées au premier Congrès Jeanne-d'Arc : elles levèrent en œuvres sur tous les points de la France. C'était la réponse triomphante aux détracteurs systématiques des Congrès, à ceux qui, n'ayant probablement jamais pris la peine d'en suivre aucun, affectent de les traiter de vaines « parlottes » bonnes à donner, à ceux qui parlent, l'illusion d'avoir agi. Nombreux sont ceux qui n'agissent jamais et qui ne parlent que quand ils devraient se taire.

Or, quiconque agit, par cela même, développe et fortifie ses moyens d'action. Le Congrès Jeanne-d'Arc de 1905 en a fourni une preuve éclatante. Toutes les congressistes de l'année précédente n'avaient eu garde de manquer au rendez-vous ; mais elles y revenaient, avec un bagage de savoir, d'expérience, d'acquis tel que le Président de ce second Congrès, Mgr Péchenard, ne craignit pas de dire qu'un pas énorme avait été fait depuis l'année dernière. Toutes les « anciennes », en effet, apportaient, soit dans leurs Rapports, soit dans les discussions, une connaissance des questions traitées, une sûreté de jugement, une maturité intellectuelle et, ajoutons-le, une aisance de parole qui nous prouvaient bien qu'une profonde transformation s'était accomplie en elles, dans l'espace pourtant si court d'une année. Nous nous rappelions les efforts qu'il avait fallu faire, à la première séance du Congrès de 1904, pour arracher une première parole aux auditrices ; et nous rappelions à Mgr Péchenard cet encouragement, charmant dans sa simplicité, qu'il avait dû leur donner : « Allons, Mesdames, il faut bien qu'il y en ait une qui se jette la première à l'eau ! » Cette année, rien de semblable ; les « anciennes » se jetaient à l'eau sans forfanterie, mais sans crainte, avec la simplicité de quelqu'un qui sait nager, et les novices, voyant qu'on ne se noyait pas, les imitaient sans trop d'hésitation. Chacun se sentait là pour enseigner et pour apprendre, pour donner et pour recevoir, pour travailler amicalement, fraternellement, à l'œuvre commune.

Mais le but spécial du Congrès de cette année, celui dont l'évocation revenait sans cesse sur toutes les lèvres parce qu'elle était dans tous les cœurs, c'était la *fédération*. Déjà, au cours d'une des séances, deux grandes Ligues, à tort ou à raison considérées comme rivales, s'étaient serré la main dans la personne de leurs présidentes respectives ; et la salle, électrisée, avait indiqué par de frénétiques applaudissements son désir, disons mieux, son expresse volonté que ce beau geste ne fût pas un simple geste sensationnel, mais le premier article d'un traité d'alliance loyal et durable. Lorsqu'arriva le moment où, les travaux du Congrès terminés, le programme entièrement accompli, on aborda le sujet si anxieusement attendu de la *Fédération*, ce fut un moment solennel ; et il sera bien permis à celle qui, de toute son âme et avec l'aide de Dieu, l'avait laborieusement préparé, de dire qu'elle a vécu, là, la minute suprême de sa vie.

Un silence profond s'était fait dans cette salle où s'entassaient, par un phénomène de compression quasi miraculeux, plus de six cents personnes haletantes d'émotion ; ce ne serait presque pas une fiction de dire qu'on entendait battre les cœurs. La secrétaire générale, au milieu de ce grand silence, expliqua les raisons qui

avaient donné naissance au projet de fédération, les conditions dans lesquelles elle pourrait se faire sur la double
base de l'union des Ligues et du respect absolu de leur
autonomie. Quelques observations furent échangées ; lecture fut donnée du projet de statuts, puis le silence de
nouveau plana sur l'assemblée. C'était comme le recueil-
lement qui précède les actes solennels. Enfin une voix
s'éleva : « Au nom de la Ligue Patriotique des Françaises, j'adhère de tout mon cœur à la Fédération
Jeanne-d'Arc !... »

Ce fut alors un indescriptible enthousiasme ; on peut
dire, hardiment, que tous les cœurs s'embrassaient dans
une étroite et chaleureuse communion, sous le regard du
Crucifix aux bras largement étendus, sous les plis flottants
de la bannière de Jeanne d'Arc éployée au-dessus de nos
têtes. De tous côtés des voix s'élevaient, répétant la formule
d'adhésion : c'était comme un sermon grandiose dans sa
simplicité.

Et, à l'heure même où s'accomplissait ce grand acte qui
est, peut-être, l'aube du salut, un télégramme partait du
Vatican, apportant, à la *Fédération Jeanne-d'Arc* au berceau, la plus précieuse des consécrations : « Le Saint-Père
agrée l'hommage de soumission et de fidélité renouvelé
par les membres du Congrès Jeanne-d'Arc et il les bénit de
cœur, priant le bon Dieu d'éclairer leurs intelligences, de
réconforter leurs cœurs, et de cimenter l'union si nécessaire entre les catholiques de nos jours. »

La Fédération Jeanne-d'Arc est maintenant un fait
accompli ; elle a pris rang dans les institutions du pays.
Des mille ruisseaux, grands ou petits, qui couraient à la
surface du sol, elle a fait le fleuve majestueux dont rien
désormais ne pourra plus arrêter ou détourner le cours.

La journée qui a vu réaliser cette union que beaucoup croyaient impossible, la journée de ce samedi de mai 1905 gardera, dans les annales de notre France, le nom glorieux que lui a spontanément attribué Mgr Péchenard lorsqu'il disait, au sortir de la séance : « Nous avons vécu aujourd'hui une journée historique dans la vie de nos œuvres. »

Avec un nouveau courage, avec une espérance fortifiée par notre union, nous allons travailler à refaire à notre France une mentalité vraiment chrétienne, vraiment française. Nous nous refusons à croire que les destinées de la France soient accomplies, qu'un pays qui a projeté sur le monde les plus nobles, les plus rayonnantes clartés, soit condamné à disparaître de l'histoire et termine dans la honte et dans la fange la plus belle carrière nationale qui ait existé sous le soleil. Nous croyons à l'avenir de la France parce que nous nous souvenons de son passé. Et nous voulons, nous les femmes de France, rendre la France au Christ pour que le Christ rende la France à elle-même, et qu'elle reste encore et toujours le soldat du Christ à travers l'humanité jusqu'au jour où seront épuisés les siècles d'ici-bas.

Allons, Françaises de France, à la sainte besogne, toutes ! Et que Jeanne d'Arc nous mène au labeur des batailles, en attendant que le Maître de l'heure nous donne la victoire sur ceux qui ne sont nos ennemis que parce qu'ils sont les siens.

Marie MAUGERET.

Comme l'Action Libérale Populaire, la Ligue Patrio-tique des Françaises *a un double but : un but politique, un but économique. Du premier nous n'avons pas à nous occuper ici ; le second au contraire nous attire et nous concerne. C'est à lui d'ailleurs que vont exclusivement les pages suivantes. Celles qui les ont écrites ont voulu préciser l'action de la Ligue sur le terrain social. En quelques lignes que le lecteur trouvera certainement trop concises, elles montrent ce que peuvent faire et ce que font les membres d'un Comité qui se donne sans exclusion au bien. Ailleurs, et dans ce même livre, on a vu telle ou telle entreprise, utile à coup sûr, mais souvent isolée. Le désir de la Ligue Patriotique des Françaises serait de réunir sans les confondre toutes les bonnes volontés qui se dévouent aux œuvres sociales en un seul faisceau. Que ce vœu soit réalisé ; sur chaque point du territoire, se formera un groupement de chrétiennes occupées à relever, à défendre par un labeur incessant le foyer, l'atelier, la ferme, le pays, la religion.*

Mademoiselle FROSSARD.

Mademoiselle de VALETTE.

Ligue Patriotique des Françaises

ACTION LIBÉRALE POPULAIRE

Joseph de Maistre a dit : « *Toutes les fois que la France s'est trouvée en face d'un danger grave, elle n'a jamais manqué de l'homme qu'il lui fallait et cet homme était presque toujours une femme.* »

Clotilde a fait la France chrétienne ; Geneviève a protégé Paris contre les fureurs d'Attila ; Jeanne d'Arc a sauvé la patrie dans les circonstances les plus désespérées ; sans être à la hauteur de ces saintes et de ces héroïnes, la femme chrétienne du XXe siècle comprit qu'elle avait une mission à remplir dans les circonstances douloureuses que traversait le pays.

Ce fut en septembre 1901, à la veille du grand combat qui devait se livrer pour la liberté, que se formèrent les premiers bataillons.

Malheureusement, la Chambre de 1902 n'apporta à la France ni la paix, ni la prospérité ; ce fut la lutte... lutte infernale... agressive, plus sectaire qu'auparavant.

Mais un bon soldat ne quitte pas de plein gré le champ de bataille, si ce qu'on est convenu d'appeler « *le sort* » n'a pas favorisé ses armes ; il garde au cœur l'idée de revanche, et Dieu sait si ce sentiment est français !... Le bon soldat, cette fois, c'étaient les femmes de France qui ne pouvaient se résoudre à laisser l'ennemi dans la place et à quitter le champ de bataille.

Elles se dirent qu'à l'organisation hâtive il fallait substituer une organisation *sérieuse, disciplinée, persévérante*. Elles se dirent qu'elles auraient toutes les énergies et que, sans distinction d'opinions et de classes, elles arriveraient à former une armée de femmes décidées à *éclairer* l'opinion, à *réagir* contre l'indifférence, à *protéger* l'âme du peuple et l'âme des enfants, et à *travailler* par tous les moyens possibles au relèvement moral et matériel des classes ouvrières.

Et de ce jour se constituèrent les cadres d'un programme dont nous ne pouvons donner tout l'ensemble, n'ayant ici qu'à nous occuper de la question sociale.

Programme social.

On s'agitait beaucoup depuis un demi-siècle autour de la question sociale ; bien des esprits se passionnaient pour elle pendant que s'accroissaient la misère, la débauche et la haine, pendant que s'achevait l'œuvre destructive de la Révolution, que s'émiettait la nation, que se désagrégeait la famille.

En face de cette situation, bien des efforts cependant avaient été généreusement tentés ; mais sans le concours de l'action féminine.

La femme renfermée jusque-là dans les œuvres de charité proprement dites n'avait pas compris cette nouvelle forme d'apostolat, elle n'avait pas compris que de nouveaux devoirs l'obligeaient à dire et à faire ce qui autrefois l'eût effrayée ou rebutée. Il lui appartenait plus encore qu'aux hommes de rétablir entre les classes le lien qui n'aurait jamais dû être rompu, de gagner par le désintéressement, le don de soi, ceux qui s'éloignent avec défiance, de rapprocher les individus, de faire circuler dans le vieil arbre qu'est la société, la sève régénératrice d'amour qui a été apportée au monde il y a deux mille ans.

« *Aimez-vous les uns les autres.* » Telle est la devise qui a inspiré le programme social de la Ligue Patriotique des Françaises, programme qui a séduit les cœurs des chrétiennes et des Françaises, et qui a été l'objet des plus hauts encouragements.

Avec son approbation et sa bénédiction, ce sont des conseils que Sa Sainteté Pie X dicte à Mgr Delamaire pour la Ligue Patriotique :

« Dites bien à toutes nos chrétiennes si vaillantes de la Ligue Patriotique des Françaises, combien le pape leur recommande l'action sociale. Il ne suffit plus, insiste Sa Sainteté, qu'on s'enferme dans des œuvres de bienfaisance proprement dites où toujours on sent l'écart des rangs, la hauteur de celui qui donne, et l'infériorité de celui qui reçoit. Non, je leur demande *d'aller au peuple, de lui parler*, de lui rendre service dans une vraie confraternité chrétienne, suivant l'esprit évangélique lui-même. Qu'on sente l'amour, la bonté, la bienveillance du cœur qui oblige et non la pitié qui blesse souvent et ne gagne ni l'esprit, ni le cœur du peuple, abusé par des mensonges pernicieux le portant à la haine. »

Une visite au Secrétariat Central.

Une personne (qu'on nous pardonne de ne pas la nommer) se présentait un jour au Secrétariat Central, 53, rue de Vaugirard. Elle avait entre les mains un bulletin de l'association et intriguée venait chercher quelques éclaircissements.

— J'ai bien lu vos circulaires, dit-elle, j'ai bien vu que vous vouliez le rétablissement de l'ordre social, la pacification des esprits, le rapprochement des classes. Que vous voulez instruire, éclairer, rendre service ; tout cela est très bien, très louable... mais le programme est-il réalisable ? Et comment vaincre cette force colossale qu'est l'inertie des uns, l'égoïsme et le parti pris, la démoralisation, l'envie et la haine des autres ?... J'habite une ville industrielle où « il n'y a rien à faire »... La foi est presque éteinte ; le vice est partout : la femme n'est plus à son foyer, le mari subit la poussée du socialisme ou de l'anarchie, la misère couronne tout ! La lutte est impossible !!!

— Difficile peut-être, mais impossible non ! C'est un courant à remonter, il y faudrait du dévouement, du temps et de la persévérance. Mais avec ces armes qui ne pourrait espérer la victoire ? Beaucoup nous ont tenu votre langage et partout où un effort sérieux a été tenté, on a abouti à des résultats consolants. En voulez-vous la preuve ?

Et en disant cela, nous introduisons notre visiteuse dans le petit salon de réception où, sur l'un des murs, s'étale en belles dimensions la carte de France constellée de petits drapeaux.

— Voyez-vous ces drapeaux ?... Chaque comité a le

sien. Admirez la Bretagne : les groupements y sont si
nombreux que les drapeaux se touchent et forment pour
ainsi dire un faisceau. Le département du Finistère
compte 7 comités se subdivisant en 94 communes. Les
Côtes-du-Nord fédèrent 25 comités; le Morbihan en a 29;
la Loire-Inférieure, 42 et l'Ille-et-Vilaine compte 20,000
adhérentes réparties dans 360 communes.

— C'est assurément magnifique et l'extension de votre
Ligue prouve qu'elle répond à une nécessité, à des aspirations nouvelles, mais la Bretagne, c'est le joyau de la
France — c'est une exception — et ce qui s'y fait sans trop
de difficulté ne peut se faire dans les départements
déjà gagnés au socialisme.

— Détrompez-vous ! Nous avons pénétré partout...
Vous avez certainement entendu parler de Chagny. Chagny
en Saône-et-Loire est un des foyers les plus actifs du
socialisme, de l'anti-cléricalisme et de l'anti-patriotisme.
Le curé de la paroisse disait à l'une de nos conférencières :
« Ces gens-là ne croient ni à Dieu ni à diable ; ils sont les
adversaires irréductibles de la vérité... Votre parole sera,
hélas ! impuissante à les gagner. » Eh bien ! ces adversaires irréductibles de la vérité ont retrouvé une lueur de
bon sens et notre conférencière a eu le grand bonheur de
pouvoir constituer elle-même un comité parmi ces gens
qui lui avaient d'abord paru hostiles... Mais puisque nous
sommes en Saône-et-Loire, je vous dirai qu'à côté de
Chagny, de formation récente, c'est 85 communes où nous
avons planté notre pavillon.

Plus bas, tout au Midi, sans parler de Marseille qui
compte 7,000 adhérentes, voici Perpignan qui rayonne
dans tout le département sur 15 cantons... 88 communes.

Au reste, je n'en finirais pas de vous citer les créations de la Ligue Patriotique.

Tout à côté de nous, à Versailles, nous avons un exemple de ce que peuvent la bonne volonté et la persévérance; 37 cantons sont rattachés à ce comité qui groupe 10,000 adhérentes... Voici pour la province; à Paris notre organisation s'étend également et chaque arrondissement a sa section.

— Chaque arrondissement ? Chaque quartier ? Même Ménilmontant ? Même Montmartre ? fit notre visiteuse dans un geste de doute...

— Même Ménilmontant, même Montmartre, même les Malmaisons. Du reste, êtes-vous à Paris pour longtemps ?

— Pour deux jours... Et pourquoi ? répondit-elle.

— Parce que nous pourrions vous montrer le fonctionnement de l'un de nos secrétariats du peuple.

Voulez-vous venir ce soir entre 8 heures et 10 heures, *16, rue Duranton,* en plein quartier de Javel ? Vous jugerez par vous-même des moyens que nous employons pour « rendre service », selon l'expression même de nos circulaires.

Rue Duranton à 10 heures du soir, en plein quartier de Javel, ce n'était pas rassurant. L'inquiétude se manifestait sur la physionomie de la visiteuse qui se décida néanmoins.

Secrétariat du Peuple.

16, rue Duranton, — 8 heures du soir.

Quelques femmes quelques enfants, beaucoup d'hommes en casquette et blouse de travail sont là massés dans le corridor. Sur bien des visages il y a les traces de la souffrance, de la privation.

Tous saluent avec respect la directrice et la secrétaire qui arrivent et ouvrent les portes du Secrétariat. Une petite cuisine va servir de salle d'attente ; chacun à tour de rôle sera admis dans la salle du Secrétariat.

Les misères les plus diverses se succèdent : c'est un ouvrier sans travail, c'est une pauvre malade sans res- sources, c'est une mère qui voudrait sauver son enfant de la tuberculose...

Quelques-uns s'avancent avec défiance... Qu'est cette œuvre de placement ?... Et que va-t-on leur réclamer ?...

La directrice devine cette interrogation muette : « Nous sommes ici pour vous rendre service si c'est possible, que désirez-vous ? » c'est invariablement sa phrase.

— Je suis sans travail depuis trois semaines ; ouvrier électricien, je suis resté tant d'années chez un tel... etc.

— Votre nom et votre adresse ?

La secrétaire inscrit ces renseignements, les transmet à un collaborateur dévoué qui se charge des enquêtes.

Quelques questions sur son pays d'origine, les maisons pour lesquelles il a travaillé, etc., et on le congédie en lui donnant rendez-vous pour le dimanche suivant.

Dans l'intervalle l'enquête sera faite et permettra, si les renseignements sont bons, une recommandation pour telle ou telle maison sérieuse.

C'est maintenant un pauvre malade qui s'avance :

— Je tousse depuis longtemps... on m'a dit que je trou- verais ici des consultations gratuites.

— Oui, mais le dimanche seulement entre 10 heures et 11 heures 1/2. Revenez, et, s'il y a lieu, nous ferons le nécessaire pour vous faire entrer à l'hôpital.

C'est maintenant un enfant anémié qui aurait besoin de l'air de la campagne ; il sera fait les démarches nécessaires pour obtenir son admission dans une œuvre de ce genre.

C'est encore une femme abandonnée de son mari et qui a besoin d'un conseil juridique.

— Le dimanche de 9 heures à 10 heures.

Et la série se continue. Ils sont 15, 20, 30 personnes qui défilent ainsi.

La visiteuse avait suivi ce mouvement avec intérêt et étonnement.

— Il y a là des figures honnêtes, des misères bien intéressantes, dit-elle. Mais comment pourrez-vous satisfaire à toutes ces demandes ? Comment trouvez-vous des places pour tout ce monde ?

— Nous en cherchons parmi nos relations d'abord... chez les inconnus ensuite. Nous nous mettons en rapport avec de nouvelles maisons, de nouveaux entrepreneurs, des chefs d'ateliers et d'usines, des directeurs d'œuvres, des chefs de clinique des hôpitaux, etc., etc.

— Et le résultat est-il en rapport avec la peine que vous vous donnez ?

— Le résultat est immense ! Voulez-vous un exemple ?

Un ouvrier avait eu recours à nous pour du travail. La place trouvée on lui pose quelques questions plus détaillées sur sa famille, ses enfants.

Il avoue qu'il n'est pas marié, que ses enfants ne sont pas légitimés... ce qui l'inquiète et le tourmente.

Mais ses affaires sont embrouillées, et pour se mettre en règle vis-à-vis de la loi il lui faudrait le secours de l'avocat.

On lui réserve une entrevue, il s'explique et quelques jours après le mariage religieux suivait le mariage civil.

On nous a rapporté qu'en rentrant chez lui au sortir de

l'église le ménage ne put traduire sa joie que par ces mots qui sont toute une révélation : « Oh ! enfin nous voilà chez nous ! »

Et sa reconnaissance n'a pas connu de bornes... Au reste, notre but n'est pas seulement *de rendre service*. Rendre service c'est surtout notre moyen ; le but est de rapprocher les classes, d'éteindre la haine et de ramener à plus de vérité, plus de bonheur, plus de bien-être toute cette masse populaire, tout ce monde d'aigris et de dupés.

Une Conférence et ses résultats.

Notre visiteuse revenait le lendemain aux bureaux de la Ligue.

— J'ai été émue, touchée, dit-elle. Veuillez me donner encore quelques conseils afin que je puisse organiser un comité de la Ligue Patriotique.

— Trois personnes suffiront pour former ce comité. Ce sera le centre autour duquel devront graviter toutes les forces actives et d'où rayonneront tous les efforts.

Vous chercherez ensuite des personnes capables de prendre la responsabilité de leur quartier, qui auront sous leurs ordres des chefs de rue ayant la responsabilité de leur rue et se chargeront d'abord de l'enquête à faire... Puis, nous vous conseillons, sans vouloir imposer notre idée, une conférence.

— Une conférence ne groupera jamais que les personnes ayant nos idées. Ce n'est pas ce monde-là qu'il faut atteindre et éduquer.

— C'est ce monde-là qu'il faut d'abord rendre conscient de ses devoirs. Unissez les bonnes volontés, les énergies, faites-en une masse compacte... et vous verrez ensuite à les lancer au travail...

Au reste, pourquoi n'essaieriez-vous pas en premier lieu d'un petite réunion intime où vous convoqueriez seulement l'élite de votre ville ?

... Ainsi fut-il décidé et quelques semaines plus tard, une déléguée de Paris présidait cette réunion.

« Mesdames, leur dit-elle, nous voulons unir toutes les femmes et par elles essayer de refaire la mentalité de la France. Pour atteindre ce but il faut à l'heure actuelle, plus que jamais, mettre en pratique les doctrines de l'Evangile, s'oublier soi-même, se donner, se dépenser.

« Il faut aller au peuple pour l'aider, l'éclairer et l'instruire, non pas timidement, mais hardiment et franchement. Car, si nous avons affaire à des adversaires de mauvaise foi, que nous ne pourrons jamais convaincre, nous avons affaire aussi à des sincères qui nous combattent par ignorance et qui ne nous connaissent que par ce qu'on leur a dit de nous. Si nous les approchions, si nous faisions œuvre personnelle, œuvre de dévouement, nous arriverions à leur toucher le cœur, et c'est souvent par le cœur que la vérité pénètre dans l'esprit. *Vous êtes trente;* c'est plus qu'il n'en faut pour mener l'œuvre à bonne fin dans votre ville. »

Sur-le-champ le comité fut constitué et la ville divisée en quartiers, subdivisée en rues, afin de faciliter le travail et de tirer le plus grand profit possible des efforts de chacune.

L'Enquête.

Pour agir il faut connaître le terrain et les lignes de conduite à établir, car sans une connaissance absolue de la situation, on risque de faire fausse route. Le premier effort demandé à chaque dame de quartier fut donc l'examen de la situation dans son quartier. Pour faciliter cette enquête, nous leur indiquions le « *Memorandum d'enquête* (1) » trop peu connu encore et dont le but est de faciliter le classement rapide d'observations qui, faites sans méthode et sans ordre, resteraient inutilisées.

L'effort parut d'abord pénible ; le cœur battait bien un peu quand on sonnait chez des gens jusque-là inconnus... et puis, que dire exactement à ces femmes dont on ignorait les sentiments ? Il fallait laisser parler le cœur, débuter par quelques paroles d'intérêt.

En rentrant, c'était un bonjour aimable à la mère, une caresse aux enfants... tout en expliquant le motif de la visite.

— Vous êtes peut-être étonnée de me voir chez vous, disait la dame visiteuse. Jusqu'ici, chacun vivait chez soi, ignorant son voisin... et ne se connaissant pas... on ne pouvait s'estimer et s'entr'aider. Eh bien ! nous sommes plusieurs à penser que les choses marcheraient mieux si nous nous connaissions mieux.

« Je suis mère comme vous, ajoutait-elle... et comme vous je me suis souvent préoccupée de l'avenir de mes enfants. Les temps sont durs pour tout le monde. Si nous causions ensemble, je me figure que nous en tirerions un grand profit et que l'expérience des unes servirait très utilement aux autres, car nous avons des intérêts communs à défendre, n'est-il pas vrai ? »

Devant ces mots dits avec simplicité, les physionomies se détendaient, en général l'étonnement de la première minute faisait place à une certaine confiance.

____

(1) *Memorandum d'enquête*, 29, rue Paradis, Marseille.

Que de choses il y avait à dire sur ces sujets inépui-
sables, de l'éducation des enfants, des intérêts et du travail. Et la conversation allait, allait toujours pendant
vingt ou trente minutes...

Souvent la dame visiteuse repartait émue jusqu'au fond
du cœur, de cet accueil auquel elle était loin de s'attendre.
Ces femmes d'ouvriers qu'on disait si méfiantes, elle les
sentait bonnes : cette ville qu'on croyait irrémédiable-
ment versée dans le socialisme, elle y trouvait des ressources inconnues jusque-là !...

Une réunion du Comité. — Le Vote.

Les chefs de rue sont toutes là, listes en mains. Chacune à tour de rôle est invitée à rendre compte des résultats de son enquête.

On nous fait presque partout un accueil inespéré,
disent-elles ; rares sont les portes qui se ferment sur une
parole désobligeante, mais nous constatons que la femme
est au-dessous de sa tâche et qu'elle n'a aucune notion
d'économie domestique. Elle n'apporte pas au foyer ces
qualités d'ordre, d'économie, de bon goût, ce je ne sais
quoi qui sait donner un petit air confortable aux choses
les plus modestes. Elle vit au jour le jour sans se soucier
de l'avenir ; elle élève ses enfants sans hygiène et sans
soin.

Tout cela repose sur un vice d'éducation première et
les lectures qu'elle fait sont d'après ce que nous voyons
de nature à entretenir cette imprévoyance et cette apa-
thie. Elle lit de mauvais petits journaux à faits divers et
à feuilletons sensationnels où il n'est fait aucune part à la
famille et à la profession.

Malgré les bonnes payes du mari la misère entre dans ces familles aussitôt qu'y entre la maladie, et en tout cela il y a bien plus d'ignorance et manque de savoir faire que de mauvaise volonté.

Il faudrait les instruire ces femmes et les former à une vie plus pratique où, sans dépenser autant, elles pourraient avoir plus de tranquillité, de bien-être et de sécurité.

Comment obtenir ce résultat ?

Les propositions les plus diverses furent étudiées jusque dans leurs moindres détails, car il ne fallait aller qu'à coup sûr et celles-ci furent votées à l'unanimité :

1º Un patronage sera fondé dans un des quartiers de la ville.

Une école ménagère proprement dite y fonctionnera. Cette école comprendra le lessivage, la cuisine, le repassage, le nettoyage des parquets et des meubles : elle sera créée avec le concours de Madame de Diesbach.

On y adjoindra un ouvroir qui comprendra le raccommodage des bas, des habits et du linge; on pourra même y ajouter dans la suite quelques leçons de coupe. Pour rendre ces cours plus pratiques, les enfants apporteront de chez elles, leurs vêtements à mettre en ordre.

2º Une causerie pratique sur l'hygiène, l'éducation des enfants, les soins à leur donner en cas de maladie, réunira tous les quinze jours les femmes de ces faubourgs.

3º On s'adressera au Secrétariat Central à Paris, pour obtenir à bon compte une bibliothèque populaire qui se tiendra dans le local de la Permanence et qui comprendra toutes les publications pouvant intéresser les ouvriers au point de vue professionnel; elle comprendra aussi des romans historiques, des récits de voyage, etc.

4° En ce qui les regarde, les membres du comité se réuniront une fois par semaine pour se concerter, se rendre mutuellement compte de leurs travaux et échanger leurs idées pratiques..... Elles étudieront ensemble les moyens de perfectionner encore cette organisation première.

L'Assistance par le Travail.

Des constatations faites, de l'échange des idées, ressortit bien vite la nécessité de procurer du travail à domicile aux femmes qui, jusqu'ici, avaient été obligées de fréquenter l'atelier pour grossir la caisse du ménage et qui, fatalement, laissaient tout à l'abandon chez elles.

On voulut expérimenter le moyen qui avait si bien réussi à Castres et on se dit que les commerçants, au lieu de donner leurs commandes à Paris, pourraient les donner au Comité de la Ligue qui se chargerait de répartir l'ouvrage entre les plus nécessiteuses et suivant les aptitudes de chacune.

Il ne s'agissait ni de lingerie fine, ni de broderies, mais tout simplement d'ouvrages vulgaires, de mouchoirs et de torchons à ourler, de tabliers pour cuisinières, bonnes ou valets de chambre, de tricots pour ouvriers ou pour enfants, etc...

L'idée était séduisante, et, de nouveau, on vit repartir les membres les plus influents du Comité décidés à faire le tour des magasins.

Cent objections pour une furent soulevées contre cette entreprise. Mais, tenir bon est la première condition du succès, et nos dames tinrent bon.

« Nous ne vous demandons pas de livrer vous-même directement le travail à nos adhérentes, dirent-elles ;

nous vous proposons d'être vos *entrepreneuses*. Nous serons seules responsables du travail et c'est à nous que vous aurez à faire..... Mais, comme un service en appelle un autre, nous nous ferons un devoir, nous toutes du Comité, de nous fournir chez vous, au lieu de faire nos commandes à Paris... Est-ce accepté ? »

Et les commerçants acceptèrent. Il y avait longtemps qu'ils appelaient de tous leurs vœux cette nouvelle clientèle jusque-là imprenable.

L'assistance par le travail était fondée.

La Permanence.

Le mardi à la Permanence de la Ligue, ouverte de deux heures à six heures, deux membres du Comité étaient chargés de recevoir et de donner l'ouvrage, de vérifier s'il était bien fait. Deux autres recevaient et donnaient les livres, car la bibliothèque fonctionne en même temps afin d'éviter double course aux adhérentes habitant les quartiers extrêmes de la ville.

Il y avait deux mois que fonctionnait cet ouvroir lorsqu'un homme très versé dans les œuvres sociales démontra l'utilité d'avoir, comme supplément à la bibliothèque, une sorte de *presse à soi* sans prétention, certes, mais à la portée de toutes les intelligences.

Il avait assisté un jour au va-et-vient des ouvrières rapportant leur travail et par la même occasion les livres prêtés la semaine précédente.

D'une oreille attentive, il avait écouté les petites discussions qui s'échangeaient entre la plupart d'entre elles et la dame bibliothécaire. Cette dernière, emportée par un grand amour du bien, avait une tendance à vouloir faire accepter les livres sérieux de préférence aux romans — mais la plupart du temps sans succès.

— Vous n'atteignez qu'à moitié votre but, observa le visiteur avec raison. Vos romans moralisent parce qu'ils sont bons, mais ils n'ouvrent aucun horizon nouveau à la femme de l'ouvrier... Il faudrait l'amener à comprendre les questions d'ordre professionnel, faire un peu son éducation sociale... Les livres si bien écrits qu'ils puissent être, sont encore trop sérieux pour elles et ne l'intéresseront pas... Un journal serait bien plus facilement accepté et lu avec plaisir à cause de la variété des matières.

La bibliothécaire sentit la justesse de cette appréciation, et sur ces entrefaites en référa au Secrétariat Central qui lui envoya de suite quelques exemplaires de la feuille populaire créée en janvier 1905, le *Petit Echo.*

Outre les parties instructives ou récréatives, le *Petit Echo* contient une chronique locale pour laquelle une demi-colonne est réservée à tout Comité qui prend un minimum de trois cents abonnements. Cette demi-colonne peut, au gré de chaque Comité, renfermer des articles sur les questions ouvrières, sur les résultats déjà acquis dans le pays, etc...

Mise à profit sans retard cette idée fit si bien son chemin que trois mois plus tard le Secrétariat Central recevait du Comité de X... une lettre dont voici à peu près la teneur :

« Les résultats de notre campagne sont inespérés. Les 1,000 *Petits Echos* ne suffisent plus ; veuillez nous en envoyer désormais 1,800 ! De tous côtés on nous réclame cette feuille que nous donnons aux adhérentes versant une cotisation minimum de 1 franc. A mesure que s'augmente notre nombre nous comprenons la nécessité de créer une nouvelle œuvre et nous avons déjà consacré deux articles à expliquer les conditions et les avantages de la Mutualité Maternelle qui fonctionne avec tant de succès à Nanterre et dans le XIIIe arrondissement à Paris.

« Plusieurs personnes pressenties à cet effet-là consentent à devenir membres honoraires et à verser sans profit pour elles-mêmes une somme annuelle de 20 francs. »

Extrait des Statuts de la Mutualité Maternelle.

But de la Société.

ARTICLE PREMIER. — *La Mutualité Maternelle* a pour but de donner aux Sociétaires, lorsqu'elles seront en couches, une indemnité suffisante pour qu'elles puissent s'abstenir de travailler pendant quatre semaines et pour leur permettre de se soigner et de donner à leur enfant les soins qu'il réclame pendant les premières semaines qui *suivent la naissance.*

Composition de la Société. — Conditions d'admission et d'exclusion. — Cotisations.

ART. 2. — La Société se compose de Membres *Honoraires* et de Membres *Participantes.*

ART. 3. — Les Membres *Honoraires* sont ceux qui, par leurs souscriptions, contribuent à la prospérité de l'Association sans participer à ses avantages.

ART. 4. — Les Membres *Participantes* sont celles qui ont droit à tous les avantages assurés par l'Association, en échange du paiement régulier de leur cotisation et en se conformant aux présents statuts.

ART. 5. — Les Membres *Participantes* sont admises provisoirement par le Bureau. Leur admission doit être ratifiée par l'Assemblée Générale au scrutin et à la majorité des voix.

Art. 6. — Pourra devenir *Participante* toute femme employée, ouvrière, ménagère ou domestique, de nationalité française, âgée de seize ans au moins, domiciliée à Paris ou dans le département de la Seine, qui en fera la demande et s'engagera à se conformer aux statuts.

La même mesure pourra être, suivant les besoins, étendue aux communes limitrophes du département de la Seine.

Ces communes seront désignées par le Conseil d'Administration, quand il en jugera l'utilité.

Art. 7. — Pour avoir droit à une indemité, il faut que la *Participante* soit inscrite depuis neuf mois au moins et ait payé sa cotisation de l'année.

Art. 8. — Tout Membre Honoraire payant une cotisation minimum de 3 francs par an pourra, sur sa demande, devenir Membre Participante, à la condition qu'elle satisfasse aux articles 6 et 7 des statuts.

Art. 9. — Le non-paiement de la cotisation annuelle entraînera la radiation comme Membre Participante.

Art. 10. — Pourront bénéficier des avantages de la Mutualité Maternelle, les Sociétaires et femmes de Sociétaires faisant partie de toute société de secours mutuels approuvée par le Conseil d'Administration, à la condition que ces sociétés de secours mutuels s'engagent à verser annuellement à la Mutualité Maternelle une subvention de un franc par Sociétaire ou femme de Sociétaire.

En payant le tiers de la cotisation au lieu de la cotisation complète, la différence est compensée par le versement de toutes les femmes Sociétaires et les Sociétaires mariés de la Société de Secours Mutuels adhérente, même pour la catégorie de femmes, qui aura dépassé l'âge de demander l'indemnité.

Un état nominatif de ces Extra-Participantes, signé du Président et du Secrétaire de chaque Société de Secours Mutuels, devra être fourni, chaque année, au 1er janvier, en même temps que le paiement de la subvention.

Ces Extra Participantes devront être inscrites à leur Société depuis neuf mois, au moins et devront se conformer aux statuts de la Mutualité Maternelle.

Les Sociétaires admises dans le cours de l'année ne pourront devenir Extra-Participantes qu'à partir du 1er janvier suivant.

Les mêmes avantages pourront être accordés à des groupes industriels, financiers ou administratifs, en faveur de leurs ouvrières et des femmes de leurs ouvriers, aux mêmes conditions et obligations, c'est-à-dire l'engagement de verser à la Mutualité Maternelle la subvention convenue et être agréés par le Conseil d'Administration.

Art. 11. — Toute société de secours mutuels et tout groupe affiliés, auront le droit de se faire représenter aux Assemblées générales à raison de : un délégué par 500 et au-dessous et de deux délégués au-dessus de 500 Extra-Participantes inscrites.

Les noms de ces délégués devront être donnés le 1er janvier de chaque année, par lettre signée du président des sociétés de secours mutuels, ou par les chefs des groupes affiliés, et adressés au Président.

Art. 12. — Au cas où ces sociétés ou groupes affiliés cesseraient de verser leur subvention annuelle, à la date fixée, leurs membres perdraient tous leurs droits, sauf celui de rester inscrites comme Participantes, en payant 3 francs par an et en satisfaisant aux articles 6 et 7 des statuts.

Indemnités.

Art. 16. — Chaque accouchée recevra pendant quatre semaines, à dater du jour qui suivra son accouchement, une indemnité de 12 francs par semaine, à la condition qu'elle s'abstienne de tout travail pendant ces quatre semaines.

Cette indemnité de 12 francs sera élevée à 15 francs par semaine pour toute Participante, mère de six enfants vivants, au moment de la naissance de son septième enfant.

L'indemnité sera payée alors même que l'enfant viendrait à mourir avant l'expiration des quatre semaines.

Art. 17. — En cas d'accouchement double, l'indemnité sera élevée de moitié. Si l'un des deux enfants vient à mourir, l'indemnité se continue pour le survivant, selon l'article 16.

ART. 18. — En cas de décès de la mère, l'indemnité sera continuée pour l'enfant, comme si la mère avait vécu, à la condition que les soins de l'enfant soient assurés et dûment surveillés.

ART. 19. — L'indemnité spécifiée à l'article 16 pourra, à titre exceptionnel, être prolongée pendant deux semaines, sur la demande de l'accouchée, appuyée par une attestation d'un des médecins de l'Association, motivant l'impossibilité de reprendre le travail.

En aucun cas, l'indemnité ne pourra être accordée pour une période de plus de six semaines.

ART. 20. — Une prime de 10 francs sera accordée à toute Sociétaire qui allaitera elle-même son enfant durant les quatre premières semaines.

ART. 21. — Les trois premiers paiements seront faits, au domicile de l'accouchée, par l'une des inspectrices de la Société et le dernier paiement sera fait à l'accouchée elle-même au bureau de la Société contre quittance du total de l'indemnité reçue.

La carte délivrée à cet effet devra être présentée à l'Agent général qui mentionnera que le travail peut être repris par la Sociétaire.

ART. 22. — Les accouchées qui, sans motifs valables et acceptés par le Conseil d'administration, retourneraient au travail avant l'expiration des quatre semaines, seront privées de toute indemnité à partir du jour où le travail aura recommencé.

Un dispensaire gratuit, pour les membres participantes, est installé au Siège social. — Les Consultations ont lieu les Mardi, Jeudi et Samedi, de midi à 1 heure. — Des Pharmaciens agréés par *La Mutualité Maternelle* fournissent les remèdes aux prix les plus réduits.

Après six mois.

Tel était le chemin parcouru en six mois.

Le rapprochement entre femmes du monde et femmes du peuple était chose faite, toute glace rompue ; on se connaissait et on s'estimait.

Le patronage et l'école ménagère réunissaient 60 jeunes filles ; la bibliothèque devenait insuffisante à contenter tout le monde ; il fallait augmenter le nombre des volumes, ce dont la bibliothèque municipale n'était pas ravie ; le travail à domicile fonctionnait admirablement, la Mutualité Maternelle était créée... et chaque adhérente avait son journal, le *Petit Echo*.

Faut-il une conclusion à cet exposé éloquent ? La seule qui se puisse tirer c'est que, même dans les milieux les plus ingrats, les plus difficiles, même dans les villes les plus réfractaires, il y a possibilité de faire beaucoup quand, sérieusement et fermement, on a la volonté de bien faire... et la patience d'attendre que la semence lève en récolte.

Un coup d'œil d'ensemble.

Si tels sont les résultats obtenus par le Comité de X... nous n'en finirions pas de faire la nomenclature des œuvres créées par d'autres Comités, puisque chacun, nous le disions au début, reste juge de ses moyens d'action.

Pour beaucoup l'effort se porte d'abord sur une campagne sérieuse de presse, tâchant par ce moyen de ruiner l'influence des journaux menteurs et corrupteurs, d'archer la mauvaise herbe des fausses doctrines et de la haine distillée par toutes sortes de nouvelles et d'articles tendancieux.

Cette organisation se fait facilement grâce à la section générale de la Presse du Secrétariat Central, 53, rue de Vaugirard.

Les Correspondantes sont chargées de :

1° Recueillir les adhésions de ceux qui consentent à remettre leurs journaux après lecture ;

2° Se procurer quelques fonds pour le SERVICE DE DISTRIBUTION des journaux déjà lus ; le service des abonnements ; le rachat des feuilles non vendues ; l'organisation d'un dépôt ou d'un colportage de bons journaux dans la ville et les différents quartiers, puis dans les cantons et les communes qui en dépendent ;

3° Relever quartier par quartier, ou pays par pays, les noms des établissements (cabaretiers, coiffeurs, maréchaux-forgerons) ou des particuliers auxquels les journaux seraient distribués plus efficacement. Désigner les feuilles libérales qu'il serait opportun de répandre suivant les milieux... S'informer des jours de marché des diverses localités où peut se faire la distribution des journaux.

Mais si la presse dirige l'opinion et joue à notre époque un rôle capital, la conférence a elle aussi une puissance qui, quoique plus fugitive, est plus conquérante : ce sont deux forces qui se complètent mutuellement. C'est pourquoi l'organisation des conférences suit presque aussitôt celle de la presse.

Dans certains départements, chaque petite ville et presque chaque commune a régulièrement sa réunion. Des délégués de Comités y prennent la parole pour fortifier et souvent ressusciter dans les cœurs, l'amour de la grande patrie et celui de la petite patrie, du village, de la terre .. de cette *terre* qu'on déserte pour l'usine, l'atelier, dont quelques hâbleurs ont fait miroiter les soi-disants avantages.

On compare la vie tranquille et saine des champs, à la vie agitée, fiévreuse de la ville où la maladie et la ruine guettent à tout instant l'ouvrier. On montre les effets désastreux de l'alcoolisme ; on donne, sous une forme attrayante, des leçons d'hygiène.

D'un mot on refait l'éducation du peuple lui montrant par des faits à l'appui des paroles combien est vraie la devise inscrite au programme de la Ligue : « Aimez-vous les uns les autres. »

M. FROSSARD.

I. DE VALETTE.

Tracts périodiques de l'A. P.

Tableau analytique des Tracts de l'A. P.

En rappelant la triple division de ses Tracts : *Principes, Enquêtes, Monographies*, l'A. P. les a groupés, dans un but pratique, sous les titres suivants :

Principes et études générales : 1 — 8 — 28 — 49 — 51 — 60 — 61 — 62 — 67 — 68 — 73 — 77 — 80 — 81 — 82 — 83 — 87 — 94 — 97 — 100 – 101 — 102.

Œuvres rurales : 2 — 3 — 5 — 6 — 14 — 22 — 23 — 39 — 45 — 48 — 63 — 69 — 70 — 75 — 79 — 85 – 86 — 92 — 94 — 99 — 100 — 103 — 111.

Œuvres urbaines : 4 — 7* — 11 — 12 — 14 — 16 — 21 — 31 — 34 — 37 — 39 — 40 – 50 — 52 – 54 — 58 — 63 — 64 — 65 — 71 – 72 – 74 — 78 — 84 — 96 — 98 — 104 — 105 — 106 — 108 — 110.

Œuvres sociales sacerdotales : 3 — 11 — 12 — 45 — 48 — 50 — 67 — 86 — 102.

Œuvres féminines : 4 — 15 – 17 — 20 — 21 — 31 — 32 — 46 — 55 — 61 — 84 — 91 — 98.

Œuvres de jeunes gens : 16 — 22 — 23 – 29 — 30 — 33 — 56 – 65 — 66 — 89 — 99 — 107 — 109.

Professions et métiers : 7* — 19 — 21 — 24 — 26 — 40 — 42 — 44 — 46 — 47 — 55 — 57 — 68 — 70 — 71 — 74 — 83 – 85 — 90 — 95.

Syndicats : 4 – 5 — 9 — 10 – 25 – 31 — 36 — 40 — 43 — 62 — 76 — 92 — 93.

Mutualité et coopération : 2 — 3 — 6 – 13 — 18 — 20 — 35 — 45 — 48 — 52 – 53 — 54 — 58 — 62 — 63 — 69 — 72 — 75 — 78 — 79 — 87 — 88 — 92 — 104 — 105 — 106.

À l'étranger : 12 — 27 — 38 — 41 — 50 — 70 — 76 — 81 — 101 — 106.

Publications de l'ACTION POPULAIRE

Tracts-Brochures périodiques (Voir la liste à la fin du volume), le numéro 0 fr. 25 *franco* — Abonnement pour 1906 . 7 fr 50 (Étr 8 fr. 50)

Guide social de l'Action Populaire 1906. 5 *année*
In 8 de 380 pages 2 fr . *franco* 2 fr. 65
Mêmes prix pour les années *1905* et *1904*.
Ces trois guides, 1906, 1905 et 1904 pris ensemble : 5 fr *franco*

Prêtres de France Monographies sociales (7e mille)
2 fr. 50, *franco* 3 francs.

Vient de paraître :

ACTES SOCIAUX
Publication documentaire périodique
Paraissant le 5 et le 20 de chaque mois
Le N° 0 fr 25   Abonnement pour 1906   5 fr (Étr 6 fr)

Vient de paraître

PAGES SOCIALES
H.-J. Leroy
In 8   3 fr 50, *franco* 4 fr 20

Vient de paraître

BALZAC. — Ses Idées sociales
Ch. Calippe
In 8° 2 francs, *franco* 2 fr 50

En préparation :

Un épisode du Mouvement social au XIXe siecle
La fondation des Cercles catholiques d'Ouvriers
Comte Albert de Mun.

En préparation

JEUNES GENS DE FRANCE.